职业院校现代学徒制试点项目"三教"改革规划教材
职业教育汽车类专业校企合作工学结合一体化规划教材

新能源汽车概论

主　编　张德虎　杨　明
副主编　丁柏闻　满国军

电子工业出版社
Publishing House of Electronics Industry
北京·BEIJING

内 容 简 介

本书全面系统地阐述了新能源汽车技术基础知识,详细讲解了混合动力汽车、纯电动汽车、燃料电池汽车的组成结构及工作原理,对其他新能源汽车(燃气汽车、醇类燃料汽车、太阳能汽车)也进行了介绍。本书分为 7 个项目、21 个学习任务,采用项目导向、任务驱动的新型教学模式,内容新颖、知识全面、实用性强、结构合理。本书坚持以"学生为中心",遵循学习规律,注重理论与实践相结合,注重培养与训练学生的实践能力,从而调动学习积极性,可以作为高职高专汽车维修与检测专业、汽车电子专业以及新能源汽车等专业教材使用,还可以作为汽车新技术培训参考教材。

未经许可,不得以任何方式复制或抄袭本书之部分或全部内容。
版权所有,侵权必究。

图书在版编目(CIP)数据

新能源汽车概论 / 张德虎,杨明主编. —北京:电子工业出版社,2020.7
ISBN 978-7-121-38608-4

I. ①新… II. ①张… ②杨… III. ①新能源—汽车—高等职业教育—教材 IV. ①U469.7

中国版本图书馆 CIP 数据核字(2020)第 034693 号

责任编辑:秦 聪
印　　刷:天津千鹤文化传播有限公司
装　　订:天津千鹤文化传播有限公司
出版发行:电子工业出版社
　　　　　北京市海淀区万寿路 173 信箱　邮编:100036
开　　本:787×1 092　1/16　印张:13.5　字数:302.4 千字
版　　次:2020 年 7 月第 1 版
印　　次:2020 年 7 月第 1 次印刷
定　　价:59.00 元

凡所购买电子工业出版社图书有缺损问题,请向购买书店调换。若书店售缺,请与本社发行部联系,联系及邮购电话:(010)88254888,88258888。
质量投诉请发邮件至 zlts@phei.com.cn,盗版侵权举报请发邮件至 dbqq@phei.com.cn。
本书咨询联系方式:(010)88254568,qincong@phei.com.cn。

前 言

随着我国全面进入"汽车社会",汽车与能源、交通、环保及城市建设等领域的矛盾日益受到人们的关注,而发展新能源汽车是化解这些矛盾的关键举措。因此,开发低污染或零污染的绿色环保汽车,已成为当今世界汽车工业发展的主题和趋势。

目前,新能源汽车已成为全球汽车工业的发展方向和未来经济规模的新增长点,特别是对于我国石油资源匮乏和环境污染严重的现状,大力发展新能源汽车有着非常重大的现实和战略意义。

综上,基于我国汽车行业学生对新能源汽车知识的现实需求,补齐新能源汽车检测与维修的人才短板,我们通过深入企业调研和课程改革摸索,为满足职业教育汽车类专业的教学急需,特编此书。

本书立足于以职业能力为导向、实际运用为目标,以学生为中心,以提高学生综合素质和就业为目标,适应校企合作、工学结合、教学做一体化的教学目标,进行项目导向、任务驱动的教材设计,将新能源汽车的概念、结构、工作原理等内容有效融合,理论联系实际。根据学生认知规律,由浅入深,从感性到理性,科学合理组织教材体系,使理论紧密联系实际,与现代汽车技术同步发展。

本书共分为 7 个项目,21 个学习任务,系统阐述了认识新能源汽车、电动汽车使用维护与高压安全、新能源汽车关键技术、混合动力汽车、纯电动汽车、燃料电池汽车及其他新能源汽车。本书内容新颖、知识面广、实用性强,结构设计合理,图文并茂,通俗易懂,可作为新能源汽车技术、汽车维修与检测、汽车制造与装配、汽车技术服务与营销等汽车类专业的实用教材,也可作为广大新能源汽车行业从业者的工作参考书。

本书由辽宁机电职业技术学院的张德虎、杨明担任主编,辽宁机电职业技术学院丁柏闻和辽宁曙光汽车集团满国军担任副主编。全书 7 个项目的编写分工如下:项目二、项目三、项目四、项目五由张德虎编写,项目一、项目六由丁柏闻编写,项目七

由杨明编写,满国军负责编写本书部分案例、图表及习题。全书由张德虎承担统稿和定稿工作。

本书在编写过程中,参考并引用了大量真实案例,并邀请企业专家参与编写及审阅。在此,对参考文献的原作者和对本书提出宝贵意见和建议的行业专家表示衷心感谢。

由于编者水平有限,书中难免出现错误和纰漏,敬请读者予以批评、指正。

编者
2020 年 5 月

目 录

项目一 认识新能源汽车 ·· 001

    任务一 　新能源汽车的定义与简介 ································· 003

    任务二 　新能源汽车的发展历程 ···································· 014

    任务三 　我国新能源汽车的发展现状和前景 ···················· 027

    思考与练习 ··· 030

项目二 电动汽车使用维护与高压安全 ································ 033

    任务一 　电动汽车使用与常规维护 ································· 033

    任务二 　电动汽车高压安全 ··· 037

    思考与练习 ··· 043

项目三 新能源汽车关键技术 ·· 045

    任务一 　电动汽车动力电池 ··· 046

    任务二 　电动汽车电机驱动系统 ···································· 062

    任务三 　逆变器与变频器 ·· 072

    任务四 　电动汽车的控制系统 ······································· 079

    思考与练习 ··· 084

项目四 混合动力汽车 ··· 087

    任务一 　混合动力汽车概述 ··· 088

    任务二 　混合动力汽车驱动系统基本结构 ····················· 098

    任务三 　混合动力汽车典型车型 ···································· 114

    思考与练习 ··· 130

项目五 纯电动汽车 ………………………………………………… 133

任务一 纯电动汽车概述 …………………………………… 134
任务二 纯电动汽车的基本结构与工作原理 ……………… 139
任务三 纯电动汽车典型车型 ……………………………… 149
思考与练习 ………………………………………………… 159

项目六 燃料电池汽车 ……………………………………………… 161

任务一 燃料电池汽车的类型与技术 ……………………… 163
任务二 燃料电池汽车的产业发展状况 …………………… 177
任务三 燃料电池汽车典型车型 …………………………… 179
思考与练习 ………………………………………………… 185

项目七 其他新能源汽车 …………………………………………… 187

任务一 燃气汽车 …………………………………………… 188
任务二 醇类燃料汽车 ……………………………………… 195
任务三 太阳能汽车 ………………………………………… 201
思考与练习 ………………………………………………… 207

参考文献 …………………………………………………………… 209

项目一
认识新能源汽车

目标及要求

教学目标	（1）了解新能源汽车的发展； （2）了解新能源汽车的社会效益； （3）了解新能源汽车的环境效益。
能力要求	（1）掌握新能源汽车的分类； （2）掌握新能源汽车的技术参数。

项目概述

目前，全球能源和环境系统面临巨大的挑战，汽车作为石油消耗和二氧化碳排放的大户，技术亟待革新。为了减少二氧化碳的排放，全球已经形成了发展新能源汽车的共识。从长远来看，包括纯电动、燃料电池技术在内的纯电驱动方式将是新能源汽车的主要技术方向。而在短期内，油电混合、插电式混合动力将是重要的过渡技术路线。但是，新能源汽车的发展还面临着一些难题，如关键技术的突破、汽车工业的转型、基础设施的建设及消费者的接受度等。

我国发展新能源汽车是应对节能减排重大挑战的需要，也是汽车产业跨越式发展和提升国际竞争力的需要。美国、日本及欧洲的多个国家都把新能源汽车作为发展战略的制高点。我国传统汽车技术水平与国际相比还比较落后，但在新能源汽车方面，我们与发达国家是站在同一条起跑线上的。因此，我们有机会在新能源汽车领域通过创新与发达国家并驾齐驱甚至领先。我国汽车工业以纯电驱动作为技术转型的主要战略方向，重点突破蓄电池、电动机和电控技术，推进纯电动、燃料电池、插电式混合动力、油电混合动力等车型产业化，实现汽车工业跨越式发展。近期以混合动力汽车为重点，大力推广普及节能汽车，逐步提高我国汽车燃油经济性。"十二五"规划期间，我国着重发展节能汽车，中度、重度混合动力乘用车保有量超过 100 万辆，尽管如此，节能汽车占汽车总体保有量的比重还是较小。到2020年，我国纯电动汽车和插电式混合动力汽车将实现产业化，市场保有量有望超过500万辆。

  我国发展节能与新能源汽车有较好的基础。首先，我国既是锂资源储量大国，又是仅次于日本、韩国的全球第三大锂电池生产国，锂电池产品约占全球市场份额的25%。目前来看，虽然产品仍多用于手机、电动工具、电动自行车等领域，但产业规模庞大、产业链基础较好、生产工艺共性多，具备大规模发展汽车用动力电池的条件。经过近些年的发展，我国动力电池的主要性能提升明显，初步具备了产业化的能力。其次，在车用电动机方面，我国电动机产业规模位居全球首位，产品量大、面广。另外，我国还是工业电动机的生产大国，在电动机生产方面有较强的技术基础。目前，我国电动汽车整车已经进入规模化应用阶段，包括动力性、经济性、续驶里程、噪声等指标已经达到国际水平。前期产品主要是城市公交，现在乘用车产品也越来越多，如比亚迪、郑州日产、奇瑞、长安等品牌都有新能源车型（见图1-1）。

比亚迪 郑州日产

奇瑞 长安

图1-1 我国已生产新能源车型的一些汽车品牌

  目前，新能源汽车已经列入我国七大战略性新兴产业，发展战略已经明确，具体的支持政策也已陆续出台，除了覆盖全国范围的新能源汽车购买补贴之外，地方政府还陆续出台了一些优惠政策，如购置税优惠和停车收费优惠等，此外，还涉及一些行驶方面的便利，如对传统汽车限行，而对新能源汽车不限行。这些措施都是为了努力营造一个有利于新能源汽车普及的良好环境和氛围，引导消费者接受新能源汽车并主动购买。从目前的发展趋势来看，未来选择新能源汽车的消费者会越来越多，因为无

论从技术、使用成本,还是驾驶体验方面,新能源汽车都会变得越来越好。

任务一 新能源汽车的定义与简介

✂ 任务描述

学生:老师,我们都知道传统汽车通过燃烧油料进行驱动,那么现在的新能源汽车的动力来源是什么呢?新能源汽车有哪几种,使用的是什么样的能源?

老师:要想了解新能源汽车,我们先了解一下新能源有哪些,这些能源怎样应用在汽车之中,成为汽车的动力来源。

✂ 相关知识

新能源又称非常规能源,指传统能源之外的各种能源形式,也指刚开始开发利用或正在积极研究、有待推广的能源,如太阳能、地热能、风能、海洋能、生物质能和核聚变能等。

我国标准 GB/T 3730.1—2001《汽车和挂车类型的术语和定义》中对汽车有如下定义:由动力驱动,具有 4 个或 4 个以上车轮的非轨道承载的车辆,主要用于载运人员和(或)货物、牵引载运人员和(或)货物的车辆,以及特殊用途的车辆,如图 1-2 所示。

图 1-2 汽车透视图

一、新能源汽车的定义

新能源汽车(New Energy Vehicles)指采用非常规的车用燃料(即除汽油、柴油之外)作为动力来源(或虽使用常规的车用燃料,但采用新型车载动力装置),综合了车辆的动力控制和驱动方面的先进技术,形成技术原理先进、具有新技术与新结构的汽车,如图 1-3 所示。

1. 燃气汽车(液化石油气、压缩天然气),如图 1-4 所示

燃气汽车又称天然气汽车,燃气主要指液化石油气汽车和压缩天然气。现阶段的燃气汽车主要以天然气为燃料。它的 CO 排放量比汽油汽车的减少了 90% 以上,碳氢化合物排放量减少了 70% 以上，氮氧化合物排放量减少了 35% 以上，是较为实用的低排放汽车。燃气汽车已在世界上得到了广泛应用。

图 1-3　新能源汽车示意图

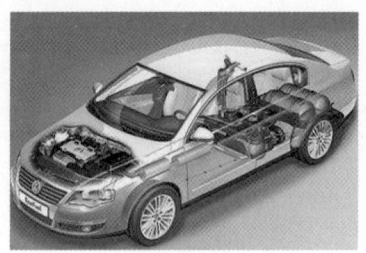

图 1-4　燃气汽车示意图

2. 燃料电池汽车（FCEV），如图 1-5 所示

燃料电池汽车（Fuel Cell Electric Vehicle，FCEV）是电动汽车的一种，它可以在 5min 内给电池充满燃料，而不是等上几个小时才能充满电。燃料电池汽车的"电池"是氢氧混合燃料电池。与普通化学电池相比，燃料电池可以补充燃料，通常是补充氢气。

3. 纯电动汽车（BEV），如图 1-6 所示

纯电动汽车（Battery Electric Vehicle，BEV）是完全由可充电电池（如铅酸电池、镍镉电池、镍氢电池或锂离子电池）提供动力源的汽车。纯电动汽车目前存在的主要问题是各种类别的蓄电池价格高、寿命短、外形尺寸和重量大、充电时间长等缺点。

图 1-5　燃料电池汽车示意图

图 1-6　纯电动汽车示意图

4. 液化石油气汽车，如图 1-7 所示

液化石油气汽车即以液化石油气（LPG）为燃料的汽车。液化石油气是由含 3 个或 4 个碳原子的烃类如丙烷（C_3H_8）、丙烯（C_3H_6）、丁烷（C_4H_{10}）、丁烯（C_4H_8）为主的混合物，分为油气田石油气和炼油厂液化石油气。

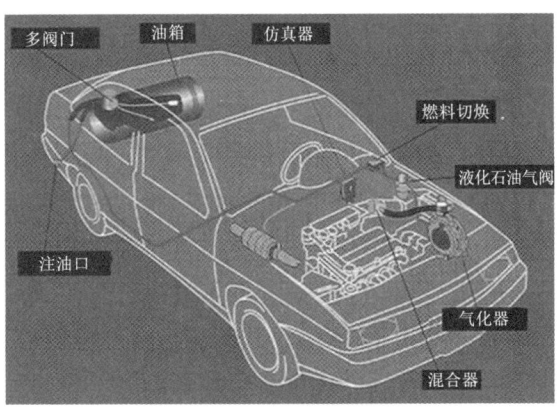

图 1-7 液化石油气汽车示意图

5. 氢能源汽车,如图 1-8 所示

氢能源汽车是以氢为主要能量来源的汽车。一般汽车的内燃机通常采用柴油或汽油为燃料,氢能源汽车则改为使用气体氢为燃料。

6. 混合动力汽车(油气混合、油电混合),如图 1-9 所示

混合动力汽车一般是指油电混合动力汽车(Hybrid Electric Vehicle,HEV),即采用传统的内燃机(柴油机或汽油机)和电动机作为动力源,也有一些发动机经过改造可使用其他替代燃料,如压缩天然气、丙烷和乙醇燃料等。

 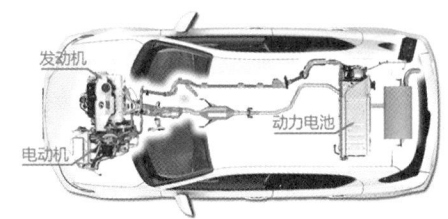

图 1-8 氢能源汽车示意图　　图 1-9 混合动力汽车示意图

7. 太阳能汽车和其他新能源(如高效储能器)汽车

太阳能汽车是一种靠太阳能来驱动的汽车(见图 1-10)。太阳能汽车实现了真正的零排放。正因为其环保的特点,太阳能汽车被许多国家所提倡,太阳能汽车产业的发展也日益蓬勃。

在我国对新能源汽车的界定中,有两个比较权威。一个是于 2009 年 6 月 17 日发

新能源汽车概论

布的,由工业和信息化部制定的《新能源汽车生产企业及产品准入管理规则》中对新能源汽车的界定:将新能源汽车定义为以非常规的车用燃料作为动力来源(或使用常规的车用燃料,但采用新型车载动力装置),综合车辆的动力控制和驱动方面的先进技术,形成的技术原理先进、具有新技术及新结构的汽车,包括混合动力汽车、纯电动汽车(BEV)、燃料电池汽车

图 1-10　太阳能汽车

(FCEV)、氢能源汽车及其他新能源(如高效储能器、二甲醚)汽车等。

另一个是于 2012 年 7 月 9 日,由国务院发布的《节能与新能源汽车产业发展规划(2012—2020 年)》中对新能源汽车的界定:将新能源汽车定义为采用新型动力系统,完全或主要依靠新型能源驱动的汽车,包括纯电动汽车、插电式混合动力汽车及燃料电池汽车。

参考上述文件,本书确定的研究对象主要指普通混合动力汽车、插电式混合动力汽车、纯电动汽车和燃料电池汽车。

二、新能源汽车简介

1. 混合动力汽车

混合动力汽车是指采用传统燃料的同时配以电机/发动机来改善低速动力输出和燃油消耗特性的汽车。根据燃料种类的不同,混合动力汽车可以分为汽油混合动力汽车和柴油混合动力汽车。在国内市场上,汽油混合动力汽车是主流,而在国际市场上,柴油混合动力汽车发展得很快。根据动力系统结构类型的不同,混合动力汽车可以分为串联式、并联式及混联式汽车;根据混合程度的不同,混合动力汽车可以分为微度混合、轻度混合、中度混合和重度/全混合汽车。混合动力汽车的典型代表车型为丰田普锐斯,如图 1-11 所示。

采用混合动力系统后,可按平均需用功率来确定内燃机的最大功率,此时,内燃机处于油耗低、污染少的最优工况。当大功率内燃机功率不足时,由蓄电池来补充;而当汽车负荷少时,内燃机的过剩功率可驱动发电机发电,并给蓄电池充电。内燃机可持续工作,而蓄电池又可以不断地储备电能,因此混合动力汽车的行驶里程和普通汽车的不相上下。

项目一 认识新能源汽车

图 1-11 丰田普锐斯——混合动力汽车车型

2. 插电式混合动力汽车（增程式、混联插电式）

插电式混合动力汽车（见图 1-12）在正常使用情况下可从非车载装置中获取电能，并具有一定的纯电动续驶里程，可分为增程式混合动力汽车和混联插电式混合动力汽车两种。

图 1-12 丰田普锐斯——插电式混合动力汽车车型

增程式混合动力汽车（见图 1-13）是在纯电动汽车的基础上开发而成的电动汽车。之所以称之为增程式混合动力汽车，是因为其加装了增程器（传统发动机与发电机的组合），目的是进一步提升电动汽车的续驶里程，避免频繁地停车充电。

图 1-13 增程式混合动力汽车示意图

混联插电式混合动力汽车（见图 1-14）是由混合动力汽车改进而来的，它继承了混合动力汽车的大部分特点，但把混合动力汽车的功率型动力电池替换为比容量（单位质量所包含的能量）更大的能量型动力电池，如此一来，动力电池提供了足够的能量，保证车辆可以在零排放、无油耗的纯电动模式下行驶一定的距离。

图 1-14　混联插电式混合动力汽车

从驱动方式的角度分析，增程式混合动力汽车不论运行于纯电动模式还是增程模式下，其车轮始终仅由电机独立驱动；混联插电式混合动力汽车如果运行于混合动力模式下，发动机会与电机（经动力耦合后）一同驱动车轮。

从系统选型的角度分析，增程式混合动力汽车必须是串联式混合动力形式；混联插电式混合动力汽车可以是并联式混合动力形式，也可以是混联式混合动力形式。

从电气化程度的角度分析，增程式混合动力汽车的电气化程度无疑更高，具体表现是其电功率占总输出功率的比例为 100%，而混联插电式混合动力汽车占该比例不足 100%。

3. 纯电动汽车

纯电动汽车（见图 1-15）是由车载可充电蓄电池或其他能量储存装置提供电能，由电动机驱动的汽车。有些纯电动汽车把电动机装在发动机舱内，也有一些纯电动汽车直接将 4 台电动机分别连接到每个车轮上。纯电动汽车的开发难点在于电力储存技术。

电力可以从多种一次能源中获得，如煤、核能、水力、风力、光、热等，解除人们对石油资源日渐枯竭的担心。电动汽车可以充分利用夜间用电低谷时段

图 1-15　纯电动汽车

进行充电，使发电设备昼夜都能充分利用，大大提高其经济效益。有关研究表明，等质等量的原油经过粗炼，送至电厂发电，充入蓄电池，再由电动机驱动汽车，其能量利用效率高于经过精炼变为汽油后经汽油机驱动汽车，因此有利于节约能源和减少二氧化碳的排放量。正是这些优点，使电动汽车的研究和应用成为汽车工业的一个热点。

对于电动汽车而言，基础设施建设及价格居高不下影响了其产业化的进程，与混合动力汽车相比，电动汽车更需要有配套的基础设施，而这不是一家企业能解决的，需要各企业、各行业联合起来与政府相关部门一起建设，才会有大规模推广电动汽车的机会。

目前，纯电动汽车主要有以下两类：

一是城市纯电动汽车（Urban Electric Vehicle，UEV）。这类车的车速和续驶里程都较低，适合城市短距离交通，主要车型包括小型纯电动汽车（见图 1-16）和城市公交车。目前国内主要汽车厂家如一汽、上汽、北汽、江淮、东风和奇瑞等均有生产城市纯电动汽车，其动力电池以锂电池为主。而部分地区的一些民营企业，由于大多没有乘用车生产资质，主要生产老年代步车、电动观光车、轻型电动车等小型低速电动车，其动力电池以铅酸蓄电池为主。

二是全纯电动汽车（All Electric Vehicle，AEV）。全纯电动汽车（见图 1-17）装有足够容量的动力电池，车速和续驶里程基本可满足日常较远距离的行驶需求，如美国的特斯拉 Model S，就达到了高端跑车的水平。特斯拉 Model S 省去了汽油机、燃油箱、变速器、传动轴等传统汽车的必备部件，这让其车身结构变得空前简洁，全车仅分为底盘、车身两个部分。与国内厂家生产的大多数纯电动汽车不同的是，特斯拉的轮胎和电机几乎融为一体，而整个底盘由蓄电池组成，蓄电池和框架紧密结合，刚性很好，85kW·h 的车型从静止加速到 100km/h 仅需 5.6s，最高车速为 200km/h，续航里程达到 425km。

图 1-16　小型纯电动汽车

图 1-17　全纯电动汽车

4. 燃料电池汽车

燃料电池汽车（见图 1-18）指以氢气、甲醇等为燃料，通过化学反应产生电流，依靠电机驱动的汽车。其工作原理是使汽车搭载的燃料电池中的氢与大气中的氧发生化学反应，产生出电能来驱动电机，再由电机驱动汽车。燃料电池的间接能源来源是甲醇、天然气、汽油等烃类化学物质，通过相关的燃料重整器发生化学反应来提取氢元素；直接能源来源就是石化裂解反应提取的纯液化氢。由于燃料电池的能量是通过氢气和氧气的化学反应获得的，而不是经过燃烧获得的，且其化学反应过程不会产生有害物质，因此燃料电池汽车是无污染汽车。另外，燃料电池的能量转换效率比内燃机要高2~3倍，因此，从能源的利用率和环境保护两方面看，燃料电池汽车是一种理想的环保汽车。

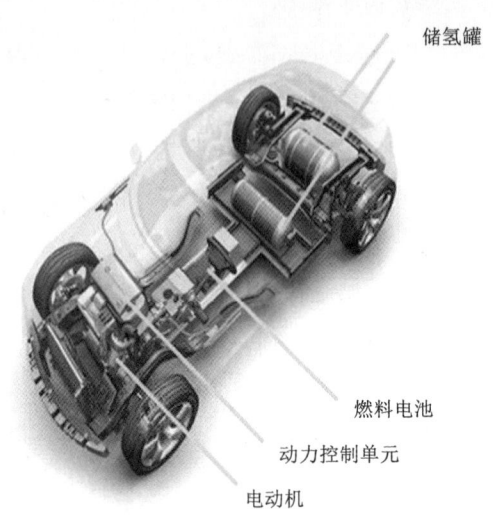

图 1-18　燃料电池汽车总体结构示意图

近几年来，燃料电池技术已经取得了重大的进展。世界知名汽车制造厂商如福特、丰田和通用等，已经宣布将燃料电池汽车投放市场。但燃料电池汽车的开发仍然面临着技术性挑战，如燃料电池组的一体化等。

5. 氢能源汽车

氢气不含碳，燃烧后不会增加大气中的温室气体，而且可以通过利用太阳能、风能等可再生能源电解水得到，因此被认为是人类的终极能源。以氢气作为传统内燃机燃料，极易实现稀薄燃烧，排放物少。同时，氢燃料发动机能满足高压缩比的要求，热效率高。氢能源汽车是一种真正实现零排放的交通工具，它排放出的是纯净水。然而，与传统动力汽车相比，氢能源汽车的制造成本至少高出20%。长安汽车公司在2007年研制了我国第一台高效零排放氢内燃机，并成功实现点火。在2008年的北京车展上，该公司展出了自主研发的中国首款氢能源概念跑车"氢程"，如图1-19所示。

项目一 认识新能源汽车

图 1-19 "氢程"氢能源汽车

6. 使用其他燃料的新能源汽车

目前,以天然气和甲醇为燃料的清洁节能汽车在我国已得到广泛应用,这两种物质也是理想的低污染车用燃料,能有效减少污染物和二氧化碳的排放,但在我国政策分类中不属于新能源汽车,不享受国家及地方政府的政策补贴。

(1)天然气汽车。

天然气汽车是以天然气为燃料的一种气体燃料汽车。天然气的甲烷含量一般在90%以上,是一种很好的汽车发动机燃料。按照所使用天然气燃料状态的不同,天然气汽车可以分为以下三类:

一是压缩天然气(CNG)汽车(见图1-20)。压缩天然气是指压缩为20.7~24.8MPa的天然气,储存在车载高压气瓶中。压缩天然气是一种无色、无味、高热量且比空气轻的气体,主要成分是甲烷,由于组分简单,易于完全燃烧,且燃料含碳少、抗爆性好,不稀释润滑油,能够延长发动机的使用寿命。

二是液化天然气(LNG)汽车(见图1-21)。液化天然气是指常压下温度为-162℃的液态天然气,储存于车载绝热气瓶中。液化天然气燃点高、安全性好,适于长途运输和储存。

图 1-20 压缩天然气(CNG)汽车

图 1-21 液化天然气(LNG)汽车

011

三是液化石油气（LPG）汽车（见图1-22）。液化石油气是一种在常温、常压下为气态的烃类混合物，比空气重，有较高的辛烷值，具有混合均匀、燃烧充分、不积碳、不稀释润滑油等优点，能够延长发动机的使用寿命，而且一次载气量大，行驶里程长。

（2）甲醇汽车。

甲醇汽车（见图1-23）是以甲醇作为主要燃料的汽车，同时也能以汽油或汽油-甲醇混合物为燃料，它是一种具有节能环保特性的新型汽车，可以由普通汽车改装而成。

汽车使用的甲醇燃料，按甲醇在混合燃料中的比例可分为以下几种：

① 低比例甲醇汽油M3、M5，可当作汽油一样使用，发动机不需做任何改动。

② 中比例甲醇汽油M15，发动机只需做小幅调整，但必须添加助溶剂。

③ 高比例甲醇汽油M85、M90，以及100%燃料甲醇，需给发动机加装甲醇/汽油双燃料控制器（简称甲醇控制器），其排放和热效率都优于原汽油机，续驶里程可达到500km。

图1-22　液化石油气（LPG）汽车

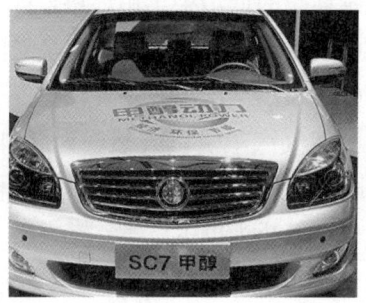

图1-23　甲醇汽车

（3）生物燃料汽车。

生物燃料泛指由有机物（如玉米、大豆、秸秆等）组成或制成的固体、液体或气体燃料，主要包括乙醇、生物柴油和航空生物燃料，可以替代由石油制取的汽油和柴油，是可再生能源开发利用的重要方向。巴西是世界上最早发展乙醇汽车的国家，其汽车用乙醇燃料占其乙醇总产量的95%。生物燃料乙醇的生产过程如图1-24所示。

根据生物燃料的种类不同，使用生物燃料的汽车可分为以下两类：

一是燃料乙醇汽车。燃料乙醇是用粮食或植物生产的可加入汽油中的品质改善剂。它不是一般的酒精，而是其深加工产品。燃料乙醇一般不会直接用作汽车燃料，而是按一定的比例与汽油混合在一起使用，这有利于增加燃料的辛烷值。2004年的巴黎车展上，萨博公司推出了一款可同时使用汽油和燃料乙醇的2.0L的涡轮增压发动机，该发动机的管理系统可以自动调整，如图1-25所示。

这种可以使用两种燃料的发动机的最大输出功率比同规格的汽油发动机的要高出20%，且车辆在中、高负荷状态下的油耗表现更好。

二是生物柴油汽车。生物柴油指以油料作物、野生油料植物和工程微藻等水生植物油脂，以及动物油脂、餐饮垃圾油等为原料油，通过酯交换工艺制成的可替代石化柴油的再生性柴油燃料。第二代生物燃料是一种利用有机物质和纤维素人工合成的、质量堪比柴油的高纯度燃料，它的原料可以是自然废弃物（如森林木材和工业木屑），也可以是生物垃圾（如动物粪便），还可以是专门种植的生长快速、无须精心料理的植物。第二代生物燃料将有效缓解生物燃料和粮食危机的矛盾。

虽然生物燃料属于可再生能源，但是生产生物燃料的农作物也存在污染、粮食安全等诸多问题，因此目前尚未得到全球性的广泛应用。奇瑞东方之子 Cross 生物燃料汽车如图 1-26 所示。

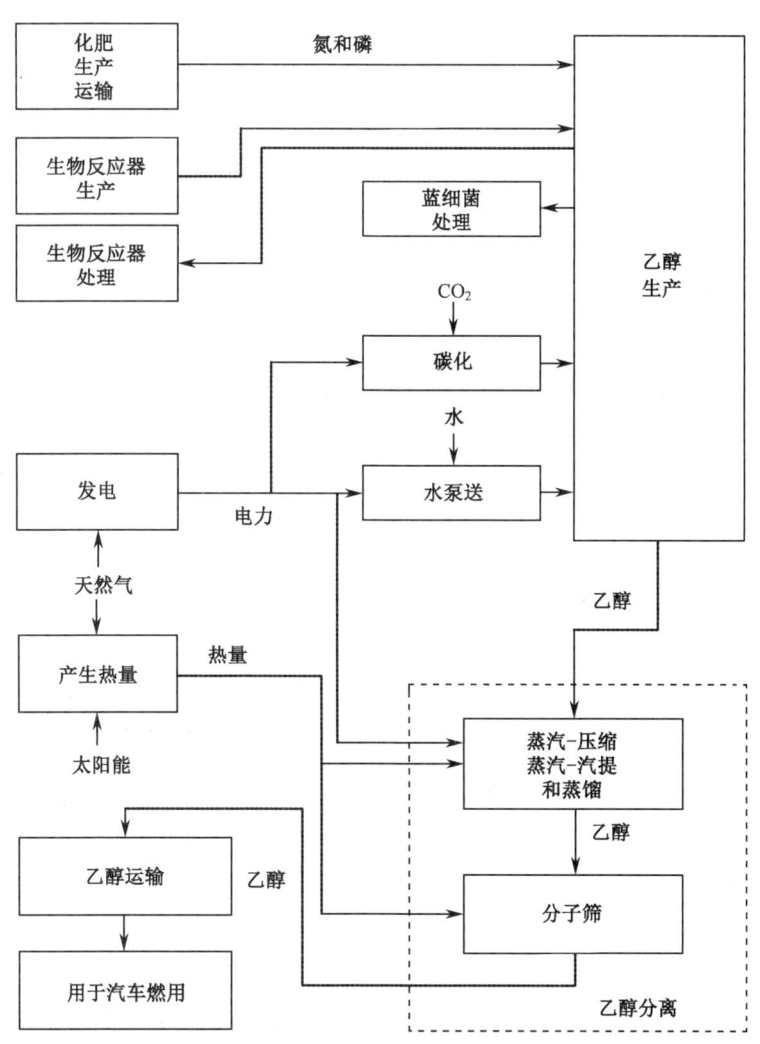

图 1-24　生物燃料乙醇生产过程

新能源汽车概论

图 1-25　萨博双燃料 2.0 L 涡轮增压发动机　　图 1-26　奇瑞东方之子 Cross 生物燃料汽车

任务二　新能源汽车的发展历程

✂ 任务描述

学生：老师，我已经对新能源汽车有所了解了。那么现在的新能源汽车是怎样发展而来的呢？

老师：看来大家对知识的渴望很强烈，我们先回顾一下汽车的发展，再看一下新能源汽车的发展历程。

✂ 相关知识

1712 年，英国人托马斯·纽科门发明了不依靠人和动物来做功而是靠机械做功的蒸汽机，被称为纽科门蒸汽机。1757 年，木匠出身的技工詹姆斯·瓦特被英国格拉斯哥大学聘为实验室技师，从而有机会接触纽科门蒸汽机并对其产生了兴趣。1769 年，瓦特与博尔顿合作，发明了装有冷凝器的蒸汽机；1774 年 11 月，两人又合作制造了真正意义上的蒸汽机。蒸汽机曾推动了机械工业甚至社会的发展，并为汽轮机和内燃机的发展奠定了基础。

1769 年，法国人 N. J. 居纽制造了世界上第一辆由蒸汽驱动的三轮汽车。这辆汽车被命名为"卡布奥雷"，车长 7.32m，车高 2.2m，车架上放置着一个外形貌似梨一样的大锅炉，前轮直径为 1.28m，后轮直径为 1.50m，前进时靠前轮控制方向，每前进 12～15min 需停车加热 15min，运行速度为 3.5～3.9km/h。居纽于 1771 年造出第二部车没有真正行驶过，现置于法国巴黎国家艺术馆展出。尽管居纽的这项发明失败了，但却是古代交通运输（以人、畜或帆为动力）与近代交通运输（动力机械驱动）的分水岭，具有划时代的意义。1804 年，脱威迪克设计并制造了一辆蒸汽汽车，这辆汽车拉着 10t 重的货物在铁路上行驶了 15.7km。

世界上第一辆汽车是由德国人卡尔·本茨于 1885 年 10 月研制成功的，一举奠定了汽车设计基调，即使现在的汽车也跳不出这个框框。他于 1886 年 1 月 29 日向德国专利局申请汽车发明的专利，同年 11 月 2 日由专利局正式批准发布。因此，1886 年 1 月 29 日被公认为是世界汽车的诞生日，本茨的专利证书成为世界上第一张汽车专利证书。

1897 年，德国人鲁道夫·狄赛尔成功地试制出了第一台柴油机，柴油机从设想变为现实经历了 20 年的时间。柴油机是动力工程方面的又一项伟大的发明，它的出现不仅为柴油找到了用武之地，而且它比汽油省油、动力大、污染小，是汽车又一颗良好的"心脏"。鲁道夫·狄赛尔的发明改变了整个世界，人们为了纪念他，就把柴油机称作狄赛尔柴油机。

一、纯电动汽车的发展历程

1831 年，法拉第研制出世界上第一辆电动汽车。而第一辆真正具有实用价值的电动汽车是由托马斯·戴文波特（T. Davenport）于 1834 年发明的，这辆电动汽车采用的能源是不可充电的简单玻璃封装蓄电池。1859 年，加斯东·普兰特（G. Plante）发明了世界上第一块可充电的铅酸蓄电池，为电动汽车的发展奠定了基础。1910 年，由托马斯·爱迪生（T. Edison）发明的镍铁电池一度成为电动汽车的主要能源。电动汽车发展史上具有里程碑意义的事件，是古斯塔夫·特鲁夫（G. Trouve）于 1881 年第二次将直流电机和充电电池用于私人车辆。在同年举办的巴黎国际电器展览会上，特鲁夫展出了一辆实用化的电动三轮车，如图 1-27 所示。

1895—1915 年是电动汽车发展的黄金时期。这期间，电动汽车占据美国私人机动车的主要市场，成为都市的一道亮丽的风景线。当时的电动汽车可以随时起动，加速时完全没有噪声，车速约 40km/h，价格非常昂贵，为 5000~6000 美元（当时币值），相当于今天的一辆劳斯莱斯轿车的价格，因此普及率不高。

如图 1-28 所示是 1897 年英国伦敦的一辆电动出租车，该车采用双绕组的直流电机，通过变换绕组连接方式来变速，而不是当时常用的调节电压变速。该车载有约 600kg 的铅酸电池，自重约 1300kg，行驶里程为 80km。

图 1-27　1881 年巴黎国际电器展览会上展出的电动三轮车　　图 1-28　1897 年英国伦敦的电动出租车

如图 1-29 所示是 1897 年法国人克瑞基尔（Kerieger）研制的电动汽车。这辆重 1147kg 的电动汽车，采用了双前轮电机驱动、电动助力转向盘及四轮制动。该车最高行驶速度可达 24km/h，一次充电行驶里程为 80km。克瑞基尔在 1902 年试制了以酒精和电为能源的混合动力汽车；1904 年，他将以电与汽油为能源的混合动力汽车推向市场，但未能成功；他于 1909 年申请了装有涡轮机和电机的混合型电动汽车的专利。

图 1-29　1897 年克瑞基尔研制的电动汽车

19 世纪 80 年代，美国每年销售的 4200 辆汽车中，38% 是电动汽车，22% 是燃油汽车，40% 是蒸汽机汽车。当时，电动汽车是金融巨头的代步工具及财富象征。如图 1-30 所示为 20 世纪初美国人乘坐电动汽车出游。

由于当时美国大部分乡村还没有电力供应，电动汽车无法进入乡村。1908 年，福特 T 型车在底特律下线，流水线的生产方式改变了整个汽车产业，在当时彻底结束了电动汽车的生命，大批量生产的福特 T 型车（见图 1-31）使汽车单价从 1909 年的 850 美元降到 1925 年的 260 美元。

项目一 认识新能源汽车

图 1-30 20 世纪初美国人乘坐电动汽车出游

1924 年的全美汽车展中,电动汽车彻底销声匿迹,燃油汽车迎来了一个黄金时代。这一时期,除了业余爱好者们还在锲而不舍地改装电动汽车外,大汽车商们已经很少再投资发展电动汽车了。

20 世纪 70 年代的能源危机和石油短缺使电动汽车重新获得生机。然而,石油价格在 20 世纪 70 年代末开始下跌,电动汽车的商业化进程又失去了动力,其技术发展速度显著变慢,又一次走入了低谷。

图 1-31 福特公司大批量生产的 T 型车

20 世纪 80 年代,空气质量和温室效应所产生的影响日益严重,电动汽车的发展第三次获得生机。20 世纪 90 年代初,一些国家和地区开始实行更严格的排放法规。1990 年,美国加州空气资源管理局(CARB)颁布了一项法规,规定 1998 年在加州出售的汽车中,有 2% 必须是零排放车辆(ZEVS);到 2003 年,零排放车辆应达到在售汽车总量的 10%。受加州这项法规的影响,电动汽车得以迅速发展(但是 CARB 的 1998 年度目标没有实现)。

此后,汽车制造商都在不断推动电动汽车技术的发展,并开始将电动汽车商业化。

在世界范围内，尤其在美国、日本和欧洲各国，许多汽车生产商开始生产电动汽车或者涉足电动汽车领域。

一些电力公司和电池生产商在电动汽车的推广中也起着积极的作用。它们参与其中的目的是促进以充电电池为动力的电动汽车的商业化，并最终获得商业利益。

通用汽车公司于 1997 年开发先进动力系统的双座 EVI（见图 1-32）。该车采用前轮驱动，装有 102kW 的三相感应电动机、双级减速机构。它装备了由 26 个铅酸电池组成的蓄电池组，蓄电池组可用非车载或车载感应充电器充电。该车的电动机在转速为 0～7000r/min 时输出 1640N·m 恒定转矩，在转速为 7000～14000r/min 时输出 102kW 恒定功率。EVI 的最高车速为 128km/h，0～96km/h 加速时间不到 9s。

1997 年款的日产四座 Altra EV（见图 1-33）采用重量仅为 39kg 的 62kW 永磁同步电动机，其功率质量比很高，达到 1.6kW/kg。

该车采用高效控制器，动力系统总效率高达 89%；动力电池为锂离子电池，能量密度为 90W·h/kg，功率密度为 300W/kg，循环使用寿命达 1200 次；最高车速为 120km/h，市区工况续驶里程为 192km。

图 1-32　通用汽车公司于 1997 年开发的双座 EVI　　　　图 1-33　日产四座 Altra EV

香港大学于 1993 年研制的 U2001 四座电动汽车（见图 1-34），采用 45kW 的永磁电动机和 264V 镍镉蓄电池组。该车采用了许多先进技术，如变温座椅、声频导航系统、智能能量管理系统等。其最高车速为 110km/h，0～48km/h 的加速时间为 6.3s，以 88km/h 行驶时的续驶里程为 176km。

印度研制的 Reva EV 双车门、掀背式电动汽车（见图 1-35）采用他励直流电动机（最大转矩为 70N·m，最大功率为 13 kW）和一个 48V 的铅酸蓄电池组驱动。其车重为 650kg，最高车速为 65km/h，续驶里程为 80km。最具诱惑力的是它的低价格和低运行成本，其售价为 5000 美元，每千米运行费用不到 1 美分。

我国也在大力发展纯电动汽车，比亚迪、奇瑞、北汽等公司都在积极开展相关研制工作，并研制出了自主产品。其中具有代表性的有北汽新能源公司研发的 B 级纯电动汽车 Q60FB、A0 级纯电动两厢汽车 C30DB，以及纯电动微型客车 M30RB，如图 1-36 所示。

项目一　认识新能源汽车

图 1-34　香港大学研制的 U2001 四座电动汽车

图 1-35　印度研制的 Reva EV

北汽 Q60FB

北汽 C30DB

北汽 M30RB

图 1-36　北汽新能源公司研发的纯电动汽车

2008 年的北京奥运会实现了电动汽车的规模化应用，其间有 50 辆纯电动客车投入运营，实现了奥林匹克公园核心区内汽车尾气的零排放，这些电动客车上几乎所有的关键技术都来自北京理工大学，如图 1-37 所示为 BK6122EV 纯电动客车。

图 1-37　北京理工大学研发的 BK6122EV 纯电动客车

二、混合动力汽车的发展历程

混合动力汽车发展至今已经有上百年的历史。大名鼎鼎的费迪南德·保时捷在 19 世纪末就为一家名为 Jacob Lohner 的公司开发出一款油电混合动力汽车（见图 1-38），后来甚至还开发出了四驱版本。

图 1-38　保时捷研制的油电混合动力汽车

据美国专利局的资料记载，1909 年，身在比利时的德国人 Henri Pieper 取得了一项名为"Mixed Drive for Autovehicles"的专利，如图 1-39 所示，这是世界上最早的有关混合动力汽车的专利。

近二十年来，混合动力汽车才受到世界各大汽车公司的重视。20 世纪 90 年代以来，日本、美国和欧洲多国的各大汽车公司纷纷开始研制混合动力汽车。

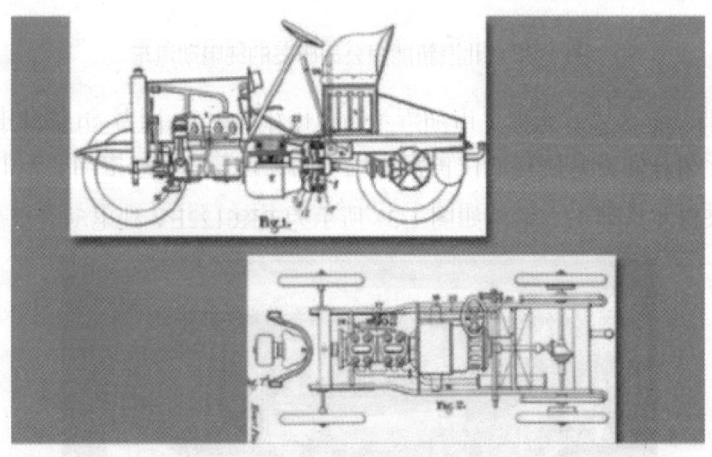

图 1-39　"Mixed Drive for Autovehicles"专利

在混合功力汽车的开发和市场化方面，日本公司走在了最前沿。丰田公司是世界上最早开始进行混合动力汽车研发的汽车公司之一。1997 年，该公司推出了第一代混合动力汽车——普锐斯（见图 1-40），该车最高行驶速度可达 140km/h，燃油经济性可达 3.57L/100km，一氧化碳（CO）、碳氢化合物（HC）和氮氧化物（NO_x）的排放水平相当于日本法规规定值的 1/10。

图 1-40　第一代普锐斯（XW10）

第一代普锐斯于 2000 年年初投放北美市场，月产 2000 辆，三年内销售了 4.5 万辆，产品出现了供不应求的局面。

2003 年，丰田推出代号为 XW20 的第二代普锐斯（见图 1-41），首批投放在美国和日本市场。该车于 2006 年进入中国市场。

第二代普锐斯实现了混动系统的技术升级，依旧采用了第一代普锐斯上的 1.5L 1NZ-FXE VVT-i 发动机（见图 1-42），功率小幅提升至 56kW，转矩上升到 115N·m。电机的最大功率为 49kW，峰值转矩为 400N·m。

图 1-41　第二代普锐斯（XW20）　　图 1-42　普锐斯 1.5L 1NZ-FXE VVT-i 发动机

第二代普锐斯没有使用当时价格高昂的锂离子蓄电池，依旧采用了镍氢蓄电池（见图 1-43），但是通过蓄电池的小型化和轻量化，成功地将系统能耗降低，获得了更出色的节能效果，综合油耗降低至 5.2L/100km。

图 1-43　第二代普锐斯的镍氢蓄电池

第三代普锐斯于 2009 年率先在日本上市,迅速受到消费者的青睐,连续多月蝉联日本单一车型销量冠军,并获得 2011 年日本十大畅销车冠军头衔。该车搭载一台 1.8L 直列 4 缸汽油发动机,如图 1-44 所示。

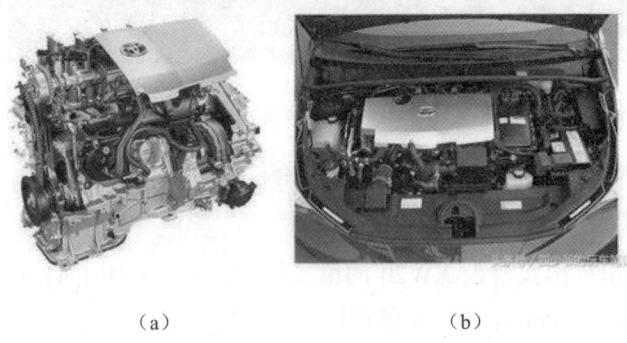

（a）　　　　　　　　　　　　（b）

图 1-44　第三代普锐斯的 1.8L 直列 4 缸汽油发动机

第三代普锐斯（见图 1-45）的最大功率可以达到 134kW,综合油耗仅为 4.7L/100km。如图 1-46 所示为雷克萨斯生产的全球首款搭载 V8 发动机的全混合动力汽车——LS600h。

图 1-45　第三代普锐斯　　　　　　　　图 1-46　雷克萨斯 LS600h

欧洲的汽车公司在混合动力汽车方面积极推进。2005 年 9 月的法兰克福车展上,奥迪首次展示了 Q5 混合动力汽车,如图 1-47 所示。

2010年年底,宝马公司推出了混合动力汽车,如图1-48所示。

图 1-47　奥迪 Q5 混合动力汽车　　　　图 1-48　宝马混合动力汽车

混合动力技术虽然已经实现产业化,但较高的车价使其在一段时期内难以普及,其价格比同排量的燃油汽车高出许多,等于消费者预付了较大一笔"油钱"给制造公司,环保却不经济。一些国家为了鼓励国民购买这类环保的混合动力汽车,给予消费者一定的经济补助和政策优惠。

在能源紧缺和环保的压力下,世界各大汽车公司无不涉足新能源汽车领域。但是,由于技术和经济上存在的各种困难,纯电动汽车还需要相当长的时间才有可能大规模普及,而混合动力汽车技术相对成熟,同时,其采用的机电耦合技术和智能化整车控制策略,也能实现整车的高性能、低能耗和低排放。

基于以上形势,日本、美国等国的多家汽车公司向市场推出了各种混合动力汽车产品,世界主要地区的混合动力汽车销售量不断增加。

美通社亚洲发布的《汽车电子研究报告》指出:2007年到2012年期间,全球市场完全混合动力汽车和轻度混合动力汽车的复合年增长率达到38%;截至2015年,全球混合动力汽车的总产量约420万台。

我国非常重视混合动力汽车的研究与开发,相关工作始于20世纪90年代。在"十五"期间,科技部组织北京理工大学、清华大学、东风汽车公司等国内多家高校、企业和科研机构进行联合攻关,确定了以燃料电池汽车(FCEV)、混合动力汽车(HEV)、纯电动汽车(BEV)车型为"三纵",多能源动力总成控制系统、驱动电机及其控制系统、动力蓄电池及其管理系统三种共性技术为"三横"的"三纵三横"研发布局。

目前,我国各大汽车集团都在进行混合动力汽车的研发,多数以混合动力电动客车为主,这种研发方向符合我国国情,有利于我国电动汽车的研究发展。

三、燃料电池汽车的发展历程

燃料电池在大规模产业化之前,已经有很长的发展历史了。1839年,威廉·格罗夫(W. Grove)发明了第一个燃料电池(见图1-49)。该电池把封有铂电极的玻璃管浸在稀硫酸中，先由电解产生氢和氧，接着连接外部负载，氢和氧发生化学反应，产生电流。格罗夫当时就预见到，如果氢气可以被煤、木材或其他易燃材料所替代，燃料电池就可以作为一种商业化的电源。1896年，雅克（W. Jacques）设想了直接以当时的主要燃料——煤作为燃料的燃料电池（DCFD），他的想法引起了公众的极大关注。但由于无法解决碳对电解质的污染，DCFD没有取得满意的效果，最终被放弃。

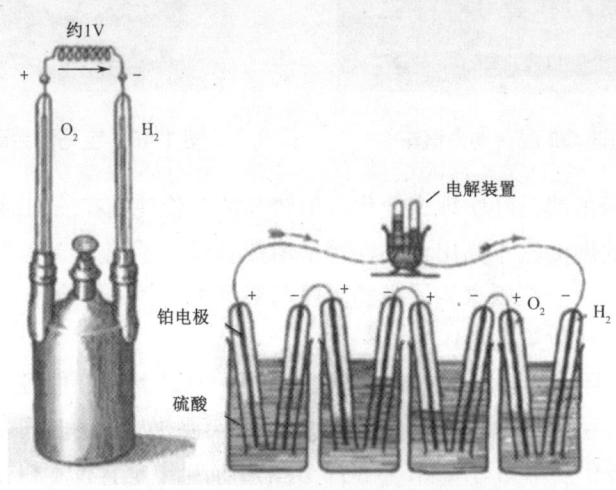

图1-49 格罗夫发明的燃料电池

1902年，里德（J.H.Reid）首先开始研究碱质型燃料电池（AFC），以碱性氢氧化钾（KOH）溶液作为电解质。但直到20世纪30年代末，培根（F.T.Bacon）领导的AFC研究工作才走上正轨，并于20世纪60年代早期首先应用于太空计划，将其改进后用于装备"阿波罗"系列宇宙飞船（见图1-50）。由培根领导研制的碱性燃料电池最终走向实用化，具有里程碑式的意义。

目前，世界各国及各大汽车厂商都在进行燃料电池汽车的研发，其中有两个项目影响最大：一个是由美国能源部组织的国家燃料电池汽车研究计划；另一个是以巴拉德动力系统公司的技术为依托，由戴姆勒-克莱斯勒公司（已解体）、福特汽车公司等跨国公司合作投资的燃料电池汽车项目。

福特汽车公司的燃料电池汽车的研发工作始于1990年。福特汽车公司研制的999型氢燃料电池汽车是世界上第一辆以氢燃料电池为动力的跑车，也是当时世界上行驶速度最快的汽车。氢燃料电池999型汽车由福特汽车公司设计，罗什跑车公司装配制造，波拉德动力系统公司提供了燃料电池模块，该汽车高达770马力的电动机由美国俄亥俄大学的一组工程学专业的学生设计制造。这款汽车的最高行驶速度为每小时207.3英里（约每小时333公里）。

2001年，通用汽车公司开发了一辆以雪佛兰S-10皮卡（见图1-51）为基础车型的汽油重整质子交换膜燃料电池（PEMFC）汽车。

图 1-50　"阿波罗"号宇宙飞船

图 1-51　雪佛兰 S-11 皮卡

戴姆勒-克莱斯勒汽车公司于 2010 年开始推进其燃料电池汽车的商业化进程。在北京"国际氢能论坛 2004"举办期间，该公司在天安门广场上展出了以氢为燃料的燃料电池公共汽车，如图 1-52 所示。

通用汽车公司一直致力于燃料电池汽车的开发。1968 年，该公司推出的 Electrovan 是世界上第一辆燃料电池汽车；1998 年又推出了小型货车 Zafira；2000 年推出了 HydroGenl；2002 年已发展到 HydroGen3。2002 年，该公司推出了全新的概念车型 Hy-Wire，该车采用线控驾驶技术，其燃料电池、电动机和控制器全部集成在约 28cm 厚的板状底盘中，车身可以分离，可根据驾驶人的意愿变形成轿车、货车或 SUV。如图 1-53 所示为通用汽车公司研发的氢燃料电池汽车 Sequel。

图 1-52　戴姆勒-克莱斯勒燃料电池公交车

图 1-53　通用氢燃料电池汽车 Sequel

1996 年，丰田公司推出了其第一款燃料电池汽车车型 FCHV-adv，该车采用金属氢化物储氢技术，一次填充燃料可行驶 250km，最高车速为 100km/h。之后，丰田又在其 SUV 汉兰达的平台上推出了搭载氢燃料电池的混合动力汽车 FCHV-adv，如图 1-54 所示。

图 1-54　丰田的氢燃料电池混合动力汽车 FCHV-adv

2002 年，本田公司推出了 FCX，该车是世界上第一辆获得政府商业化使用许可的燃料电池汽车，如图 1-55 所示。

图 1-55　本田燃料电池汽车 FCX

我国非常重视燃料电池技术的研究，科技部于 1997 年将燃料电池列为"九五"重大科技攻关项目，"十五"国家重大科技专项之一的电动汽车专项将燃料电池汽车列为重要内容，投入近 9 亿元。"十一五"期间，国家继续支持"节能与新能源汽车"的研究，主要包括电动车重大专题和能源领域中的高温燃料电池。以大连化学物理研究所为牵头单位，全面开展了 PEMPC 的电池材料与电池系统研究。经过多年的努力攻关，我国在燃料电池汽车的研发上已取得较大进展。

目前，我国确立了燃料电池汽车发展的具体目标，到 2020 年实现燃料电池汽车的批量生产。2020—2030 年，我国电动汽车整体技术水平将基本与国际电动汽车水平相当，并且实现燃料电池汽车的大批量生产。

由上汽集团、同济大学联合开发的"超越 3 号"东方之子燃料电池汽车，如图 1-56 所示。

福田汽车自主研发的氢燃料电池客车（见图 1-57）采用了先进的燃料电池及其匹配技术，排放物为纯净的水。

目前，国内开展燃料电池汽车相关研究的科研院校主要有中科院大连化学物理研究所、清华大学、同济大学、武汉理工大学、中山大学等，并形成了以大连新源动力、上海神力、北京富原、北京飞驰绿能、上海博能等企业为代表的多个燃料电池产业化基地。

图 1-56 "超越 3 号"东方之子燃料电池汽车

图 1-57 福田燃料电池客车

任务三 我国新能源汽车的发展现状和前景

✂ 任务描述

学生：老师，原来新能源汽车的发展已经有一百多年的历史了。但是国外的新能源汽车发展得如此迅速，竞争如此激烈，我国新能源汽车的发展情况如何呢？

老师：好的，我们现在一起了解一下我国的新能源汽车发展现状，再共同分析一下其未来的发展前景。

✂ 相关知识

进入 21 世纪以来，我国汽车产业高速发展，已经成为汽车生产和销售大国。在新能源汽车方面，通过自主研发，我国已开发出混合动力、插电式混合动力、纯电动和燃料电池汽车等各类整车产品，形成了多品种、全系列的各类整车和零部件生产及配套体系，产业集中度不断提高，产品技术水平明显提升，初步掌握了电动汽车整车设计、系统集成等关键技术，但总体的技术水平与国外相比尚存在一定的差距，特别是产品工程化能力亟待加强。此外，在整车设计开发流程中，底盘开发及整车、发动机、

新能源汽车概论

变速器的匹配技术等汽车共性技术方面,我国电动汽车的技术水平也与国外先进水平存在一定差距。

一、我国新能源汽车的发展现状

目前,我国着眼于新能源汽车研发的企业主要有比亚迪、一汽、上汽、东风、长安五大汽车集团。这五大集团中,发展最快的当数比亚迪。近年来,比亚迪相继推出了全球首款搭载"铁电池"的电动客车、商业运营的纯电动汽车及不依赖专业充电站的双模电动车 F3DM,这三款车被誉为比亚迪"三剑客"。

从国家产业政策规划来看,新能源汽车产业已成为我国未来经济发展中大力支持的战略性新兴产业。2012 年 7 月 9 日,《节能与新能源汽车产业发展规划(2012—2020年)》出台,提出到 2020 年,纯电动汽车和插电式混合动力汽车生产能力达 200 万辆,累计产销量超过 500 万辆,燃料电池汽车、车用氢能源产业与国际同步发展;2020 年,当年生产的乘用车平均燃料消耗量降至 5.0L/100km;节能型乘用车燃料消耗量降至 4.5L/100km 以下;商用车新车燃料消耗量接近国际先进水平。

二、我国新能源汽车的发展前景

新能源汽车是中国汽车产业实现跨越发展的难得机遇,不论是各级政府还是业界,对于该产业的发展都非常重视。

新能源汽车产业的发展离不开稀土、石墨等自然资源,而我国充足的自然资源储备能充分满足这一发展需求。另外,我国的现代通信、交通等基础设施近年来不断更新换代,许多大城市的基础设施已达到国际先进水平。通过与外资汽车企业合资办厂,学习到了先进的技术和管理理念,积累了宝贵经验,培养了许多高端科研人才。

从国家需求的角度来看,我国早已成为世界最大的汽车市场。然而,汽车保有量的几何式增长不仅使城市更加拥堵,还令城市空气质量恶化。此外,汽车保有量的迅速增加使我国的燃油供求矛盾更加突出。从个人需求的角度来看,汽车已成为现代生活中必不可少的一部分。消费者购买汽车时首先考虑的是汽车的购置费,其次是汽车的使用成本。在使用成本中,汽油价格是消费者考虑的首要因素。近年来,汽油价格一直在高位波动,而新能源汽车与传统汽车相比的一个最大特点就是其使用清洁能源,能够大幅减少对汽油的依赖,降低了消费者的使用成本。

新能源汽车产业有三大核心技术,分别是动力电池、电动机和整车控制器。其中,动力电池技术最为关键,是新能源汽车发展的核心,它直接决定新能源汽车发展的步伐，是新能源汽车实现大规模生产并商业化的关键所在。

21世纪初，我国动力锂电池产业凭借低廉的制造成本、充足的原材料供应、世界最大消费市场的支撑，以及相对完整的产业链，得到了快速发展。但是，在以动力锂电池所用隔离膜为代表的关键技术上，我国仍需要继续进行研发，实现进一步突破，从而降低动力锂电池生产成本，扩大规模化效益，提高动力锂电池产业的竞争力。

1. 混合动力汽车发展现状

我国混合动力汽车的发展，既受发动机与自动变速器等汽车共性基础技术落后的制约，又存在机电耦合驱动系统及电动附件产品等混合动力专用技术开发强度不够的问题，如国内动力耦合方案常采用变速器及离合器，而国外则已采用复杂的行星齿轮结构。国外在混合动力专用发动机技术、机电耦合系统的控制技术等方面相对成熟，而我国在这些方面还处于初级发展阶段。

总体来看，我国混合动力汽车技术仍在不断提高，产品技术方案也在不断完善。目前，国内车企已推出多款混合动力乘用车。长安、东风、华晨、奇瑞、一汽、吉利等企业纷纷开展混合动力乘用车关键技术的研发，初步掌握了动力系统集成设计、怠速起停与加速助力、制动能量回馈、控制系统开发等关键技术。2011年10月20日，上海汽车自主研发的首款新能源量产车——荣威750 Hybrid混合动力汽车上市，如图1-58所示。

2. 插电式混合动力汽车发展现状

我国插电式混合动力汽车研发起步较晚，但近几年逐步得到了国内整车企业的关注。目前，进入这一领域的国内汽车企业主要有比亚迪、一汽和吉利，典型产品是比亚迪F3DM，如图1-59所示。

图 1-58　荣威750Hybird 混合动力汽车

图 1-59　比亚迪 F3DM

3. 纯电动汽车发展现状

纯电动汽车现已成为国内整车企业的研发重点，且基本掌握了整车控制、动力系统匹配与集成设计等关键技术,总体上进入量产车生产阶段。北汽纯电动汽车如图 1-60 所示。

比亚迪、东风、长安、奇瑞、吉利、北汽、上汽、江淮等国内主要汽车企业均研制开发出纯电动乘用车,但高性能纯电动乘用车产品在可靠性和工程化能力上仍落后于国外先进产品。在整车方面,国外车企往往采用全新结构车型,但国内车企主要以改装车为主;在性能参数上,整车基本性能与国外产品接近,但在动力电池方面,国内以磷酸铁锂电池为主,与国外相比有一定差距。此外,国内纯电动乘用车整车产品在可靠性、故障率、传统共性技术方面与国外产品仍有较大差距。

4. 燃料电池汽车发展现状

我国燃料电池汽车动力系统技术平台研发与国外几乎同步。目前,燃料电池汽车技术已取得了一定进展,但仍处于研发和实验考核阶段。燃料电池乘用车的代表车型有上汽 CSA7000FCV(见图 1-61)和奇瑞东方之子。

图 1-60　北汽纯电动汽车

图 1-61　上汽 CSA7000FCV

综上所述,我国新能源汽车产业的发展拥有充足的自然资源和丰富的劳动力支持,现代通信、交通等基础设施相对完善,企业自主研发能力不断提高,在动力电池、电机、电子控制和系统集成等关键技术方面已取得重大进步。但从总体上看,我国新能源汽车的许多关键技术有待突破,社会配套体系有待完善,产品成本有待降低,消费者信心有待提高,市场占有率有待进一步扩大。

思考与练习

一、填空题

1. 新能源又称非常规能源,是指____之外的各种能源形式。
2. 新能源汽车是指采用____作为动力来源的汽车。
3. 新能源汽车包括燃气汽车、燃料电池汽车、____、混合动力汽车、液化石油气汽车、氢能源汽车、其他新能源汽车。

4. 混合动力汽车按照燃料种类的不同，可以分为_____和_____两种。

5. 混合动力汽车根据动力系统结构类型的不同，可以分为_____和_____。

6. 插电式混合动力汽车可分为_____和_____两种。

7. 燃料电池汽车指以_____、_____等为燃料，通过化学反应产生电流，依靠电机驱动的汽车。

8. 世界上第一辆汽车是由_____研制成功的。

9. 1908 年，福特 T 型车在底特律下线，_____的生产方式改变了整个汽车产业。

10. 我国非常重视混合动力汽车的研究与开发，确定了_____的研发布局。

二、判断题

1. 目前，全球能源和环境系统面临巨大的挑战，汽车作为石油消耗和二氧化碳排放的大户，技术亟待革新。（　　）

2. 我国传统汽车技术领域和国际水平相比还比较落后；在新能源汽车方面，我们和发达国家相比尚未站在同一条起跑线上。（　　）

3. 我国汽车工业以纯电驱动作为技术转型的主要战略方向，重点突破蓄电池、电动机和电控技术。（　　）

4. 新能源汽车是指采用常规的车用燃料汽油或柴油作为动力来源的汽车。（　　）

5. 新能源汽车包括汽油汽车、柴油汽车、混合动力汽车及其他新能源汽车。（　　）

6. 我国既是锂资源储量大国，也是全球第一大锂电池生产国。（　　）

7. 纯电动汽车目前存在的主要问题是各种类别的蓄电池普遍存在价格高、寿命短、外形尺寸和重量大、充电时间长等缺点。（　　）

8. 混合动力汽车，一般是指油电混合动力汽车，即采用传统的内燃机和电动机作为动力源，也有发动机经过改造使用其他替代燃料。（　　）

9. 从系统选型的角度分析，增程式混合动力汽车和混联插电式混合动力汽车必须都可以是并联式混合动力形式，也可以是混联式混合动力形式。（　　）

10. 对于电动汽车而言，基础设施建设以及价格居高不下影响了其产业化的进程，与混合动力汽车相比，电动汽车更需要配套的基础设施。（　　）

三、简答题

1. 简述新能源汽车的定义。
2. 简述混合动力汽车的几种常见分类。
3. 简述插电式混合动力汽车系统。
4. 简述纯电动汽车发展的优势与劣势。
5. 列举出我国生产新能源汽车的主要汽车厂商。

项目二
电动汽车使用维护与高压安全

目标及要求

教学目标	(1) 了解电池养护内容、安全防护要求和注意事项； (2) 掌握电动汽车 TN 网络原理、现代电动汽车的安全措施及电动汽车绝缘电阻检测方法； (3) 熟悉相应的安全维修规范要求。
能力要求	(1) 能正确进行电动汽车蓄电池的日常养护操作； (2) 按照安全防护要求，进行安全维修操作； (3) 能熟练概述电动汽车 TN 网络原理。

项目概述

在电动汽车高压电操作中，操作者千万不要把自己串入正负极之间构成导电回路，避免造成触电的严重事故。另外，正负直流母线与车身意外相连存在严重的高压电击隐患，一旦人员在车上接触了高压电负极或正极将造成严重电击受伤甚至导致死亡，所以电动汽车采用漏电保护器是非常必要的。因此，认识电动汽车的高压安全知识、了解安全防护要求和掌握相应的维修规范要求非常重要。

任务一　电动汽车使用与常规维护

✂ 任务描述

学生：老师，不同于传统燃油汽车，电动汽车主要依靠电池驱动，那么在日后的使用过程中，电池使用和维护该如何进行呢？

新能源汽车概论

老师：电动汽车逐渐被人们接受，但是其在保养方面却与传统燃油汽车有着天壤之别，关于电动汽车的使用维护问题越来越多地受到大家的关注。同时，车载电动力系统的纯电动车型，整车涉及高压的部分有整车橙色线束、动力电池包、高压配电箱、车载充电器、太阳能充电器（装有时）、驱动电机控制器总成、空调驱动器总成、电动力总成、电动压缩机总成、电加热芯体PTC。为确保维修人员的人身安全，避免违规操作引起安全事故，在维修高压部分时，需要注意相关规范要求。

✂ 相关知识

一、蓄电池养护

1. 正确把握蓄电池的充电时长和频次

每辆车的使用情况都是不同的，因此，充电要根据车辆的实际情况进行，不要太相信别人说要充几个小时。关于多久充一次电的问题，也要根据自己的行驶里程进行判断。在正常行驶的情况下，如果电量表指示灯的红灯和黄灯都亮了，就应当进行充电了；如果黄灯灭了只剩下红灯亮，应尽快停止行驶进行充电，否则蓄电池会因为过度放电而缩短寿命。有些人习惯在每次开车前都进行充电，有时蓄电池只运行了很短的时间就续充，这种情况下充电时间不宜过长，否则就会因过度充电使蓄电池发热。一般情况下，汽车蓄电池平均充电时长在10h左右，过度充电、过度放电和充电不足都会缩短蓄电池寿命。在充电过程中如果蓄电池温度超过65℃，应立即停止充电。

2. 蓄电池闲置存放时应保证处于满电状态

当蓄电池在使用后没有及时充电，就会处于亏电状态，在此状态下进行存放的铅酸蓄电池很容易出现硫酸盐化，结晶物附着在极板上堵塞电离子通道，造成充电不足，蓄电池容量下降。蓄电池损坏的严重程度与亏电状态闲置的时间是成正比的，因此，为了保持电池的健康状态，在蓄电池闲置存放时也要保证每个月充电一次。

3. 在行驶过程中应尽量避免猛踩加速，形成瞬间的大电流放电

电动汽车在起步、载人、上坡时，如果猛踩加速，则会形成瞬间大电流放电。大电流放电容易导致铅酸蓄电池产生硫酸铅结晶，从而损害电池极板的物理性能。在行驶中如果车速突然降低，一定要当心可能是某组蓄电池出现了问题，应尽快检查。

二、安全防护要求

（1）维修人员必须佩戴必要的安全防护用品，如绝缘手套（需准备防高压电工手套及防电池电解液酸碱性两种手套）、绝缘胶鞋、绝缘胶垫和防护眼镜等，如图2-1所示，安全防护用品的耐压等级必须大于需要测量的最高电压等级。

  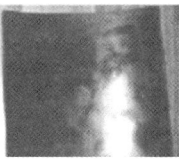 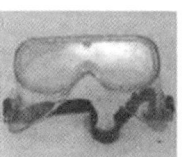

绝缘手套　　　　　绝缘胶鞋　　　　　绝缘胶垫　　　　　防护眼镜

图2-1　必要的安全防护用品

（2）使用前必须检查绝缘手套是否有破损、破洞或裂纹等，应完好无损，确保安全。

（3）使用前必须检查绝缘手套、绝缘胶鞋等安全防护用品，不能带水进行操作，保证用品的内外表面洁净、干燥，确保安全。

（4）维修车辆时，必须设置专职监护人一名，监护人的工作职责为监督维修的全过程，具体如下：

① 监督维修人员的组成、工具使用、防护用品佩戴、备件安全保护、维修安全警示牌等是否符合要求。

② 检查紧急维修开关的接通和断开。

③ 负责对维修过程中的安全维修操作规程进行检查，监护人要按安全维修操作规程指挥操作，维修人员在做完一个操作后要告知监护人，监护人要在作业流程单上做标记。

④ 监护人要认真负起责任，确保维修过程的安全性，避免发生安全责任事故。

⑤ 监护人及维修人员必须具备国家认可的《特种作业人员操作证（电工）》与初级（含）以上的电工证（职业资格证书）。

⑥ 监护人及维修人员必须经过生产厂家关于纯电动汽车的相关培训，并通过考核。

（5）严禁未经培训的人员进行高压部分检修，禁止一切带有侥幸心理的危险操作，避免发生安全事故。

三、安全维修操作规范

（1）高压部件识别。

① 整车橙色线束均为高压线。

② 动力电池连至电源管理器的红色电压采样线束。

③ 高压零部件：动力电池包、高压配电箱、车载充电器、太阳能充电器（装有时）、驱动电机控制器总成、空调驱动器总成、电动力总成、电动压缩机总成、电加热芯体 PTC。

（2）检修高压系统时，点火开关必须处于 OFF 挡（若为智能钥匙系统，则使车辆不在智能钥匙感应范围内，并且车辆处于非充电状态），并拔下紧急维修开关。

紧急维修开关拔下后，由专职监护人员保管，并确保在维修过程中不会有人将其插到高压配电箱上。

① 断开紧急维修开关只是切断了从高压配电箱到各个高压用电设备的电源，并不能切断动力电池包到高压配电箱的电源。

② 当需要维修或更换高压配电箱时，应小心拔出连接动力电池包的电缆正负极高压插接件，使用绝缘胶带包好裸露的桩头，避免触电。

（3）在断开紧急维修开关 5min 后，检修高压系统前应使用万用表测量整车高压回路，确保无电。

① 确定方法：拔下紧急维修开关手柄后，测量动力电池包正极和车身之间的电压来初步判断是否漏电，若检测到电压大于或等于 50V，应立即停止操作，按动力电池包漏电检测方法检查。

② 使用万用表测量高压时，需注意选择正确量程，检测用万用表精度不低于 0.5 级，具有直流电压测量挡位，量程范围不小于或等于 500V，并遵守"单手操作"原则。

③ 所使用的万用表表笔线上配备绝缘鳄鱼夹（要求耐压值为 3kV，过电流能力大于 5A），测量时先把鳄鱼夹夹到电路的一个端子上，然后用另一只表笔接到需测量端子上进行读数。每次测量时只能用一只手握住表笔；测量过程中严禁触摸表笔金属部分。

（4）调试高、低压系统注意事项。

① 调试低压前必须断开紧急维修开关。

② 调试高压时，必须由专职监护人指挥装配紧急维修开关。

③ 调试高压必须在低压调试好的前提下进行，便于判断动力电池包是否有漏电的情况，如有漏电情况应及时检查，不能进行高压调试。

（5）拆装动力电池包总成时，先把高压配电箱连接高压线束插接件用绝缘胶带缠好，拆装过程中不要损坏线束，以免发生触电危险。

（6）检修或更换高压线束、油管等经过车身钣金孔的部件时，需注意检查对车身钣金的防护是否正常，避免高压线束、油管等磨损。

四、安全维修注意事项

（1）在维修作业前请采用安全隔离措施（如使用警戒栏隔离），并树立高压警示牌，以警示相关人员，避免发生安全事故，如图2-2所示。

（a）

（b）

图2-2　安全隔离措施

（2）在维修高压部分前，将车身用搭铁线连接到纯电动车型专用维修工位的接地线上。

（3）在检修有电解液泄露的动力电池包时，需佩戴防护眼镜，以防止电解液溅入眼中。

（4）在车辆上电前，注意确认是否还有人员在进行高压维修操作，避免发生危险。

（5）检修高压线束时，对拆下的任何高压配线应立刻用绝缘胶带包扎绝缘。注意：装配高压线束时，必须按照车身固定孔位要求将线束固定好。

（6）不能用手指触摸高压线束插接件里的带电部分，以免触电。另外，应防止细小的金属工具或铁条等接触到插接件中的带电部分。

（7）若发生异常事故和火灾时，操作人员应立即切断高压回路，其他人员立即使用灭火器扑救，优先使用二氧化碳灭火器，次之使用干粉灭火器，严禁使用水剂灭火器。

任务二　电动汽车高压安全

✂任务描述

学生：老师，我们都知道电动汽车靠电池进行驱动，电池组形成高压电，那么在电动汽车装配和维修作业时，电动汽车的高压安全是怎样的呢？

老师：在高压电操作中要牢记，千万不要让自己与电池正负极之间构成导电回路，从而造成触电的事故。另外，正或负直流母线与车身意外相连将存在严重的高压电击隐患，一旦人员在车上接触了高压电负极或正极将造成严重电击伤甚至会死亡。

✂ 相关知识

在高压电操作中，操作者千万不要把自己串入正负极之间构成导电回路，避免造成触电的严重事故。另外，直流母线负极或正极与车身意外相连将存在严重的高压电击隐患，一旦人员在车上接触了高压电负极或正极将造成严重电击受伤甚至导致死亡。

一、TN 网络原理

高压安全措施和注意事项的基本功用可利用 TN 网络进行说明介绍（如住宅线路）。TN=搭铁零线（共用搭铁），如图 2-3 和图 2-4 所示。

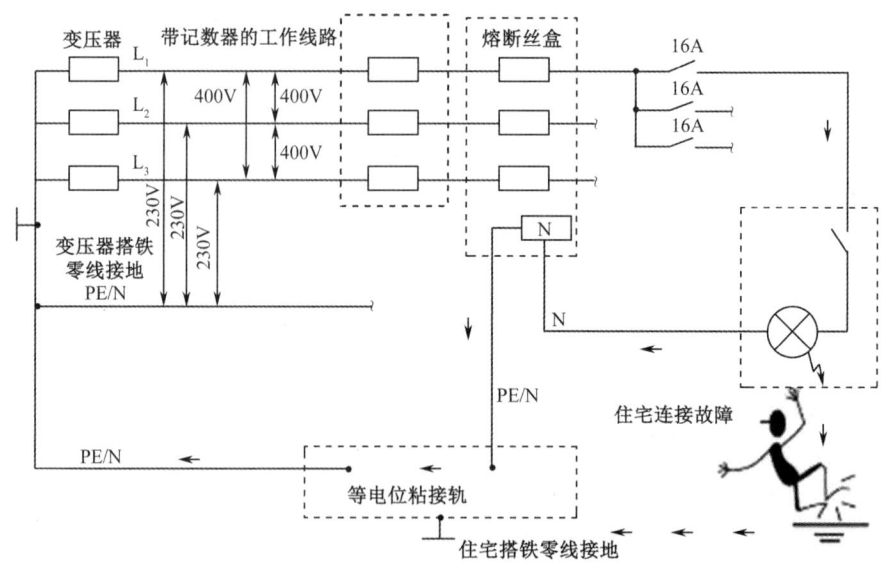

图 2-3　不安全的 TN 网络原理

民用住宅的单相 220V（230V）或三相 380V（400V）是从三相变压器的次级绕组取出的。如图 2-4 所示，L1、L2、L3 为三相相线，线间电压为 380V，可接入三相电机。对于单相 220V 如单相电机或照明用电则采用 220V 供电。注意 PE 是保护搭铁的缩写，N 是中性点的缩写，PE/N 意为中性点作为保护搭铁，一个供电网络要有多个 PE/N。PE/N 在图中左接变压器的中心抽头，右接住宅大楼的暖气管道和楼体钢盘笼，图中的照明灯零线回路是通过熔断丝盒内的搭铁螺钉 N 将电流导入住宅的等电位粘接轨，从 PE/N 流回变压器中心抽头形成回路，这是单相两线电器的工作原理。单相三线工作原理如电饭煲，在用电器工作时要防止壳体漏电，所以在壳体上接保护搭铁线，即用电器壳体和用电器的零线相连，零线与实地等电位，使站在实地上的人接触电饭煲时不会触电。

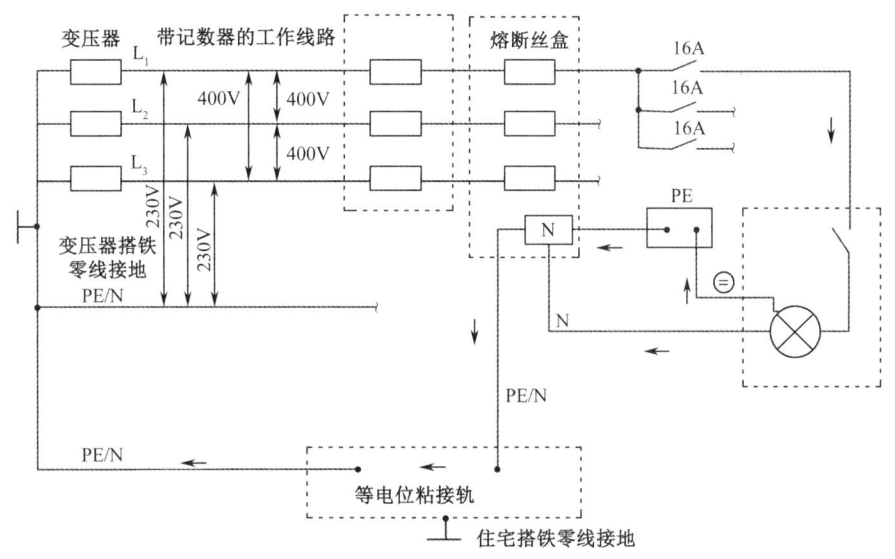

图 2-4　安全 TN 网络原理

二、现代电动汽车的安全措施

1. 电动汽车的高压安全措施（见图 2-5）

（1）用带有不同颜色的线代表不同的电压。
一定要高度重视高压部件上的橙色高压线路及上面的警示通知。
（2）带高压电零部件的防接触保护。
采用多层（三层）绝缘防止意外直接或间接接触带电零部件。
（3）电隔离。
高压电采用正负极与车辆搭铁绝缘。发生简单故障时，这种保护可以防止电击。
（4）绝缘电阻监测。
检测整个高压系统有无绝缘故障，并在仪表中用声音或光表现故障。

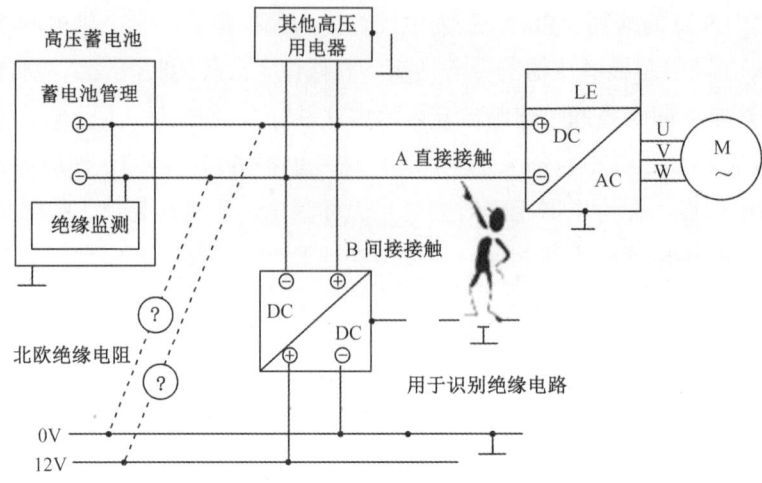

图 2-5　电动汽车的高压安全措施

（5）高压互锁。

对整个高压系统设置一个导通环。如果导通环传送的信号中断，切断电压并对高压系统的电容进行放电。

（6）服务断开/高压接通锁。

工作人员使用诊断辅助系统断开电压后，不仅要确保关闭整个高压系统（高压互锁打开），还要防止高压系统通过"点火开关开启"重新接通。借助高压接通锁的插入（搭铁），对高压系统又加了一道防止接通的"保险"。如图 2-6 所示为奔驰高压接通锁。

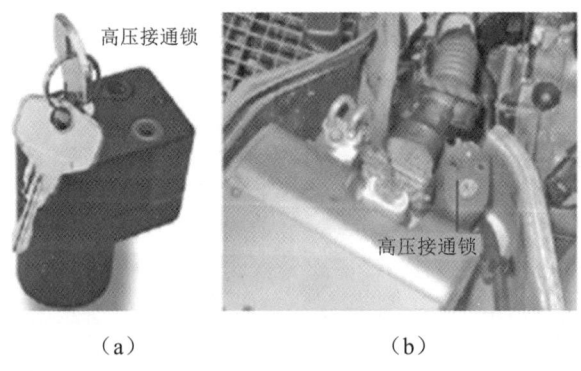

（a）　　　　　　　　　（b）

图 2-6　奔驰高压接通锁

（7）在碰撞时切断高压系统。

通过碰撞识别触发断开蓄电池和停止发电机发电模式，并将母线电容器放电至允许的电压极限以下。另外，在短路时切断高压系统并将母线电容器放电至允许的电压极限以下。

2. 电动汽车绝缘电阻监测方法

电动汽车是一个复杂的机电一体化产品，其中的许多部件如动力电池、电机、充电机、能量回收装置、辅助电池充电装置等都涉及高压电器绝缘问题。这些部件的工作条件比较恶劣，振动、酸碱气体的腐蚀、温度及湿度的变化都有可能造成动力电缆及其他绝缘材料迅速老化甚至绝缘破损，造成绝缘强度大大降低，危及人身安全。

电动汽车的绝缘状况以直流正、负母线对地的绝缘电阻来衡量。电动汽车的国际标准规定：绝缘电阻值除以电动汽车直流系统标称电压 U，结果应大于 $100\,\Omega/\mathrm{V}$ 才符合安全要求。标准中推荐的牵引蓄电池绝缘电阻测量方法适用于静态测试，而不满足实时监测的要求。

通过测量电动汽车直流母线与底盘之间的电压，计算得到系统的绝缘电阻值。假设电动汽车的直流系统电压（即电池总电压）为 U，待测的正、负母线与电底盘之间的绝缘电阻分别为 R_P、R_N，正、负母线与底盘之间的电压分别为 U_P、U_N，则待测直流系统的等效模型如图 2-7 所示。

图中 R_{C1}、R_{C2} 为测量用的已知阻值的标准电阻，工作原理如下：当电子开关 T_1、T_2 全部断开时，测量正、负母线与电底盘之间的电压分别为 U_P，U_N，由电路定律时以得到

$$\frac{U_\mathrm{P}}{R_\mathrm{P}} = \frac{U_\mathrm{N}}{R_\mathrm{N}}$$

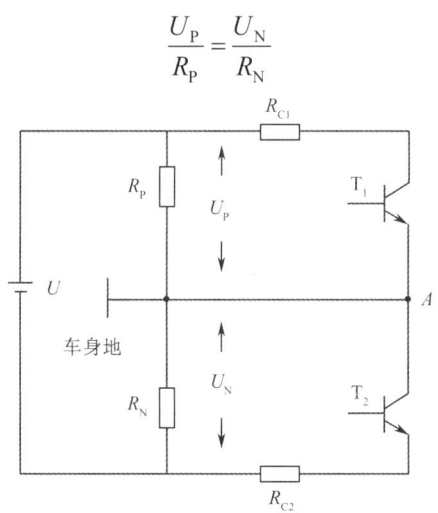

图 2-7　待测直流系统的等效模型

当电子开关 T_1 闭合、T_2 断开时，则在正母线与电底盘之间加入标准电阻 R_{C1}，测量正、负母线与电底盘之间的电压分别为 U_P、U_N，同样可以得到

$$\frac{U_\mathrm{P}}{R_\mathrm{P}} + \frac{U_\mathrm{P}}{R_{\mathrm{C1}}} = \frac{U_\mathrm{N}}{R_\mathrm{N}}$$

通过以上式子解出正、负母线与电底盘之间的绝缘电阻分别为 R_P、R_N。同样，绝缘电阻在以下两种情况也可以得到：T_1、T_2 全部断开和 T_1 断开、T_2 闭合；T_1 闭合、T_2

断开和 T_1 断开、T_2 闭合。由上述计算公式可知，绝缘电阻 R_P、R_N 的具体数值由 4 个测量电压值和已知标准电阻计算得到，最终结果的精度与电压测量和标准电阻的精度直接相关。另外，在开关动作前后，电池电压随汽车加、减速的变化对结果的影响也应进行分析。电动汽车的绝缘电阻一般来讲是缓变参数，而测量过程很快，因此可以认为在测量过程中实际待测绝缘电阻阻值保持不变。

绝缘电阻监测模块主要有以下几方面的功能：正、负母线对电底盘的电压测量，标准偏置电阻的介入控制，报警参数设置，声光报警电路，液晶显示及通信。

一般来讲，电动汽车标准电压为 90～500V，实际偏置电阻因电压不同而不同，运行过程中电池电压存在一定的波动范围，并且待测绝缘电阻也有一定的变化范围。因此，通用型监测系统的电压测量电路必须保证在全范围内实现等精度的测量，而且正、负母线对地电压的测量必须同时完成。

知识拓展：电动汽车使用注意事项

1. 夏季注意事项

（1）雨季行车前应先做好检查，主要检查刮水器、车辆空调除雾功能是否正常。

（2）行驶速度尽量不要超过 60km/h，暴雨时尽量不要行驶，时速不应超过 20km/h。

（3）雨季行驶车辆发生故障后，应当靠边停车并摆放三脚架等待救援，严禁自行维修。

（4）在泥泞路面行驶时，不要猛踩加速踏板，以免发生侧滑。

（5）请勿驶入深水中，以免发生漏电短路事故。

（6）当车辆被积水浸泡时，不要考虑继续行驶，应迅速断电并离开车内，尽量不要与车身金属接触，以免发生触电。

（7）避免高温充电。因动力电池的温度特性，夏季车辆高速行驶后，建议停放 30min 以上，在阴凉通风处进行充电。

（8）暴雨打雷时，尽量不要充电；车辆在露天或者地势较低的地方充电时，一旦下雨应终止充电，以免积水高度超过充电口发生短路。

（9）避免车辆暴晒。建议将车辆停放在阴凉通风处，以防车内温度过高，造成安全隐患。

2. 冬季注意事项

（1）纯电动汽车在冬季低温行驶后，建议及时充电，避免因长时间停驶导致动力电池温度低，造成用电浪费和充电延时。

（2）冬季车辆充电时，建议将车辆尽量停放于避风、朝阳且温度较高的环境中。

（3）冬季充电时应预防雪水淋湿充电接口，更不要将充电插头直接暴露在雪水下，

项目二 电动汽车使用维护与高压安全

防止发生短路。

（4）避免因冬季气温较低导致充电异常等情况出现，建议车辆充电开启后检查充电桩充电电流，若充电电流达到 12A 以上，表示充电已开启。

思考与练习

一、填空题

1. 在正常行驶的情况下，如果电量表指示灯的红灯和黄灯都亮了，就应当_____。
2. 一般情况下，汽车蓄电池平均充电时间在_____左右，过度充电、过度放电和充电不足都会缩短_____。
3. 大电流放电对于铅酸蓄电池容易导致产生_____，从而损害蓄电池极板的物理性能。
4. TN 是_____。
5. 绝缘电阻值除以电动汽车直流系统标称电压 U，结果应大于_____，才符合安全要求。
6. 一般来讲，电动汽车的标准电压为_____。

二、判断题

1. 在充电过程中，如果蓄电池温度超过 65℃，可继续充电。（　　）
2. 为了保持蓄电池的健康状态，在蓄电池闲置存放时也要保证每个月充电至少一次。（　　）
3. 维修人员必须佩戴必要的安全防护用品，其耐压等级必须大于需要测量的最高电压等级。（　　）
4. 维修车辆时，必须设置专职监护人一名，工作职责为监督维修的全过程。（　　）
5. 发生异常事故和火灾时，操作人员应立即切断高压回路，其他人员立即使用灭火器扑救，优先使用二氧化碳灭火器，次之使用干粉灭火器，最次可使用水剂灭火器。（　　）

三、简答题

1. 简述电动汽车蓄电池养护过程。
2. 简述电动汽车安全维修操作规范和注意事项。
3. 简述 TN 网络原理。
4. 简述电动汽车的高压安全措施。

项目三
新能源汽车关键技术

目标及要求

教学目标	（1）了解新能源汽车各种动力电池的主要种类、构造、原理及充电方法； （2）熟悉新能源汽车电机驱动系统的组成、类型及常用电机的基本结构和原理； （3）了解逆变器和变频控制器的基本功能和原理； （4）掌握电动汽车的整车控制、电机控制、电源管理系统、制动能量回馈系统等控制技术。
能力要求	（1）能准确描述动力电池主要性能指标； （2）能准确描述动力电池构造、工作原理； （3）会分析电动汽车的电机类型、构造和控制系统； （4）能分析逆变器和变频器构造、工作原理。

项目概述

提到传统燃油汽车的核心，自然离不开俗称的"三大件"：发动机、底盘和变速器。而在新能源汽车上也有俗称的"三大件"，即新能源汽车的三大关键技术：电池、电机和电控。这三大关键技术涉及哪些具体内容？其技术的现状和发展趋势如何？学生可以带着以上问题开始对本项目的学习。

任务一　电动汽车动力电池

✂ 任务描述

学生：老师，我们都知道电动汽车的动力来源于电池组，但我们不知道动力电池的构造、类型、原理是什么样的呢？

老师：动力电池是电动汽车的储能装置，是以电动汽车为代表的新能源汽车的三大核心技术之一。电动汽车要获得非常好的动力特性，必须具有比能量高、使用寿命长、比功率大的动力电池作为动力源。目前，低速电动汽车采用铅酸蓄电池较多，纯电动汽车主要采用锂电池，混合动力汽车多采用镍氢电池。另外，钠硫电池、燃料电池、飞轮电池、超级电容等新型电池的应用，为电动汽车的发展开辟了广阔的前景。

✂ 相关知识

一、动力电池的性能指标

1. 电压

（1）工作电压。

动力电池在一定负载条件下实际的放电电压为工作电压，如铅酸蓄电池的工作电压为 1.8～2V，镍氢电池的工作电压为 1.1～1.5V，锂离子电池的工作电压为 2.75～3.6V。

（2）额定电压。

动力电池工作时公认的标准电压为额定电压，如镍镉电池额定电压为 1.2V，铅酸蓄电池的额定电压为 2V。

（3）终止电压。

放电终止时的电压为终止电压，通常与负载、使用要求有关。

（4）充电电压。

外电路直流电压对电池充电的电压为充电电压。一般情况下，充电电压大于断路电压，如镍氢电池的充电电压为 1.45～1.5V，锂离子电池的充电电压为 4.1～4.2V，铅酸蓄电池的充电电压为 2.25～2.7V。

2. 容量与比容量

（1）容量。

容量是指在充电以后，在一定的放电条件下所能释放出的电量，其单位为 A·h，容量与放电电流大小有关，与充放电终止电压有关。

（2）比容量。

比容量是指单位质量或单位体积的电池所能给出的电量，一般用质量容量（A·h）/kg 或体积容量（A·h）/L 来表示。

（3）额定容量。

额定容量是指设计与制造电池时，按照国家或相关部门颁布的标准，保证电池在一定的放电条件下能够放出的最低限度的电量。

（4）实际容量。

实际容量是指电池在一定的放电条件下实际放出的电量，它等于放电电流与放电时间的乘积。值得注意的是，动力电池中正负极实际容量不等，多为负极实际容量过剩。

3. 能量

动力电池的能量决定电动汽车的行驶距离。

（1）标称能量。

标称能量是指在一定标准规定的放电条件下，动力电池输出的能量是动力电池的额定容量与额定电压的乘积。

（2）实际能量。

实际能量是指在一定条件下动力电池所能输出的能量。动力电池的实际能量是电池的实际容量与平均工作电压的乘积。动力电池的质量是动力电池本身结构件质量和电解质质量的总和。

（3）比能量。

比能量是指动力电池组单位质量或单位体积所能输出的能量，单位为（kW·h）/kg 或（kW·h）/L。

4. 功率与比功率

功率是指在一定的放电条件下，动力电池在单位时间内所输出的能量，动力电池的功率决定了电动汽车的加速性能，单位为 kW。

比功率则是指单位质量或单位体积的动力电池输出的功率，单位为 kW/kg 或 kW/L。

5. 放电率

放电率是指放电时的速率，常用"时率"和"倍率"表示。时率是指以放电时间表示的放电速率，即一定的放电电流放完额定容量所需的时间；倍率是指动力电池在规定时间内放出额定容量所输出的电流值，数值上等于额定容量的倍数。

放电深度（Depth of Discharge，DOD）是表示放电程度的一种量度，它是放电容量与总放电容量的百分比。

6. 荷电状态

荷电状态（State of Charge，SOC）是指剩余电量与额定容量或实际容量的比例。这一参数是在电动汽车使用中十分关键却不易获取的数据，对 SOC 精确地实时辨识，是电池管理系统的一个关键技术。

7. 自放电与存储性能

对于所有的化学电源而言，即使在与外界电路无任何接触条件下进行断路放置，其容量也会自然衰减，这种现象称为自放电。电池自放电的大小用自放电率衡量，通常以单位时间内容量减少的百分比表示：

$$自放电率 = \frac{储存前电池容量 - 储存后电池容量}{储存前电池容量} \times 100\%$$

8. 使用寿命

使用寿命是指动力电池实际使用的时间长短。对于充电电池而言，动力电池的使用寿命分为充放电循环寿命和湿搁置寿命。

充放电循环寿命是衡量充电电池性能的重要参数，它是指在一定的充放电制度下，电池容量降到某规定值前，动力电池耐受的充放电次数。充放电循环寿命越长，动力电池性能越好。目前，镍镉电池的充放电循环寿命为 500～800 次，铅酸蓄电池为 200～500 次，锂离子电池为 600～1000 次。电池的充放电循环寿命与放电深度、温度、充电制度等条件有关。

9. 内阻

动力电池的内阻是指电流流过动力电池内部时所受到的阻力（一般说来，放电状态时的内阻比充电状态时的内阻大，并且不太稳定）。动力电池的内阻越大，动力电池自身消耗掉的能量越多，动力电池的使用效率越低。内阻很大的动力电池在充电时容易发热，使动力电池的温度急剧上升，对动力电池和充电器的影响都很大。随着动力电池使用次数增多，电解液的消耗及动力电池内部化学物质活性降低，动力电池的内阻会不同程度地升高。

10. 成本

动力电池的成本与动力电池的技术含量、材料、制作方法和生产规模有关，目前新开发的高比能量动力电池成本较高，使得电动汽车的造价也较高，开发和研制高效、低成本的动力电池是电动汽车发展的关键。

除上述主要性能指标外，还要求动力电池无毒性、对周围环境不会造成污染或腐蚀，使用安全，具有良好的充电性能，充电操作方便，耐振动，无记忆性，对环境温度变化不敏感，易于调整和维护等。目前，动力电池技术的瓶颈在于如何造出容量大（充满电可以连续行驶 400km）、体积小、质量小、价格低的动力电池，以及如何快速给动力电池充满电。

二、电动汽车对动力电池的要求

电动汽车对动力电池的要求主要有以下几点：

（1）比能量高。为保证电动汽车的续驶里程，电动汽车的动力电池应尽可能地储存能量，同时电动汽车的质量不能过大，动力电池的安装空间也受整车分布限制，因此动力电池必须有足够的比能量。

（2）比功率大。为满足电动汽车在加速、上坡、负载等行驶条件下的动力要求，动力电池必须具备大的比功率。

（3）连续放电率高，动力电池能够适应快速放电的要求。自放电率低，以保证电池能够长期存放。

（4）充电技术成熟，充电时间短，充电技术通用性强，能够实现快速充电。

（5）适应车辆运行环境。动力电池能在常温条件下正常稳定地工作，不受环境温度影响，不需要特殊的加热、保温系统，能够适应电动汽车行驶过程中的振动。

（6）安全可靠。动力电池应干燥、洁净，电解质不会渗漏腐蚀接线柱和外壳。不会引起自燃或燃烧。在发生碰撞等事故时，不会对乘员造成伤害。废电池能够回收处理及再生利用，动力电池中的有害重金属能够集中回收处理。动力电池组可采用机械装置进行整体拆解或更换，线路连接方便。

（7）长寿命、免维护，动力电池的循环使用次数不低于 1000 次，在使用寿命限定期间，不需要进行维护与修理。

三、动力电池的种类、结构与原理

1. 铅酸蓄电池

以酸性水溶液为电解质的蓄电池称为酸性蓄电池,由于铅酸蓄电池电极以铅及其氧化物为材料,故又称为铅酸蓄电池。铅酸蓄电池于 1859 年由法国科学家普兰特(G. Pate)发明;1881 年的电动汽车就是以铅酸蓄电池作为动力的,铅酸蓄电池广泛用于燃油(气)汽车的起动。铅酸蓄电池按其工作环境的不同可分为移动式和固定式两大类。固定式铅酸蓄电池按电池槽结构的不同可分为半密封式和密封式,半密封式又分为防酸式和消氢式。根据排气方式的不同,密封式铅酸蓄电池可分为排气式和非排气式。铅酸蓄电池的特点是开路电压高,放电电压平稳,充电效率高,能够在常温条件下工作,生产技术成熟,价格便宜,规格齐全。因此,近十年来,国内外开发的第一代电动汽车广泛使用了铅酸蓄电池。

(1)铅酸蓄电池的构造。

蓄电池的基本单元是单体电池(Battery Cell),每个单体电池都是由正极板、负极板和装在正极板和负极板之间的隔板组成的。每个单体电池的基本电压为 2V,然后将不同容量的单体电池按使用要求进行组合,装置在不同的塑料外壳中,来获得不同电压和不同容量的铅酸蓄电池,铅酸蓄电池总成经过灌装电解液和充电后,就可以从铅酸蓄电池的接线柱上引出电流。

(2)铅酸蓄电池的工作原理。

铅酸蓄电池的放电和充电的反应过程,是铅酸蓄电池活性物质可逆进行的化学变化过程。它们可以用下列化学反应方程式表示:

$$Pb + PbO_2 + 2H_2SO_4 \underset{\text{放电}}{\overset{\text{充电}}{\rightleftharpoons}} 2H_2O + 2PbSO_4$$

铅酸蓄电池在放电过程中,化学反应由左向右进行,其相反的过程为充电过程的化学反应。由于在放电过程中铅酸蓄电池中的 H_2SO_4 的浓度会逐渐减小,因此,可以用密度计来测定 H_2SO_4 的密度,再由铅酸蓄电池电解液密度确定其电解液放电程度。单体铅酸蓄电池的电压为 2V,在使用或存放一段时间后,电池的电压可能降低到 1.8V 以下,或 H_2SO_4 溶液的密度下降到 $1.29g/cm^3$。此时,铅酸蓄电池就必须充电,如果电压继续下降,铅酸器电池将会损坏。

铅酸器电池通常采用密封、无锑网隔板等技术措施,并在普通铅酸蓄电池的电解液中加入硅酸纳(Na_2SiO_3)之类的凝聚剂,使电解质成为胶状物,形成一种"胶体"电解质,采用"胶体"电解质的铅酸蓄电池使用起来更加方便。

目前,广泛采用的阀控式铅酸蓄电池是一种免维护蓄电池,其结构如图 3-1 所示。

① 免维护蓄电池的正极栅板架一般采用铅钙合金或低锑合金制作,而负板栅架均

用铅钙合金制作，减小极板短路和活性物质脱落。

② 隔板大多采用超细玻璃散纤维制作，或将其正极板装在袋式隔板内。

③ 极板组都采用紧装配结构。

④ 各单格极板组之间采用内连式接法，露在密封式壳体外面的只有正、负极柱。

⑤ 壳体内部设有收集水蒸气和硫酸蒸气的集气室，待其冷却后变成液体重新流回电解槽内。

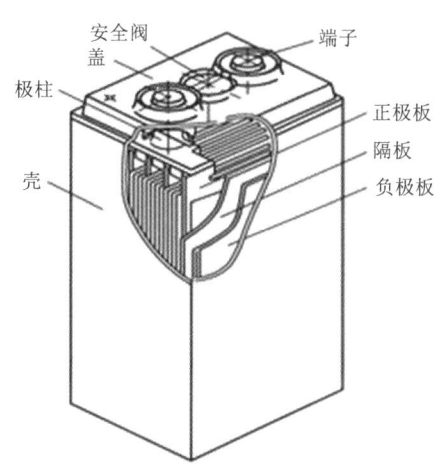

图 3-1　免维护铅酸蓄电池的结构

由于免维护铅酸蓄电池在使用中不会出现极板短路、活性物质脱落、水分损失等问题，从而提高了使用寿命。

2. 镍氢（Ni-MH）电池

镍氢电池是碱性电池，多用于混合动力汽车，如本田 Insight 及丰田 Prius 均采用镍氢电池。

镍氢电池的标称电压为 1.2V，比能量可达到 70～80 Wh/kg，有利于延长混合动力汽车的续驶里程，比功率可达到 200kW/kg，是铅酸蓄电池的 2 倍，能够提高车辆的起动性能和加速性能。有高倍率的放电特性，在短时间内可以以 3C（按额定电压放电时的实际放电容量）放电，瞬时脉冲放电率很大。镍氢电池的过充电和过放电性能好，能够带电充电，并可以快速充电，在 15min 内可充至 60% 的容量，1h 内可以完全充满，应急补充充电的时间短。在 80% 的放电深度下，循环使用次数可达到 1000 次以上，是铅酸蓄电池的 3 倍。采用全封闭外壳，可以在真空环境中正常工作。低温性能较好，能够长时间存放。镍氢电池中没有 Pb 和 Cd 等重金属元素，不会对环境造成污染，随充随放，不会出现镍镉电池在没有放完电后即充电而产生的"记忆效应"。镍氢电池的比功率和放电能力不及镍镉电池。镍氢电池在使用时还应充分注意各个单体电池之间的一致性（均匀性），特别是在高速率、深放电的情况下，各个单体电池之间的容量和电压差较明显。

如图 3-2 所示，镍氢电池的正极上是球形氢氧化亚镍粉末与添加剂等金属、塑料和黏合剂制成的涂膏，用自动涂膏机涂在正极板上，然后经过干燥处理成发泡的氢氧化镍正极板。

$$2NiOH + KOH + H_2 \underset{\text{充电}}{\overset{\text{放电}}{\rightleftharpoons}} Ni(OH)_2 + KOH + Ni(OH)_2$$

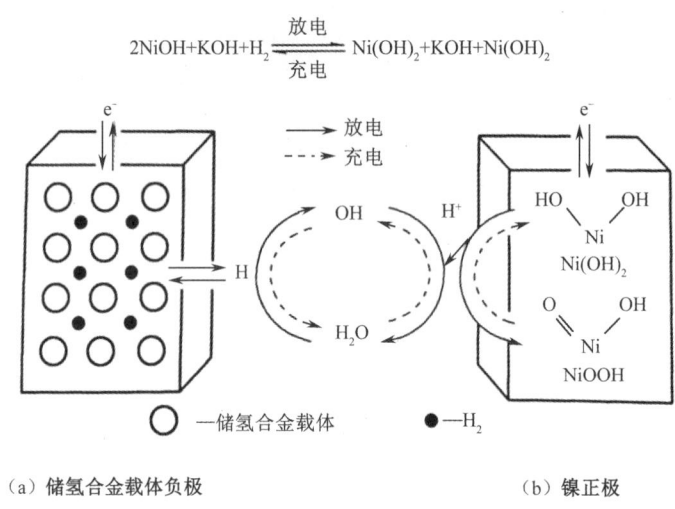

图 3-2　镍氢电池在碱性电解液中进行反应的模型

在正极材料中添加 Ca、Co、Zn 或稀土元素，使稳定电极的性能有明显改进。采用高分子材料作为黏合剂或用挤压和轧制而成的泡沫镍电极，并采用镍粉、石墨等作为导电剂时，可以提高大电流时的放电性能。

镍氢电池负极的关键技术是储氢合金，要求储氢合金能够稳定地经受反复的储循环和放气循环。储氢合金是一种允许氢原子进入或分离的多金属合金的晶格基块，用钛、钒、锆、镍、铬五种基本元素，并与钴、锰等金属元素烧结而成的合金，经过加氢、粉碎、成型而后烧结成负极板。储氢合金的种类和性能对镍氢电池的性能有直接影响。负极在充电或放电过程中既不溶解也不再结晶，电极不会有结构性的变化，在保持自身化学功能的同时，还保证了本身的机械坚固性。储氢合金一般需要进行热处理和表面处理，以增加储氢合金的防腐性能，这有利于提高镍氢电池的比能量、比功率和使用寿命。不同的储氢合金具有不同的储存氢的能力，价格也不相同。我国自行研制的稀土系的储氢合金已达到世界水平，为我国生产及推广镍氢电池提供了有利条件。

镍氢电池电解质是水溶性氢氧化钾和氢氧化锂的混合物。电池充电过程中，水在电解质溶液中分解为氢离子和氢氧离子，氢离子被负极吸收，负极从金属转化为金属氢化物。在放电过程中，氢离子离开了负极，氢氧离子离开了正极，氢离子和氢氧离子在电解质氢氧化钾中结合成水并释放电能。

　　镍氢电池在充电过程中容易发热，发热产生的高温会对镍氢电池产生负面影响。高温状态下，正极板的充电效率变差，并加速正极板的氧化，使电池的寿命缩短。镍氢电池在充电后期会产生大量的氧气，在高温的环境条件下，将加速负极储氢合金氧化，并使储氢合金平衡压力增加，使储氢合金的储氢量减少而降低镍氢电池的性能。尼龙无纺布隔膜在高温的作用下会发生降解和氧化。当尼龙无纺布隔膜发生降解时产生铵离子和硝酸根离子，加速镍氢电池自放电；当尼龙无纺布隔膜发生氧化时生成碳酸根，使镍氢电池的内阻增加。在镍氢电池充电的过程中，电池温度迅速升高，导致充电效率降低，并产生大量氧气，如果安全阀不能及时开启，会有发生爆炸的危险。

　　在镍氢电池的制造技术上进行的一些改进，如正极板采用多极板技术、负极板采用端面焊接技术、采用抗氧化能力强的聚丙烯毡做隔膜等，可以有效地提高镍氢电池的耐高温能力。在镍氢电池组的单体镍氢电池之间，可通过加大散热间隙、采取有效的散热措施和建立自动热管理系统，保证镍氢电池正常工作并延长使用寿命。

　　镍氢电池用于电动汽车上的主要优点是：起动及加速性能好，一次充电后的续驶里程较长，不会对周围环境造成污染，易维护，充电时间短。

3. 锂离子电池

　　锂离子电池具有极强的性能优势，是目前国内外纯电动汽车采用的主要动力源，也是未来动力蓄电池发展的方向。

　　普通锂离子电池的特点：单体电池工作电压高达 3.7V，是镍镉电池、镍氢电池的 3 倍、铅酸蓄电池的近 2 倍；质量轻，比能量大，达 150 Wh/kg，是镍氢电池的 2 倍、铅酸蓄电池的 4 倍，因此重量是相同能量的铅酸蓄电池的 1/3～1/4；充放电循环次数可以达到 600 次以上，使用年限可达 3～5 年；自放电率低，每月不到 5%；允许工作温度范围宽，锂离子电池可在-20～+55℃工作，无记忆效应，所以每次充电前不必像镍镉电池那样需要放电，可以随时随地进行充电；无污染，锂电池中不存在有毒物质，因此被称为"绿色电池"，而铅酸蓄电池和镉镍电池由于存在有害物质铅和镉，环境污染问题严重。

　　磷酸铁锂（$LiFePO_4$）电池虽在 2002 年才出现，但其目前最适合用于电动汽车产业化运用的电池：高效率输出，标准放电为 2～5C、连续高电流放电可达 10C、瞬间脉冲放电（10）可达 20C；高温时性能良好；电池的结构安全、完好：即使电池内部或外部受到伤害，电池也不燃烧、不爆炸；经 500 次充放电循环，其放电容量仍大于 95%。

磷酸铁锂电池的工作原理如图 3-3 所示：磷酸铁锂电池在充电时，正极中的锂离子通过隔膜向负极迁移；在放电过程中，负极中的锂离子通过隔膜向正极迁移。锂离子电池就是因锂离子在充放电时来回迁移而命名的。

锂离子电池内部主要由正极、负极、电解质及隔膜组成，正负极及电解质材料的不同工艺使锂离子电池有不同的性能，尤其是正极材料对锂离子电池性能的影响最大。

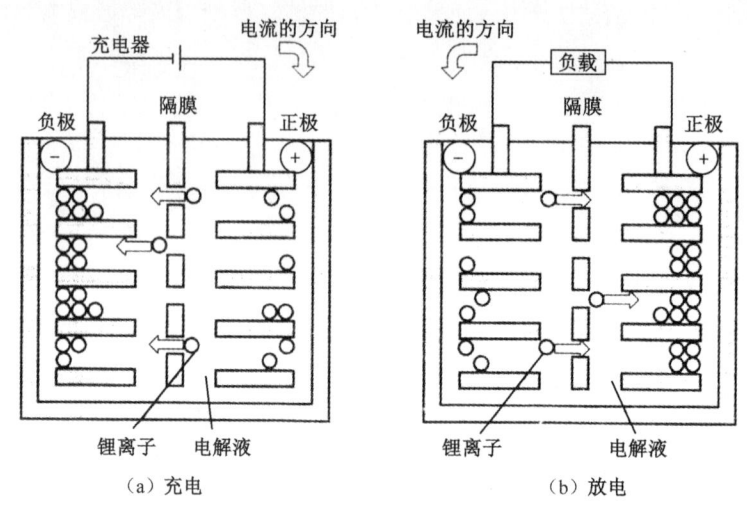

图 3-3　磷酸铁锂电池的工作原理

4. 钠硫电池

钠硫电池是美国福特（Ford）汽车公司于 1967 年首先发明并公布的，其比能量高，可大电流、高功率放电。日本东京电力公司（TEPCO）和 NGK 公司合作开发钠硫电池作为储能电池，其应用目标瞄准电站负荷调平、UPS 应急电源及瞬间补偿电源等，并于 2002 年开始进入商品化实施阶段。

钠硫电池的工作原理如图 3-4 所示，钠硫电池是以 Na-β-氧化铝（Al_2O_3）为电解质和隔膜，并分别以金属钠和多硫化钠为负极和正极的二次电池。因为钠硫电池采用的材料特殊，所以能充电近两万次，也就是相当于近 60 年的使用寿命，且终生不用维修，不排放任何有害物质，也无二次污染公害，这是其他电池无法达到的。钠硫电池是靠电子转移而再生能量，所以它的充电时间相当短暂，一次充电可运行 10~11h，它经热反应后所产生的理论能量密度为 786 Wh/kg，实际能量密度为 300 Wh/kg。

该电池最大的特点是：比能量高，是铅酸蓄电池的 3~4 倍；可大电流、高功率放电；充放电效率几乎高达 100%。但钠硫电池的不足之处是其工作温度为 300~350℃，需要一定的加热保温，另外过充时易发生危险。

5. 飞轮电池与超级电容

在正常行驶时，纯电动汽车所需的平均功率相当低，而在加速和爬坡时的峰值功率相当高。高性能的纯电动汽车的峰值功率与平均功率的比值可达到 16:1，但目前蓄电池很难在一套能源系统上同时追求高比能量、高比功率和长寿命，这使得纯电动汽车续驶里程与加速爬坡性能之间存在矛盾。为解决这个矛盾，可以采用两套能源系统，其中主能源提供最佳的续驶里程，而由辅助能源在加速和爬坡时提供短时的辅助动力。一般主能源系统采用锂离子电池等化学电池（利用物质的化学反应发电的电池），辅助能源系统采用超级电容或飞轮电池等物理电池（利用光、热、物理吸附等物理能量发电的电池）。

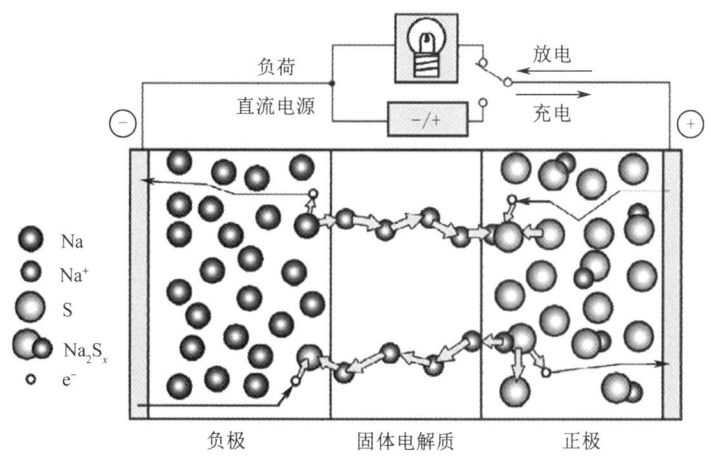

图 3-4　钠硫电池的工作原理

（1）飞轮电池。

众所周知，当飞轮以一定角速度旋转时，它就具有一定的动能，飞轮电池是将飞轮动能转换成电能的。实际上，为储能采用机械方式的飞轮并非是新概念，20 世纪 80 年代初，Oerlikon 能源公司早已在瑞士制造了第一辆单独配置巨大飞轮的载客公共汽车，这个巨大的飞轮重达 1500kg，以 3000r/min 运转。

① 飞轮电池的基本工作原理。飞轮电池系统实际上是一种机电能量转换和储存装置，是根据飞轮能够储存和释放能量的特性研制的一种机械式蓄电池。在飞轮的内部镶有永久性磁铁，外壳上装有感应线圈，这样飞轮就具有电动机和发电机的双重功能。充电时，飞轮中的电机以电动机的形式运行，在外接电源的驱动下带动飞轮旋转，达到极高的转速，从而完成电能转换为机械能的储能过程；放电时，飞轮中的电机以发电机的状态运行，在飞轮的带动下对外输出电能，完成机械能转换为电能的释放过程。如图 3-5 所示，将外界输入的电能通过电动机转化为飞轮转动的机械能储存起来，当

外界需要电能的时候，又通过发电机将飞轮的机械能转化为电能，输出到外部负载，空闲运转的时候要求损耗非常小。事实上，为了减少空闲运转时的损耗，提高飞轮的转速和飞轮储能装置的效率，飞轮储能装置轴承的设计一般都使用非接触式的磁悬浮轴承技术，而且被密封在一个真空容器内以减少风阻。

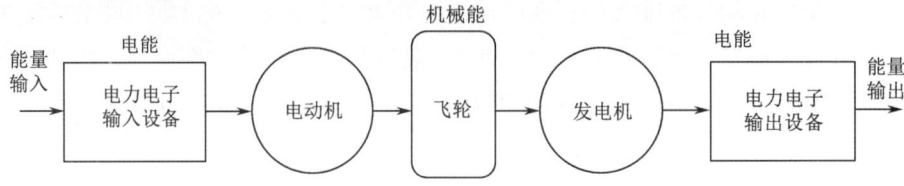

图 3-5　飞轮电池工作原理

电机通常通过轴承和飞轮连接在一起，在实际的飞轮储存装置中，主要包括飞轮、轴及轴承、电机、真空容器和电力电子装置等。

当外设通过电力电子装置给电机供电时，电机便起到给飞轮加速和储存能量的作用；当负载需要电能时，飞轮给电机施加转矩，电机又作为发电机使用，通过电力电子装置给外设供电；在整个飞轮储能装置中，飞轮无疑是其中的核心部件，它直接决定了整个装置储能的多少。

② 飞轮电池的应用与发展。飞轮装置由于其远大于化学电池的比功率和比能量，成为目前的研究重点。美国飞轮系统公司（AFS）已经生产出了以克莱斯勒 LHS 轿车为原型的飞轮电池轿车 AFS20，这是一种完全由飞轮电池供电的电动汽车，它由 20 节飞轮电池驱动，每节电池直径为 230mm，质量为 13.64kg，电池充电需要 6h，而快速充电只需要 15min，一次充电续驶里程可达 560km，而其原型 LHS 汽油车的行驶里程为 520km，加速性能也很好，从 0 加速到 96km/h 只需要 6.5s。

但飞轮电池一直未能得到广泛应用，主要有三点原因：
① 飞轮本身的能耗主要来自轴承摩擦和空气阻力。
② 常规的飞轮是由钢或铸铁制成的，储能能力有限。
③ 要完成电能与机械能的转换，还需要一套复杂的电力电子装置。

目前，飞轮储能技术取得突破性进展是基于下述三项技术的飞速发展：一是高能永磁及高温超导技术的出现；二是高强纤维复合材料的问世；三是电力电子技术的飞速发展。

就目前的技术来看，根据飞轮电池储能装置本身的特点，它更加适用于混合动力汽车，混合动力汽车是由内燃机和电动机共同提供推动力的，在汽车正常行驶和制动的时候给电池充电，汽车爬坡和加速需要功率大的时候让电池放电。

（2）超级电容。

超级电容又叫黄金电容、法拉电容，它通过极化电解质来储能，属于双层电容的一种。由于其储能的过程并不发生化学反应，因此这种储能过程是可逆的，故超级电容器可以反复充放电数十万次。

超级电容一般使用活性炭电极材料，具有吸附面积大、静电储存多的特点，在新能源汽车中有广泛应用。如图3-6所示为电动汽车用48V165F碳电极超级电容。

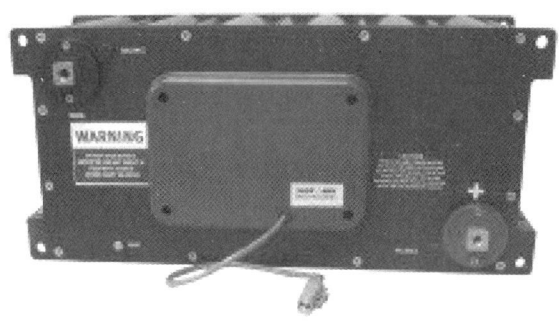

图3-6　电动汽车用48V165F碳电极超级电容

传统电容中储存的电能来源于电荷在两块极板上的分离，两块极板之间为真空（相对介电常数为1）或一层介电物质（相对介电常数为ε）所隔离，电容值为$C = \dfrac{\varepsilon \cdot A}{3.6\pi d} \times 10^{-6} (\mu F)$，其中$A$为极板面积（$cm^2$），$d$为介质厚度（mm）。所储存的能量为$E = \dfrac{C(\Delta V)^2}{2}$，其中$C$为电容值，$\Delta V$为极板间的电压降（V）。

可见，若想获得较大的电容量、储存更多的能量，必须增大面积A或减少介质厚度d，但这个伸缩空间有限，导致它的储电量和储能量较小。因此传统电容器的面积是导体的平板面积，为了获得较大的容量，导体材料卷制得很长，有时用特殊的组织结构来增加它的表面积。传统电容器用绝缘材料分离它的两块极板，一般为塑料薄膜、纸等材料。

① 超级电容器的工作原理。超级电容器的多孔化电极采用活性炭粉、活性炭和活性炭纤维，电解液采用有机电解质（见图3-7）。多孔性的活性炭有极大的表面积，在电解液中吸附着电荷，因而超级电容器具有极大的电容量并可以存储很大的静电能量。超级电容器的充放电过程始终是物理过程，没有化学反应。因此，超级电容器的性能是稳定的，与利用化学反应的蓄电池是不同的。

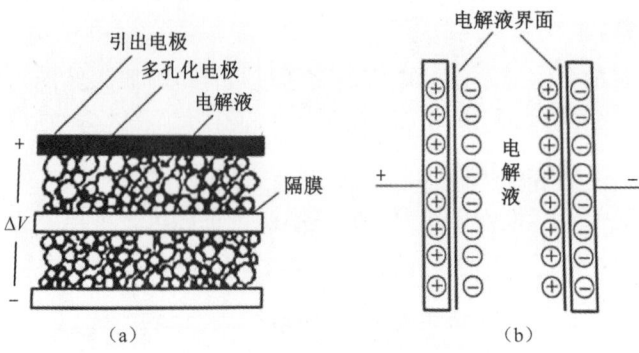

图 3-7　超级电容器结构

② 超级电容的应用与发展。根据超级电容能够进行高功率充放电的特点，可以应用在一些交通工具上，将列车或大型客车的制动能量储存起来，在加速时提供峰值功率的输出。由于充放电速度很快，在车辆进站上下客的短暂时间内即可瞬间将超级电容器充满电，并且足够跑到下一个站点。如曾经在上海世博园运行的超级电容客车（见图 3-8），其在运营中无须连接电缆，只需在候车时充电 30s～1min，就能行驶 5km 左右。

图 3-8　上海世博园运行的超级电容客车

但由于一次充电行驶里程有限，目前超级电容在电动汽车方面的应用主要为配合蓄电池工作。传统的蓄电池（如铅酸蓄电池）由于功率偏低，不能满足车辆频繁起步、加速和制动工况的要求，而且由于加速时浪费了过多的能量，致使车辆的续驶里程也不能满足要求。加装超级电容器的车辆就可以有效地解决这一问题，即可以提供较大的驱动电流，满足车辆行驶工况；又可以节省电池的能量，延长车辆的续驶里程，同时减少了蓄电池频繁充放电的次数，提高了蓄电池的使用寿命。

超级电容器和蓄电池一般采用并联的连接方式，汽车在正常行驶的时候，超级电容器不参与工作，但当车辆进行加速或上坡时，超级电容器通过 DC/DC 转换器的控制提供短期的大电流，不足的部分由蓄电池供给，两者经过电机控制系统的调控驱动电机，从而驱动车辆。例如，当电容的电压低于蓄电池的端电压时，DC/DC 转换器通过工作电路降压，使超级电容器达到能量饱和状态，在蓄电池急需能量时通过控制电路对超级电容器能量进行升压输出到蓄电池正负端。

四、电动汽车动力电池充电方式

1. 常规充电方式

常规充电方式为采用恒压、恒流的传统方式对电动汽车进行充电。以相当低的充电电流为蓄电池充电，充电时间要持续 8h，甚至长达 10～12h。相应的充电器的工作和安装成本相对比较低。电动汽车家用充电设施（车载充电机）和小型充电站多采用这种充电方式。车载充电机是纯电动汽车的最基本的充电设备，车载充电机作为标准配置固定在车上或放在行李箱里。由于只需将车载充电器的插头插到停车场或家中的电源插座上即可进行充电，因此充电过程一般由客户自己独立完成。如直接从低压照明电路取电，电功率较小，由 220V/16A 规格的标准电网电源供电，典型的充电时间为 8～10h（SOC 达到 95%以上）。这种充电方式对电网没有特殊要求，只要能够满足照明要求的供电质量就能够使用。由于在家中充电通常是晚上或者用电低谷期，有利于电能的有效利用，因此电力部门一般会给电动汽车用户一些优惠，如用电低谷期充电费用打折。

小型充电站是电动汽车的一种最重要的充电方式，充电机通常设置在街边、超市、办公楼和停车场等处，采用常规充电电流充电，电动汽车驾驶人只需将车停靠在充电站指定的位置上，接上电线即可开始充电。计费方式是投币或刷卡，充电功率一般在 5～10kW，采用三相四线制 380V 供电或单相 220V 供电。其典型的充电时间是：补电为 1～2h，充满为 5～8h（SOC 达到 95%以上）。

2. 快速充电方式

快速充电方式是指在短时间内使蓄电池达到或接近充满状态的一种方式，该充电方式以 1～3C 的大充电电流在短时间内为蓄电池充电。充电功率很大，能达到上百千瓦。该充电方式以 150～400A 的高充电电流在短时间内为蓄电池充电，与常规充电方式相比，安装成本相对较高。快速充电也可称为迅速充电或应急充电，其目的是在短时间内给电动汽车充满电。大型充电站（机）常采用这种充电方式。电动汽车充电设备主要包括充电站及其附属设施，如图 3-9 所示。

图 3-9 充电站设备

大型充电站（机）的快速充电方式主要针对长距离旅行或需要进行快速补充电能的情况进行充电，充电机功率大于 30kW，采用三相四线制 380V 供电。其典型的充电时间是 10～30min。这种充电方式对电池寿命有一定的影响，特别是普通蓄电池不能进行快速充电，因为在短时间内接收大量的电会导致蓄电池过热。快速充电站的关键是非车载快速充电组件，它能够输出 35kW 甚至更高的功率。由于功率和电流的额定值都很高，因此这种充电方式对电网有较高的要求，一般应靠近 10kW 变电站附近或在监测站和服务中心内使用。此外，该充电方式还需采取较为复杂的谐波抑制措施，安装成本相对较高，只适合大型充电站使用。

3. 更换电池组充电方式

目前，除了以上两种充电方式外，还可以采用更换电池组的方式为电动汽车充电，即在电池电量耗尽时，用充满电的电池组替代已经耗尽的电池组。电池组归服务站或电池厂商所有，电动汽车用户只需租用电池组。电动汽车用户把车停在一个特定的区域，然后用更换电池组的机器将耗尽的电池组取下，换上已充满电的电池组。对于更换下来的电池组，可以在服务站充电，也可以集中起来充电。由于电池的充电过程包括机械更换和电池充电，因此有时也称它为机械"加油"或机械充电。电池组更换站同时具备正常充电站和快速充电站的优点，也就是说可以用低谷电给电池充电，同时又能在很短的时间内完成"加油"过程。通过使用机械设备，整个更换过程可以在短时间内完成，与现有的燃油汽车加油的时间大致相当。如图 3-10 所示，为北汽新能源汽车的换电方案。

不过，这种方法还存在不少问题有待解决。首先，这种电池组更换系统的初始成本很高，其中包括昂贵的机械装置和大量的电池组。其次，由于存放大量未充电和已充电的电池组需要很多空间，因此修建一个电池组更换站所需的空间远大于修建一个正常充电站或快速充电站所需的空间。还有，在电池组自动更换系统得到应用之前，需要对电池组的物理尺寸和电气参数制定统一的标准,所以更换方式最终随电池能量密度的提高可能会消失。

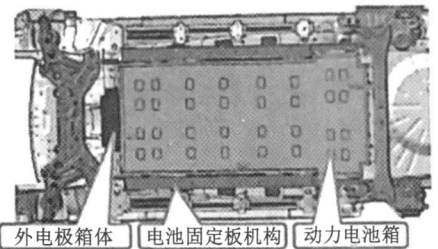

图 3-10　北汽新能源汽车的换电方案

4. 无线充电方式

无线充电方式包括电磁感应式(见图 3-11)、磁场共振式(见图 3-12)和无线电波式三种。电动汽车非接触充电方式的研究目前主要集中在电磁感应式充电方式,不需要接触即可实现充电。

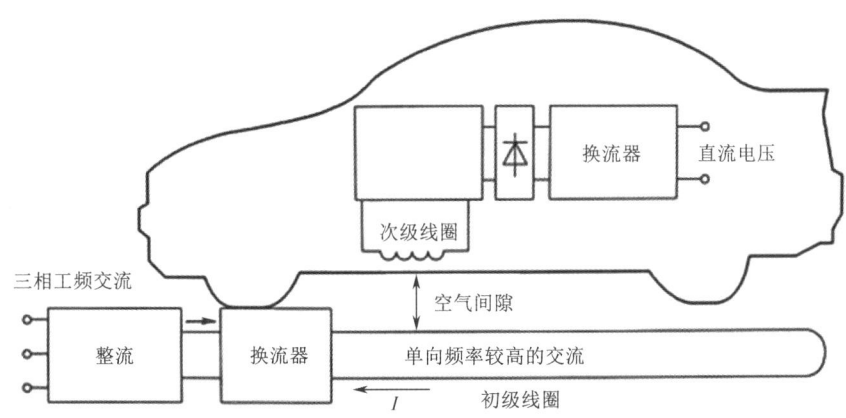

图 3-11　电磁感应式充电示意图

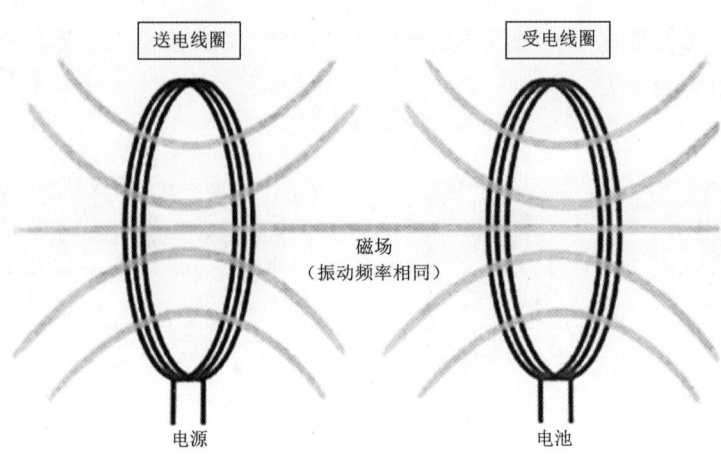

图 3-12 磁场共振式充电示意图

5. 其他前沿技术

Altair 纳米技术公司为电动汽车开发的锂离子电池可快速充电,容量高达 35kW·h 的电池可以在 10min 之内充电完毕,安装这种电池的汽车续航里程达 160km。10min 之内把 35kW·h 的电池充电完毕需要 250kW 的充电功率,这是一栋办公大楼最大用电负荷的五倍。

麻省理工学院的研究人员发明了一项充电材料表面处理技术,利用这种新技术制造的手机电池可以在 10s 内完成充电,汽车电池可在 5min 内充好电。一块锂电池完成充电一般需要 6min 或更长的时间,但传统的磷酸铁锂材料在经过表面处理生成纳米级沟槽后,可将电池的充电速度提升 36 倍(仅为 10s)。由于这项技术不需要新材料,只是改变制造电池的方法,因此用两年到三年时间就可以将这项技术市场化。

据索尼公司官方表示,索尼公司已经开发出了快速充电锂电池,功率可达 1800W/kg,并有 2000 次循环充放电寿命。这种电池采用磷酸铁锂作为阴极材料,增强阴极的晶体结构并能保证其在高温状态下的稳定性。通过与索尼公司设计的粒子技术阳极材料组合,该电池可以有效降低电阻并提高输出功率。

任务二　电动汽车电机驱动系统

✂任务描述

学生:老师,我们知道了电动汽车动力电池的组成结构、工作原理等相关知识,但我们不知道电动汽车是怎么把电池的电能转换为汽车的动能呢?

老师：电动汽车的电机驱动系统是新能源汽车的核心技术之一，它的主要任务是按照驾驶人的驾驶意图，将动力电池的化学能高效地转化为机械能，经过变速器、驱动轴等机构驱动车轮。电机驱动系统主要由电机、功率器件和控制系统组成。电机将电能转化成机械能驱动车辆，并在车辆制动时将车辆的动能反馈到动力电池中实现车辆的再生制动。功率器件向电机提供相应的电压和电流。控制系统一般包括中央处理器、检测单元和中间连接单元。它通过控制功率器件调整电机的运行，以产生特定的转矩和转速。而电机又是电动汽车驱动系统的核心部件，其性能的好坏直接影响电动汽车驱动系统性能的优劣，特别是电动汽车的最高车速、加速性能及爬坡性能等。

相关知识

一、电动汽车电机驱动系统的组成

电机驱动系统是电动汽车的心脏，它由电机、功率转换器、控制器、各种检测传感器和电源（蓄电池）组成，其任务是在驾驶人的控制下，高效地将蓄电池的电量转化为车轮的动能，或者将车轮的动能反馈到蓄电池中。如图 3-13 所示为电机驱动系统的基本框图。

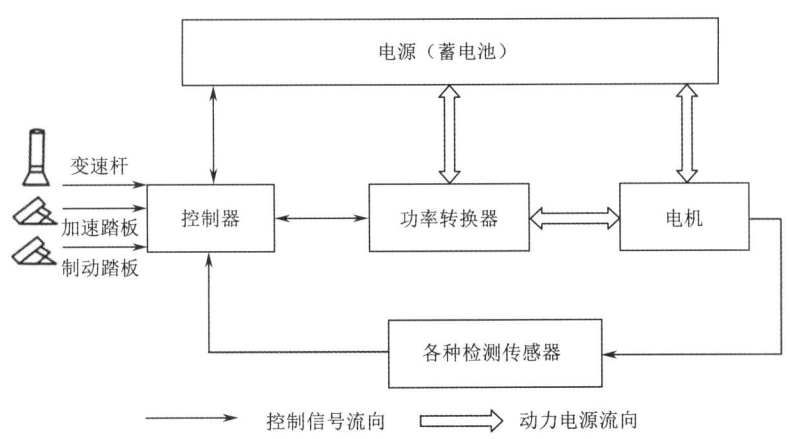

图 3-13　电机驱动系统基本框图

早期的电动汽车主要采用直流电机系统驱动，但直流电机有功率换向器装置，需经常维护。随着电子技术的发展，现代电动汽车常用的驱动系统有三种：异步电机系统、永磁电机系统和开关磁阻电机系统。

功率转换器一般有直流-直流功率转换器、直流-交流功率转换器等形式，所需形式则应根据所选电机的类型，其作用是按电机驱动电流的要求，将蓄电池的直流电转换为相应电压等级的直流、交流或脉冲电。

控制器是按驾驶人对变速杆、加速踏板和制动踏板等的操作，输入相应的前进、倒退、起步、加速、制动等信号，以及各种检测传感器反馈的信号，通过运算、逻辑判断、分析比较等过程向功率转换器发出处理后的相应指令，使整个系统有效地运行。

检测传感器主要对电压、电流、速度、转矩及温度等进行检测，其作用是改善电机的调速性能，满足系统需求。

二、电机的主要性能指标

电机的各种性能指标如下：

（1）额定电压 U_e（V）。

电机在额定负载运行时，电机定子绕组应输入的线电压值为额定电压，一般小型直流电机的额定电压为 36~48V，单相交流感应电机的为 220V，三相交流感应电机的为 380V，特种电机的可达到 500V。

（2）额定电流 I_e（A）。

电机在额定电压下，转轴上输出的机械功率为额定功率时，电机定子绕组通过的电流为额定电流。

（3）额定频率（Hz）。

普通电机有两种使用频率：50Hz 和 60Hz。

（4）额定转速 n_e（r/min）。

电机在额定频率和额定电压下，转轴上输出的机械功率为额定功率时电机的转速即额定转速。

根据电动汽车对速度、动力性能的要求，需要选择不同转速的驱动电机，一般电机的转速有以下几种：低速电机转速为 3000~6000r/min；中速电机转速为 6000~10000r/min；高速电机的转速为 10000~15000r/min。

（5）额定功率 P_e（kW）。

电机在额定运行时，转轴上输出的机械功率为

$$P_e = U_e I_e \eta_e$$

式中　U_e——额定电压（V）；

　　　I_e——额定电流（A）；

　　　η_e——机械效率（%）。

一般而言，轿车电机的额定功率为 30～50kW，客车和货车电机的额定功率为 50～150kW。当电机在额定运行情况下输出额定功率时，称为满载运行，这时电机的运行性能、经济性及可靠性等均处于优良状态。输出功率超过额定功率时称为过载运行，这时电机的负载电流大于额定电流，将会引起电机过热，从而降低寿命，严重时会烧毁电机。电机的输出功率小于额定功率时称为轻载运行，轻载时电机的效率和功率因数等运行性能均较差，因此要避免电机轻载运行。

(6) 机械效率（η_e）。

电机在最高值运行时转轴输出的机械功率与电机在额定运行时电源输入到电机定子绕组上的功率之比值（%）为机械效率。

(7) 温升（℃）。

电机在运行时允许升至的最高温度。

三、电动汽车对电机的要求

电动汽车在行驶过程中，经常频繁地起动/停车、加速/减速等，这就要求电动汽车中的电机比一般工业中应用的电机性能更高，基本要求如下：

① 电机的运行特性要满足电动汽车的要求。在恒转矩区，要求低速运行时具有大转矩，以满足电动汽车起动和爬坡的要求；在恒功率区，要求低转矩时具有高速度，以满足电动汽车在平坦的路面上能够高速行驶的要求。

② 电机应具有瞬时功率大、带负载起动性能好、过载能力强、加速性能好、使用寿命长的特点。

③ 电机应在运行范围内具有很高的效率，以提高一次充电的续驶里程。

④ 电机应在汽车减速时实现再生制动，将能量回收并反馈给蓄电池，使电动汽车具有最佳的能量利用率。

⑤ 电机应可靠性好，能够在较恶劣的环境下长期工作。

⑥ 电机应体积小，重量轻。

⑦ 电机的结构要简单坚固，适合批量生产，便于使用和维护。

⑧ 电机应价格便宜，从而降低电动汽车的整体价格，提高性价比。

⑨ 电机应运行噪声低，减少污染。

四、电动汽车电机驱动系统的类型、结构与原理

电动汽车电机驱动系统按所选电机的类型可分为直流电机、永磁同步电机、永磁

无刷直流电机、异步电机和开关磁阻电机等。

1. 直流电机

直流电机具有起动加速时驱动力大、调速控制简单、技术成熟等优点。但是直流电机的电枢电流由电刷和换向器引入，换向时会产生电火花，容易烧坏换向器，电刷容易磨损需经常更换，维护工作量大。因此，直流电机目前在电动汽车中较少被采用。

2. 永磁同步电机

（1）永磁同步电机的结构。

永磁同步电机分为正弦波驱动的永磁同步电机和方波驱动的永磁同步电机。这里主要介绍的是三相正弦波驱动的永磁同步电机。

永磁同步电机的结构示意图如图3-14所示，与传统电机一样，主要由定子和转子两大部分构成。

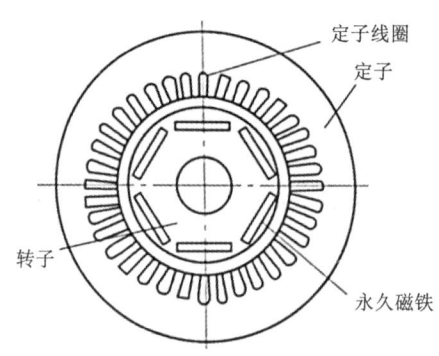

图3-14 永磁同步电机的结构示意图

① 定子。永磁同步电机的定子与普通感应电机的基本相同，由电枢铁芯和电枢绕组构成。电枢铁芯一般采用0.5mm硅钢冲片叠压而成，对于具有高效率指标或频率较高的电机，为了减少损耗，可以考虑使用0.35mm的低损耗冷轧硅钢片。

② 转子。永磁同步电机的转子主要由永磁体、转子铁芯和转轴等构成。永磁体主要采用铁氧体永磁或钕铁硼永磁材料；转子铁芯可根据磁极结构的不同，选用实心钢或采用钢板冲制后叠压而成。

与普通电机相比，永磁同步电机还必须装有转子永磁体位置检测器，用来检测磁极位置，并以此对电枢电流进行控制，达到对永磁同步电机驱动控制的目的。

（2）永磁同步电机的特点。

永磁同步电机的转子上无绕组、无铜耗，磁通量小，在低负荷时铁损很小，因此具有以下优点：

① 高效、节能。永磁同步电机不用励磁，节约了励磁消耗的功率，具有高效率（达到97%）、高比功率（超过1kW/kg）和"输出转矩/转动惯量"比值高的特点，比其他类型的电机有更高的效率及更大的输出转矩、更加节能。

② 可靠性好。永磁同步电机与电源频率同步，不受电源电压和负载变化的影响，在额定的负载范围内，保持以同步转速旋转。运转平稳，工作时电流损耗小，在高速转动时有良好的可靠性。

③ 调速性能好。永磁同步电机具有调速范围宽、调速精度高、效率高、噪声低的优点，性能可靠。

④ 结构简单，寿命长，便于维修，体积小。

同时，永磁同步电机与其他电机相比存在以下缺点：

① 由于永磁同步电机的转子为永磁体，无法调节，必须通过加定子直轴去磁电流分量来削弱磁场，这会增大定子的电流，也会增加电机的铜损。

② 起动慢。由于转速与频率成比例关系，因此，只有在频率升高时永磁同步电机才能逐渐起动，而不能快速起动。另外，永磁同步电机会出现"失步现象"，因此较适合在重载下运行。

③ 永磁同步电机的磁钢价格较高。

因此，永磁同步电机体积小，重量轻，转动惯量小，功率密度高，适合电动汽车空间有限的特点；转矩惯量比大，过载能力强，尤其低转速时输出转矩大，适合电动汽车的起动加速。

（3）永磁同步电机的工作原理与运行特性。

永磁同步电机实际上是一种凸极式电机，一般其在定子结构上采用与三相交流电机相似的三相对称绕组，交流电源通过交-直-交电压型逆变器或直-交电压型逆变器，调制为电压可变化的三相正弦波电压，输入永磁同步电机三相对称绕组后，产生三相对称的三相电流，在正弦波定子电流和正弦波反电动势的作用下，气隙中产生旋转磁场，帮动转子跟随旋转磁场同步旋转。转子的转速为 n，旋转磁场的转速为 n_s（见图3-15）可得关系式

$$n = n_s = \frac{60 f_s}{p_n}$$

式中　n——转子的转速（r/min）；

n_s——旋转磁场的转速（r/min）；

f_s——三相正弦波电压的频率（Hz）；

p_n——电机的磁极对数。

当永磁同步电机的磁极对数 p_n 一定时，旋转磁场的转速变化取决于三相正弦波电压频率 f_s 的变化。

3. 永磁无刷直流电机

具有直流电机特性的永磁无刷直流电机，反电动势波形和供电电流波形都是矩形波，所以又称为矩形波同步电机。这类电机由直流电源供电，借助位置传感器来检测主转子的位置，由所检测出的信号触发相应的电子换相线路以实现无接触式换相。这种永磁无刷直流电机具有有刷直流电机的各种运行特性。

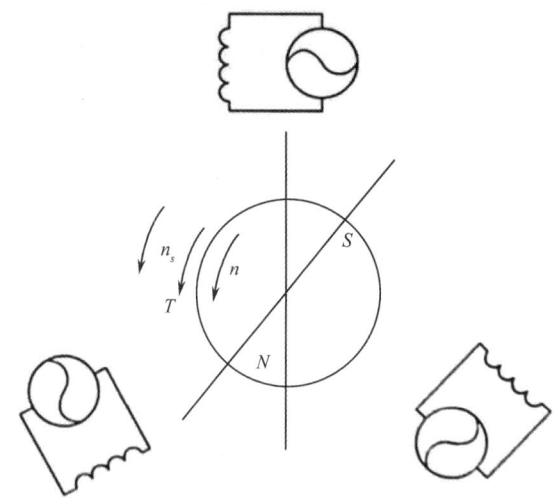

图 3-15　三相永磁同步电机工作原理示意图

（1）永磁无刷直流电机的结构。

永磁无刷直流电机主要由永磁电机本体、电子换向器和转子位置传感器组成。

① 电机本体。永磁无刷直流电机的电机本体由定子和转子两部分组成。

② 电子换向器。电子换向器是由功率开关和位置信号处理电路构成的，主要用来控制定子各绕组通电的顺序和时间。

③ 转子位置传感器。转子位置传感器的作用是在永磁无刷直流电机中检测转子磁极位置的，为功率开关电路提供正确的换相信息，即将转子磁极的位置信号转换成电信号，经过位置信号处理电路处理后控制定子绕组换相。

（2）永磁无刷直流电机的特点。

永磁无刷直流电机作为电动汽车用电机，具有以下特点：

① 优点。外特性好，非常符合电动汽车的负载特性，尤其是具有低速大转矩特性，能够提供较大的起动转矩，满足电动汽车的加速要求；可以在低、中、高速度范围内运行，而有刷电机由于受机械换向的影响，只能在中低速下运行；效率高，尤其在轻载车况下，仍能保持较高的效率，这对珍贵的电池能量而言是很重要的；过载能力强，与交流电机相比可提高过载能力 2 倍以上；再生制动效果好，因永磁无刷直流电机转

子具有很高的永久磁场，在汽车下坡或制动时电机可完全进入发电机状态，给电池充电，同时起到电制动作用，减轻机械制动负担；体积小、重量轻、比功率大，可有效地减轻电动汽车重量，节省空间；无机械换向器，采用全封闭式结构，防止尘土进入电机内部，可靠性高；控制系统比感应电机简单。

② 缺点。永磁无刷直流电机的控制系统比较复杂，不能控制励磁，机械特性较"硬"；输出波形不理想，会产生较大的脉动转矩波动和冲击力，影响电机的低速性能，电流损耗大，噪声较大。

（3）永磁无刷直流电机的工作原理。

如图 3-16 所示，永磁无刷直流电机的工作原理是利用电机转子位置传感器输出信号控制电子换向线路去驱动逆变器的功率开关器件，使电枢绕组依次馈电，从而在定子上产生跳跃式的旋转磁场，拖动电机转子旋转。同时，随着电机转子的转动，转子位置传感器不断输出位置信号，从而不断地改变电枢绕组的通电状态，使得在某一磁极下导体中的电流方向保持不变，这样电机就运转起来了。

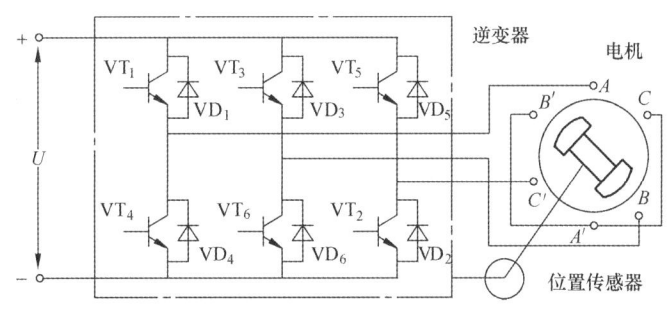

图 3-16 永磁无刷直流电机的工作原理示意图

4. 异步电机

异步电机是由气隙旋转磁场转子绕组感应电流相互作用产生电磁转矩，从而实现机电能量转换的电机，所以又被称为感应电机。

异步电机的结构如图 3-17 所示，它主要由定子和转子两大部分组成。转子装在定子腔内，定子和转子之间有一缝隙，称为气隙。

如图 3-18 所示为一台三相笼形异步电机的工作原理图。定子铁芯中嵌放着对称的三相绕组 U1-U2、VI-V2、WI-W2，三相绕组可接成星形或三角形，并引出三根线，电机工作时将引出的三根线接到三相交流电源上。转子槽内放有导条，导条两端用短路环短接起来，形成一个笼形的闭合绕组。

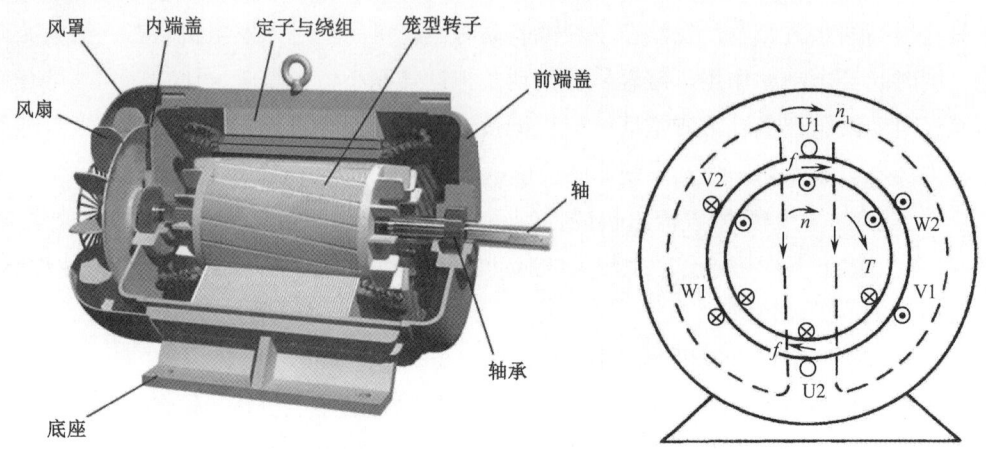

图 3-17　异步电机的结构　　　　图 3-18　三相笼形异步电机工作原理图

（1）定子产生旋转磁场。

由旋转磁场理论分析可知，当定子三相对称绕组通入三相对称电流时，就会在电机的气隙中产生一个旋转的磁场。该磁场的转速称为同步转速，用 n_1 表示，其关系为

$$n_1 = \frac{60 f_1}{p}$$

式中　n_1——同步转速（r/min）；

　　　f_1——电网的频率（Hz）；

　　　p——电机磁极对数。

旋转磁场的转向由三相电流相序决定，即由电流超前那相往电流滞后那一相旋转。当定子绕组中通入 U→V→W 相序的三相电流时，定子旋转磁场就沿 U1→V1→W1 的方向旋转，如图 3-18 所示沿顺时针方向旋转。磁通和电流方向符合右手螺旋定则。

（2）转子导体产生感应电流。

定子旋转磁场顺时针切割静止的转子导体，可以看成转子导体逆时针切割定子磁场，根据电磁感应定律，转子导体中将产生感应电动势，并在闭合的转子绕组内产生感应电流，其方向可由右手螺旋定则确定。

（3）转子导体受到电磁转矩作用使转子旋转。

载有感应电流的转子导体处在定子磁场中，根据电磁力定律，转子导体将受到电磁力作用。受力方向由左手螺旋定则确定，如图 3-18 所示，上半周的导体受到向右方向的电磁力，下半周的导体受到向左方向的电磁力。它们对转轴形成一个转矩，称为电磁转矩，其作用方向与定子旋转磁场方向一致，为顺时针方向。在电磁转矩的作用下，转子顺着定子旋转磁场的方向旋转起来。

综上所述，三相异步电机的基本工作原理可归纳为以下三个关键点：

① 在定子三相绕组中通入三相对称交流电流产生旋转磁场。

② 转子导体切割定子旋转磁场产生感应电动势，并产生感应电流。

③ 载有感应电流的转子导体在定子磁场中受到电磁力作用并形成电磁转矩，从而驱使电机转子顺着定子旋转磁场的方向旋转起来。

5. 开关磁阻电机

开关磁阻电机 SRM（Switched Reluctance Motor）也可以称为 VRM（Variable Reluctance Motor），它的结构比其任何一种电机都要简单，开关磁阻电机的功率密度高，转矩特性好，效率可以达到 85%～93%。转矩、转速在工作范围内可以灵活控制。开关磁阻电机结构坚固，可靠性好，是一种具有发展潜力的新型电机。

（1）开关磁阻电机的结构与特点。

开关磁阻电机是由双凸极的定子和转子组成的，其定子、转子的凸极均由普通的硅钢片叠压而成。定子板上绕有集中绕组，把沿径向相对的两个绕组联成一个两级磁极，称为"一相"；转子既无绕组又无永磁体，仅由硅钢片叠成。

开关磁阻电机有多种不同的相数结构，如单相、二相、四相及多相等，且定子和转子的极数有多种不同的搭配。低于三相的开关磁阻电机一般没有自起动能力。电机相数多有利于减小转矩脉动，但结构复杂；主开关器件多、成本增高。目前，应用较多的是四相 8/6 极结构和三相 6/4 极结构。下面主要针对开关磁阻电机结构为四相 8/6 极结构进行介绍。

开关磁阻电机与其他电机相比，具有以下优点：

① 可控参数多，调速性能好。可控参数有主开关开通角、主开关关断角、相电流幅值和直流电源电压，控制方便，可四象限运行，容易实现正转、反转和电动制动等特定的调节控制。

② 结构简单，成本低。开关磁阻电机转子无绕组，也不加永久磁铁，定子为集中绕组，主开关元件数和电子器件数少。

③ 损耗小，运转效率高。开关磁阻电机的转子不存在励磁及转差损耗，功率变换器元器件少，相应的损耗也小；控制灵活，易于在转速范围内实现高效节能控制。

由于开关磁阻电机的特殊结构和工作方式，也存在一些缺点：

转矩脉动大；振动和噪声相对较大，特别是在负载运行的时候；电机的数学模型比较复杂，其准确的数学模型较难建立；控制复杂，依赖于电机的结构。

（2）开关磁阻电机的工作原理。

以 8/6 极结构的开关磁阻电机为例，其工作原理示意图如图 3-19 所示，图中 S1、S2 为电子开关，VD1、VD2 为二极管。电机的定子和转子呈凸极形状，极数互不相等，转子由叠片构成，转子带有位置传感器以提供转子位置信号，使定子绕组按一定的顺序通断，保持电机的连续运行。

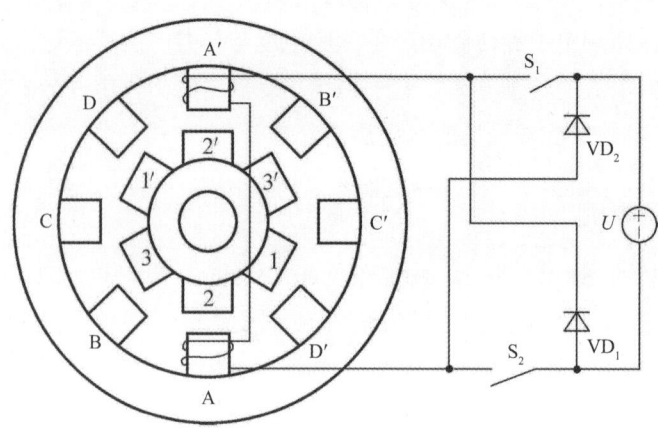

图 3-19 开关磁阻电机的工作原理示意图

开关磁阻电机的磁阻随转子磁极和定子磁极的中心线对准或错开而变化。由于电感与磁阻成反比,所以当转子磁极处于定子磁极中心线位置时,相绕组电感最大;当转子磁极中心线对准定子磁极中心线时,相绕组电感最小。

由于开关磁阻电机的运行原理遵循磁阻最小原理,即磁通总是沿着磁阻最小的路径闭合,所以具有一定形状的铁芯在移动到最小磁阻位置时,必使自己的主轴线与磁场的轴线重合。从图 3-19 中可以看出,当定子 D-D' 极励磁时,产生的磁力会促使转子能转到转子极轴线 1-1' 与定子极轴线 D-D' 重合的位置,并使得 D 相励磁绕组的电感最大。如果以图中定子、转子所处的相对位置作为起始位置,则依次给 D→A→B→C 相绕组通电,转子即会逆着励磁顺序以逆时针方向连续旋转;反之,若依次给 B→A→D→C 相绕组通电,则电机会沿着顺时针方向转动。综上分析,开关磁阻电机的转向与相绕组的电流方向无关,而仅仅取决于相绕组通电的顺序。

任务三　逆变器与变频器

✂ 任务描述

学生:老师,我们都知道新能源汽车电池组产生的电是直流电,而汽车使用多是交流电,如何把直流电转换成交流电呢?

老师:新能源汽车直流电转变成交流电,需要一种装置,即逆变器,掌握逆变器和变频器的工作原理、结构组成对更好地了解新能源汽车至关重要。

✂ 相关知识

一、逆变器及其控制技术

1. 逆变器的概念及工作原理

逆变器（Inverter）是把直流电转变成交流电，它由逆变桥、控制逻辑和滤波电路组成。如图 3-20 所示为典型的汽车逆变器。

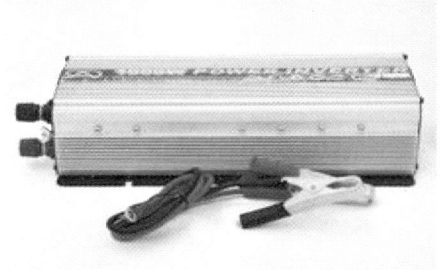

图 3-20 典型的汽车逆变器

逆变器是一种将直流电变成交流电的变压器，用得比较多的是脉宽调制（PWM）技术。其核心部分是一个 PWM 控制器，电动汽车常用转换器器件为 UC3842，而逆变器常用 TL5001 典型芯片。T15001 的工作电压范围为 3.6～40V，其内部设有误差放大器、调节器、振荡器、有死区控制的 PWM 发生器、低压保护回路及短路保护回路等。逆变器工作原理如图 3-21 所示。

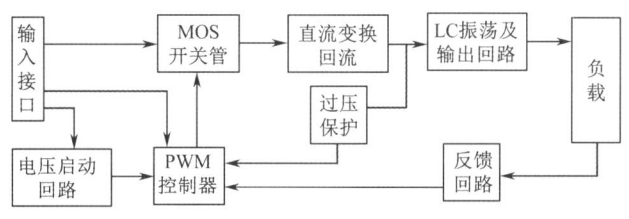

图 3-21 逆变器工作原理

2. 逆变器的分类

（1）按波弦性质分类。

逆变器按波弦性质主要分两类，一类是正弦波逆变器，另一类是方波逆变器。

正弦波逆变器输出的是正弦波交流电，因为它不存在电网中的电磁污染，电能质

量较好。方波逆变器输出的则是质量较差的方波交流电，其正向最大值到负向最大值几乎同时产生，这样会对负载和逆变器本身造成剧烈的不稳定影响。同时，其负载能力差，仅为额定负载的 40%～60%，不能带感性负载。如所带的负载过大，方波电流中包含的三次谐波成分将使流入负载中的容性电流增大，严重时会损坏负载的电源滤波电容。针对上述缺点，出现了准正弦波（或称改良正弦波、修正正弦波、模拟正弦波等）逆变器，其输出波形从正向最大值到负向最大值之间有一个时间间隔，使用效果有所改善，但准正弦波的波形仍然是由折线组成的，属于方波范畴，连续性不好。总体来说，正弦波逆变器提供高质量的交流电，能够带动任何种类的负载，但技术要求和成本均高。准正弦波逆变器可以满足大部分的用电需求，效率高，噪声小，售价适中，因而成为市场中的主流产品。方波逆变器的制作采用简易的多谐振荡器，其技术比较落后，将逐渐退出市场。

（2）按源流性质分类。

逆变器根据发电源的不同，分为煤电逆变器、太阳能逆变器、风能逆变器和核能逆变器；根据用途的不同，分为独立控制逆变器和并网逆变器。欧美企业生产的太阳能逆变器效率较高，但价格较为昂贵，国内其他类型的逆变器效率都在 90%以下，但价格比进口的要便宜很多。除了功率、波形以外，选择逆变器的效率也非常重要，效率越高则在逆变器上浪费的电能就少，用于电器的电能就更多，特别是使用小功率系统时这一点的重要性更明显。

因此，逆变器按照源流性质可以分成以下两类：

① 有源逆变器：使电路中的电流在交流侧与电网连接而不直接接入负载的逆变器。

② 无源逆变器：使电路中的电流在交流侧不与电网连接而直接接入负载（即把直流电逆变为某频率或可调频率的交流电供给负载）的逆变器。

3. 逆变器控制技术

（1）开环和单电压环控制技术。

逆变器发展的早期出现了方波逆变器、阶梯波合成逆变器。前者电路拓扑简洁，功率器件数少，但谐波大，因而谐波电路复杂，体积和质量大；后者相对于前者而言电路拓扑比较复杂，元器件数多，而且逆变电路本身没有调压的功能，其调压是通过调节输入直流电压来实现的，但输出电压谐波小，输出滤波器体积和质量小。接着出现了正弦脉冲宽度调制方案（SPWM），使逆变器的输出性能有了很大的提高，其输出电压的调节是通过改变调制比（正弦参考波峰值与调制三角波峰的比值）来实现的。早期的 SPWM 逆变器的闭环反馈控制是单电压有效值反馈环，这种控制电路的结构相对简单，对输出电压的赋值可连续调节并保证一定的误差，但也存在以下缺点：

① 系统动态响应速度缓慢。单环电压反馈系统是一个二阶系统，只有在 PI 电压

项目三 新能源汽车关键技术

调节器中加入大的补偿电容才能保证系统稳定工作,加上有效值检测电路的滞后,当直流侧电压或负载突变时,系统的动态响应速度很慢,常经历几个输出周期。

② 负载适应性差。经常面对一些非线性负载,电流冲击度很高。在脉冲电流的冲击下,输出电压波形产生畸变,总失真度升高,甚至超越容许值。

逆变器的设计目标是在任何负载条件或动态过程中保持所希望的输出电压波形。随着新型功率开关器件的出现,调制频率不断提高,各种现代反馈控制技术可用于电压波形的连续控制,而非基于有效值反馈。这为"瞬时"控制器提供了很多性能优点,包括更快的瞬态响应速度(一个周期内),更低的总谐波失真度,输出阻抗减小而提高了抗干扰性等。

(2)电压电流双环反馈控制技术。

电压电流瞬时值双环反馈控制是目前先进的控制技术之一,其组成是输出滤波电感电流和输出电压(即输出滤波电容电压)反馈构成的"电流型控制逆变器"。其外环为输出电压反馈,电压调节器一般采用 PI 形式,其输出作为内环给定;电感电流反馈构成内环,电流环设计为电流跟随器性质。但电流跟随的实现方法有很多种,其中常用的有 SPWM 控制和滞环控制两种。

二、变频器及其控制方式

1. 变频器的概念及工作原理

变频器(Variable Frequency Drive,VFD)是应用变频技术与微电子技术,通过改变电机工作电源频率方式来控制交流电机的电力控制设备。变频器主要由整流(交流变直流)、滤波、逆变(直流变交流)、制动单元、驱动单元和检测单元微处理单元等组成。

变频器通过内部 IGBT 的开断来调整输出电源的电压和频率,根据电机的实际需要提供所需的电源电压,进而达到节能、调速的目的。

以普锐斯油电混合动力系统为例,系统中安装有由变频器、可变电压系统、DC/DC 转换器组成的动力控制单元,如图 3-22 所示。

变频器将 HV 蓄电池的直流电流转换成电机和发电机使用的交流电流。另外,也将发电机和电机发出的交流电流转换成可供 HV 蓄电池充电的直流电流,其具体结构如图 3-23 所示。

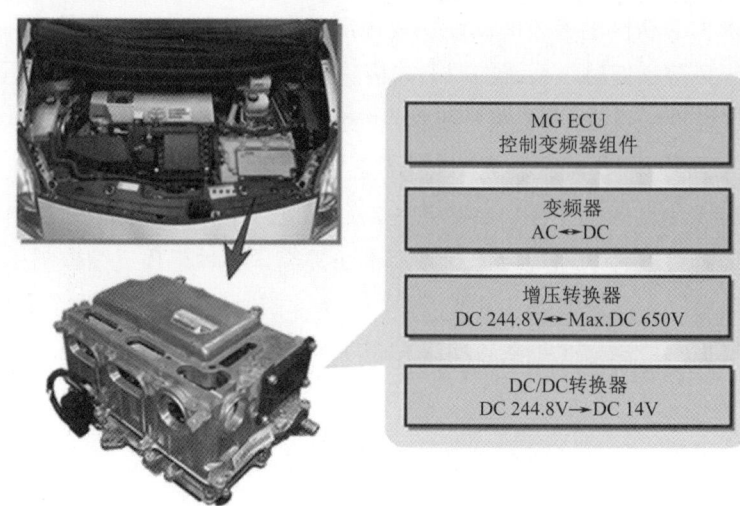

图 3-22 普锐斯油电混合动力控制系统的组成结构示意图

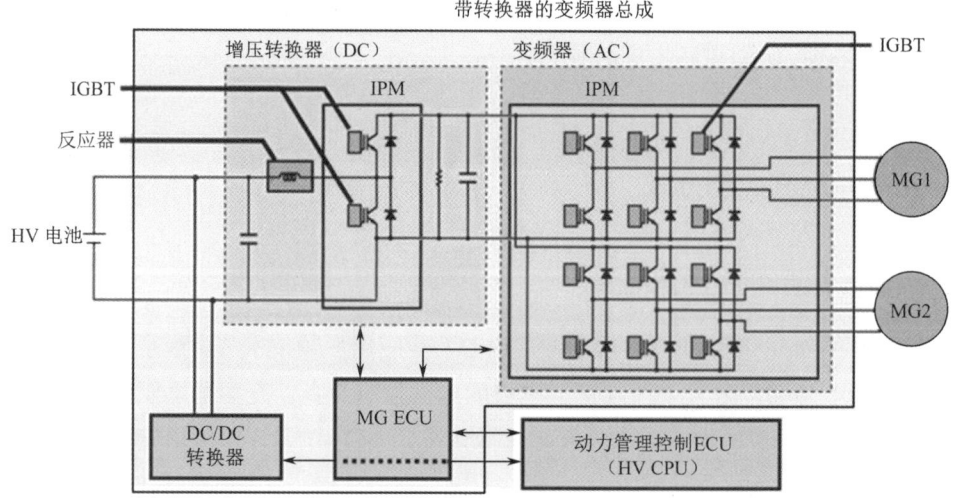

图 3-23 普锐斯混合动力汽车带转换器的变频器总成示意图

2. 变频器的分类

目前,变频器主要分为交-直-交变频器和交-交变频器两大类。

(1) 交-直-交变频器。

按照电压、频率的控制方式,交-直-交变频器有三种结构形式。

① 可控整流器调压、逆变器调频方式。如图 3-24(a) 所示,其调压与调频功能分别在两个环节上实现,由控制电路协调配合,因此其结构简单、控制方便。

② 不控整流器整流、斩波器调压、逆变器调频方式。如图 3-24(b) 所示,由于

采用二极管整流,使输入功率提高。由于输出逆变环节功率器件采用晶闸管,仍有输出谐波成分大的弊病。

③ 不控整流器整流、脉宽调制型(PWM)逆变器同时实现调压调频方式。如图 3-24(c)所示,此时,除装置输入功率因数高,又因采用高开关频率的逆变器,输出谐波很小,性能优良。

如图 3-24 所示,交-直-交变频器的三种结构形式中的前两种变频器有两级可控功率级,即第一级完成调压任务,第二级完成调频任务,调压、调频分别进行;后一种则只有一级可控功率级,调压、调频均由逆变器完成。与前两种相比,后一种有以下主要优点:工频交流电经二极管或晶闸管等器件整流和中间电容滤波后供 PWM 逆变器逆变,电网波形畸变小,功率因数较高;PWM 逆变器是通过改变脉冲宽度来改变电压的,而且变频、变压同时进行,故这种逆变器动态响应特性好;PWM 逆变器输出电压脉宽按正弦规律变化,交流电机电流波形接近正弦波,输出的谐波小,电机脉动转矩小,运行平稳。因此图 3-24(c)这种交-直-交变频器已成为当前最有发展前途的一种。

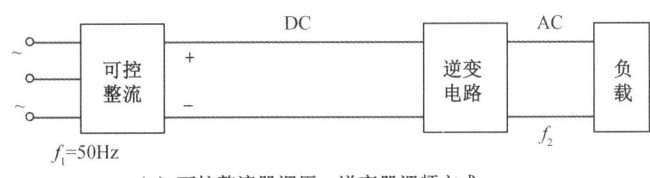

(a)可控整流器调压、逆变器调频方式

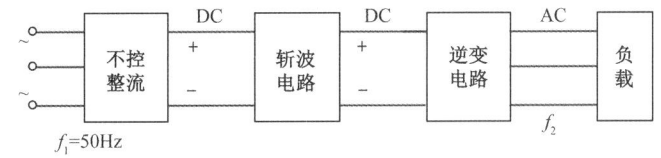

(b)不控整流、斩波器调压、逆变器调频方式

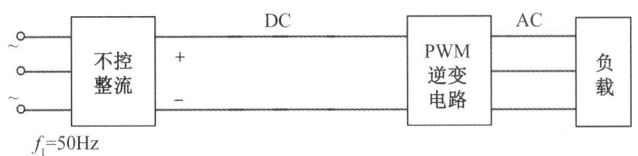

(c)不控整流器整流、脉宽调制型逆变器同时实现调压调频方式

图 3-24 交-直-交变频器的结构形式

(2)交-交变频器。

交-交变频器可直接将电网频率交流变成频率可调交流,无须中间直流环节,从而可提高整个变频装置的变换效率。又由于交-交变频器中的晶闸管可利用交流电网实现电源自然换流,无须专门设计换流电路,简化了变频器结构,使这种变频器在大容量

低速同步电机的无齿系传动、大型线绕异步电机的超同步双馈调速，以及新型交流励磁变速恒频发电系统中得到了相当广泛的应用。

交-交变频器输出的每一相都是由两组晶闸管可控整流器反并联的可逆线路构成的。因此可以分为两类：电路可控整流器进线侧接入了足够大的滤波电感使输出电流近似方波，称为电流源型；两组整流器直接反并联，构成电压源型电路。由于交-交变频器输出的交流电压是经晶闸管整流后获得的，晶闸管利用了电网电压换流，其输出频率不能高于电网频率，通常最高输出频率波限制为电网频率的 1/3～1/2。

3. 变频器控制方式

（1）正弦脉宽调制（SPWM）控制方式。

正弦脉宽调制（SPWM）控制方式的特点是控制电路结构简单、成本较低，机械特性硬度也较好。但是，这种控制方式在低频时由于输出电压较低，转矩受定子电阻压降的影响比较显著，使输出最大转矩减小。另外，其机械特性不及直流电机，动态转矩能力和静态调速性能都还不尽如人意，且具有系统性能不高等缺点。

（2）电压空间矢量（SVPWM）控制方式。

电压空间矢量（SVPWM）控制方式是以三相波形整体生成效果为前提，以逼近电机气隙的理想圆形旋转磁场轨迹为目的，一次生成三相调制波形，以内切多边形逼近圆的方式进行控制的。经实践使用后又有所改进，即引入频率补偿，能消除速度控制的误差。但控制电路环节较多，且没有引入转矩的调节，所以系统性能没有得到根本改善。

（3）矢量控制（VC）方式。

通过测量和控制异步电机定子电流矢量，根据磁场定向原理分别对异步电机的励磁电流和转矩电流进行控制，从而达到控制异步电机转矩的目的。具体是将异步电机的定子电流矢量分解为产生磁场的电流分量（励磁电流）和产生转矩的电流分量（转矩电流）分别加以控制，并同时控制两分量间的幅值和相位，即控制定子电流矢量。

（4）直接转矩控制（DTC）方式。

直接转矩控制也称为"直接自控制"，是以转矩为中心来进行对磁链、转矩的综合控制。与矢量控制不同，直接转矩控制不采用解耦的方式，从而在算法上不存在旋转坐标变换，简单地通过检测电机定子电压和电流，借助瞬时空间矢量理论计算电机的磁链和转矩，并根据与给定值比较所得差值，实现磁链和转矩的直接控制。直接转矩控制技术是利用空间矢量、定子磁场定向的分析方法，直接在定子坐标系下分析异步电机的数学模型，计算与控制异步电机的磁链和转矩，采用离散的两点式调节器（Band-Band 控制），把转矩检测值与转矩给定值作比较，使转矩波动限制在一定的容差范围内，容差的大小由频率调节器来控制，并产生 PWM 脉宽调制信号，直接对逆变器的开关状态进行控制，以获得高动态性能的转矩输出。

任务四　电动汽车的控制系统

✂ 任务描述

学生：老师，电动汽车的控制系统的组成和各部分结构工作原理是怎样的呢？

老师：电动汽车控制系统主要包括整车控制器、电机控制器、电源管理系统、制动能量回馈系统和高压电自动断开控制器等。各控制器通过 CAN 总线实现实时通信。动力总成依据控制策略和其他控制器及传感器输入的参数，向高压电自动断开控制器和电机控制器输入控制参数。高压电自动断开控制器实时监测车辆的绝缘状态，在出现绝缘故障或蓄电池故障时，依据动力总成的控制策略，断开蓄电池组两端的继电器，保护人员和车辆的安全。由电机控制器实现对电机的转速和转矩的控制。电池组电源管理系统集电池组的数据采集、状态估计、充放电保护及均衡控制于一体，是电动汽车的核心单元。

✂ 相关知识

一、整车控制器

整车控制器，简称 VCU，是实现整车控制决策的核心电子控制单元。VCU 通过采集加速踏板、挡位、制动踏板等信号来判断驾驶人的驾驶意图；通过监测车辆状态（车速、温度等）信息，由 VCU 判断处理后，向动力系统、动力电池系统发送车辆的运行状态控制指令，同时控制车载附加电力系统的工作模式；VCU 具有整车系统故障诊断保护与存储功能。

如图 3-25 所示为 VCU 的结构组成，包括外壳、硬件电路、底层软件和应用层软件，硬件电路、底层软件和应用层软件是 VCU 的关键核心技术。

整车控制器具有的典型功能如下：

（1）整车状态的获取功能。

通过车速传感器、挡位信号传感器等，以不同的采样周期检测整车的运行状态；通过 CAN 总线获得原车功能模块、动力电池系统、电机驱动系统等的状态信息。

（2）驾驶人的意愿识别和控制模式的判断。

① 通过各种状态信息（加速/制动踏板位置、当前车速和整车是否有故障信息等）来判断当前需要的整车工作模式（如起步、加速、减速、匀速行驶）。

② 根据判断得出的整车工作模式、动力电池系统和电机驱动系统状态计算出当前车辆需要的转矩。

③ 根据当前及前一段时间的参数及状态，算出车辆的转矩能力，根据车辆需要的转矩计算出合理的最终需要实现的转矩。

（3）整车故障的判别及处理。

判断整车的各个传感器、执行机构的状态；指出相应的错误标志，协调在错误情况下各个模块的计算、执行；将错误状态记录、输出并消除。

（4）相连驱动模块的管理。

根据各个功能模块的最终计算结果，通过总线对其进行控制，如空调模块等。

（5）电动汽车辅助系统的控制。

实现对驾驶安全辅助设备如水泵、空调、暖风等电器附件及休闲娱乐辅助设备等的控制。

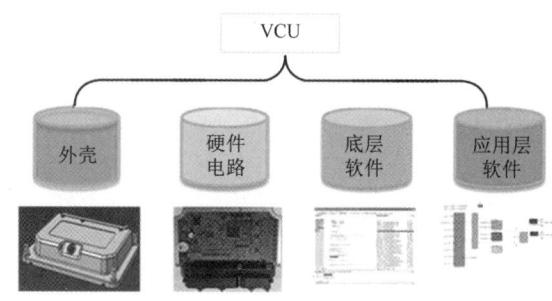

图 3-25　VCU 的结构组成

二、电机控制器

电机控制器，简称 MCU，是新能源汽车特有的核心功率电子单元，通过接收 VCU 的车辆行驶控制指令，控制电机输出指定的转矩和转速，驱动车辆行驶。实现把动力电池的直流电转换为高压交流电后驱动电机本体输出机械能。同时，MCU 具有电机系统故障诊断保护和存储的功能，当诊断出异常时，它会激活一个错误代码并发送给整车控制器，即 MCU 会把电机控制系统运行状态的信息发送给整车控制器。

MCU 使用了如下传感器来提供电机的工作信息：

① 电流传感器。用于检测电机工作的实际电流（包括母线电流、三相交流电流）。

② 电压传感器。用于检测电机工作的实际电压（包括高压电池电压、蓄电池电压）。

③ 温度传感器。用于检测电机控制系统的工作温度（包括模块温度、MCU 温度）。

项目三　新能源汽车关键技术

MCU 由外壳及冷却系统、功率电子单元、控制电路、底层软件和控制算法软件组成，具体结构如图 3-26 所示。

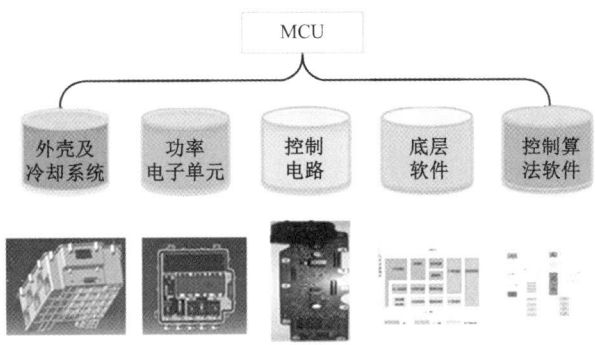

图 3-26　MCU 的结构组成

三、电池管理系统

电池组是新能源汽车核心能量源，为整车提供驱动电能，主要通过金属材质的壳体包裹构成电池包主体。模块化的结构设计实现了电芯的集成，通过热管理设计与仿真优化电池组热管理性能，电器部件及线束实现了控制系统对电池的安全保护及连接路径；通过电池管理系统（BMS）实现对电芯的管理，以及与整车的通信及信息交换。

如图 3-27 所示，电池组包括电芯、模块、电气系统、热管理系统、箱体结构和 BMS。BMS 是电池组最关键的零部件，与 VCU 类似，其核心部分由硬件电路、底层软件和应用层软件组成。BMS 硬件由主板（BCU）和从板（BMU）两部分组成，从板安装于模组内部，用于检测单体电压、电流和均衡控制；主板安装位置比较灵活，用于继电器控制、荷电状态值（SOC）估计和电气伤害保护等。

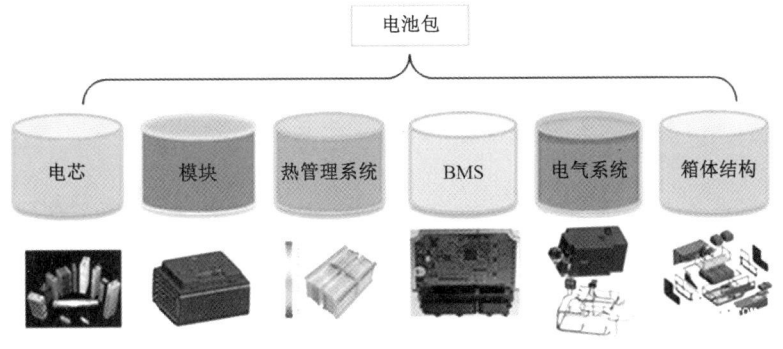

图 3-27　电池组的结构组成

BMS是电池保护和管理的核心部件,在动力电池系统中,它的作用就相当于人的大脑。它不仅要保证电池安全可靠地使用,还要充分发挥电池的能力和延长使用寿命,作为电池和整车控制器以及驾驶人沟通的桥梁,BMS通过控制接触器控制动力电池组的充放电,并向VCU上报动力电池系统的基本参数及故障信息。实验证明,配备完善的BMS的电池组,其循环寿命是没有配备BMS的电池组的3倍以上。因此,根据电池特性,对电动汽车动力电池进行有效管理,对于维护电池安全、保持电池性能、延长电池使用寿命具有重要的意义。

典型的BMS应具备如下功能:

① 实时采集电池系统运行状态参数。实时采集电动汽车电池组中的每块电池的端电压和温度、充放电电流及电池组总电压等。由于电池组中的每块电池在使用中的性能和状态不一致,因此对每块电池的电压、电流和温度数据都要进行监测。

② 确定电池的SOC。准确估测动力电池组的SOC,从而随时预报电动汽车储能电池还剩余多少能量,使电池的SOC值控制在30%~70%的合理工作范围,这对保证电池寿命和整体的能量效率至关重要。

③ 故障诊断与报警。当蓄电池电量或能量过低需要充电时,及时报警,以防止电池过放电而损害电池的使用寿命;当电池组的温度过高或非正常工作时,及时报警,以保证蓄电池正常工作。

④ 电池组的热平衡管理。电池热管理系统是BMS的有机组成部分,其功能是通过风扇等冷却系统和热电阻加热装置使电池温度处于正常工作温度范围内。

⑤ 一致性补偿。当电池之间有差异时,用一定措施进行补偿,保证电池组表现能力更强,并用一定的手段来显示性能不良的电池位置,以便修理替换。一般采用充电补偿功能,设计有旁路分流电路,以保证每个电池单体都可以充满电,这样可以减缓电池老化的进度,延长电池的使用寿命。

⑥ 通过总线实现各检测模块和中央处理单元的通信。在电动汽车上实现电池管理的难点和关键在于如何根据所采集的每块电池的电压、温度和充放电电流的历史数据,建立确定每块电池剩余能量的较精确的数学模型,即准确估计电动汽车电池的SOC状态。

四、制动能量回馈系统

制动能量回馈,又称回馈制动或再生制动,是指电动汽车在减速或制动过程中,驱动电机在发电状态下将车辆的部分动能转化为电能储存于储能装置中（如各种蓄电池超级电容器），同时，施加电机回馈转矩于驱动轴，对车辆进行制动。制动能量回馈系统的应用一方面增加了电动汽车的续驶里程，另一方面减少了传统制动器的磨损，同时还改善了整车动力学的控制性能。

制动能量回馈系统的结构如图 3-28 所示，其由驱动轮、主减速器、变速器、电机、AC/DC 转换器、DC/DC 转换器、再生制动控制器及传感器组成。

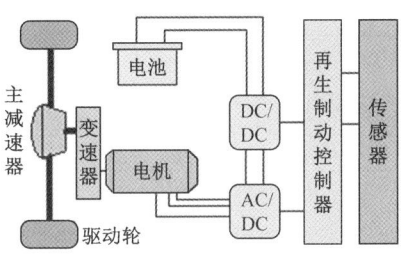

图 3-28　制动能量回馈系统的结构

汽车在制动或滑行过程中，根据驾驶人的制动意图，由制动控制器计算得到汽车所需的总制动力，再根据一定的制动力分配控制策略得到电机应该提供的再生制动力，电机控制器计算所需的电机电枢中的制动电流，通过控制驱动轮的方法使电机跟踪需要的制动电流，从而较准确地提供再生制动力矩，在电机的电枢中产生的电流经 AC/DC 转换器整流再经 DC/DC 转换器反充到储能装置中保存起来。

对于传统燃油汽车而言，制动力主要由制动系统产生，产生机制相对简单。而对于电动汽车，引入制动能量回馈后，需考虑将总的制动力需求在摩擦制动力和回馈制动力之间进行分配，以实现两者的协调控制。由于受到电池和电机特性的影响，来自电驱动系统的回馈制动力与摩擦制动力的产生机制不同，在相同的机械与动力学条件下两者的特性也有很大差别。从整车层面分析，制动能量回馈系统主要包括电制动系统和液压制动系统两个子系统，同时涉及整车控制器、变速器、差速器和车轮等相关部件。

如图 3-29 所示为某电动汽车所使用的制动系统结构，当驾驶人踩下制动踏板后，电动泵使制动液增压产生所需的制动力，制动控制与电机控制协同工作，确定电动汽车上的再生制动力矩和前后轮上的液压制动力，控制回收再生制动能量并反充到动力电池中。与传统燃油汽车相同，电动汽车上的 ABS 及其控制阀的作用是产生最大的制动力。

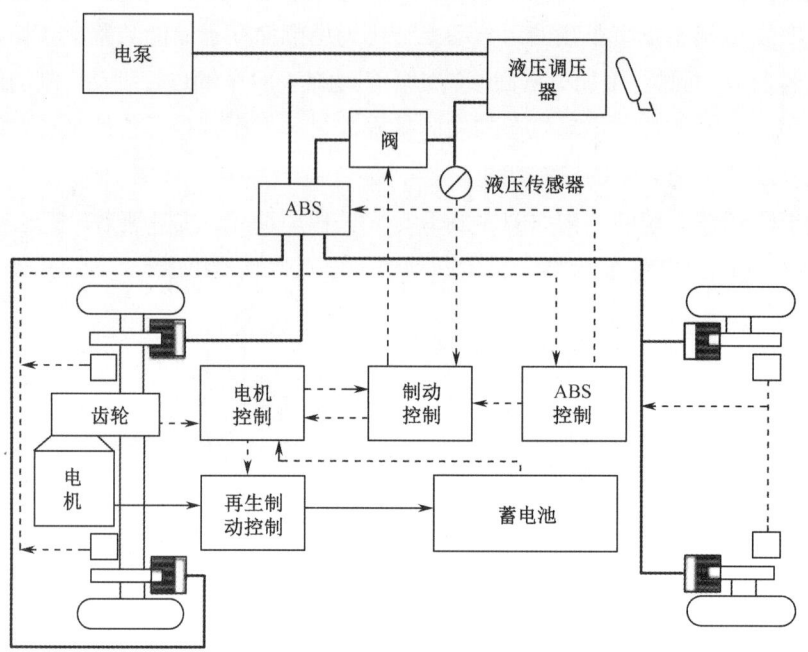

图 3-29 电动汽车（再生液压）制动系统的基本结构

思考与练习

一、填空题

1. 新能源汽车的三大关键技术：_____、_____和_____。

2. 放电终止时的电压值，通常与_____、_____有关。

3. _____表示放电程度的一种量度，它是放电容量与总放电容量的百分比。

4. 动力电池的使用寿命分为_____、_____。

5. 电机驱动系统是电动汽车的心脏，它由_____、_____、_____、_____和_____组成。

6. 异步电机的结构由_____和_____两大部分组成。转子装在定子腔内，定子和转子之间有一缝隙，称为_____。

7. 逆变器（Inverter）是把直流电转变成交流电，它由_____、_____和_____组成。

二、判断题

1. 比能量是指动力电池组单位质量或单位体积所能输出的能量。　　　　（　　）

2. 荷电状态（State of charge，SOC）是指剩余电量与额定容量的比例。

（　　）

3. 充放电循环寿命越长，动力电池性能越差。（　　）
4. 无线充电方式包括电磁感应式、磁场共振式和无线电波式三种。（　　）
5. 永磁同步电机实际上是一种凹极式电机。（　　）

三、选择题

1. 铅酸蓄电池的工作电压为（　　）V。
A. 1～1.5　　B. 1.5～2　　C. 2～2.5　　D. 1.8～2

2. （　　）是指单位质量或单位体积的电池所能给出的电量。
A. 容量　　B. 比容量　　C. 额定容量　　D. 实际容量

3. 当定子绕组中通入（　　）相序的三相电流时，定子旋转磁场就沿（　　）的方向旋转。
A. U→V→W　U1→V1→W1　　B. V→U→W　V1→U1→W1
C. V→W→U　V1→W1→U1　　D. 以上都不对

4. 逆变器按波弦性质主要分两类，一类是正弦波逆变器，另一类是（　　）。
A. 余弦波逆变器　B. 方波逆变器　C. 谐波逆变器　D. 以上都不是

5. BMS 硬件的（　　）安装于模组内部，用于检测单体电压、电流和均衡控制。
A. 主板　　B. 副板　　C. 从板　　D. 以上都不是

四、简答题

1. 简述电动汽车动力电池的性能指标。
2. 简述电动汽车动力电池充电方式。
3. 简述电动汽车电机驱动系统的组成结构。
4. 简述逆变器的概念与工作原理。
5. 简述电源管理系统。

项目四
混合动力汽车

目标及要求

教学目标	了解混合动力汽车的特点、分类； 掌握混合动力汽车的基本组成及工作模式； 掌握混合动力汽车驱动系统基本构造； 了解机械耦合器结构组成； 了解混合动力汽车车型特点。
能力要求	能正确概述混合动力汽车基本组成，描述混合动力汽车工作模式； 能正确概述混合动力汽车驱动系统基本构造。

项目概述

众所周知，纯电动汽车是解决能源危机的最佳途径之一，但是，混合动力汽车凭借其特有的优势和成熟的技术脱颖而出，成为目前最具有节能潜力和市场前景的车型之一。

混合动力汽车是将内燃机、电机和动力电池进行优化组合，并优化控制，可取得明显的节能、减排成效。混合动力汽车对动力电池容量的要求，仅是纯电动汽车的1/10左右，成本较低，技术上比较成熟。因此，近年来世界各大汽车公司纷纷研发并投产了多款混合动力汽车。其中，以1997年投产的丰田公司的"普锐斯"（Prius）最为著名。此外，日产、三菱、富士重工等日本汽车公司也投产了各种类型的混合动力汽车。

目前，从混合动力汽车技术和投产的车型数量来看，日本相关车企均处于世界领先水平。近年来，美国的通用、福特等汽车公司先后向市场推出了混合动力汽车，但市场销售业绩远不如日本车企。欧洲各大汽车公司原来坚持走乘用车柴油机化的技术路线，在研究混合动力汽车方面起步较晚，技术也较落后，迄今投产的仅有少数几款以 BSG 微混为主的混合动力汽车，对市场的影响较小。

本章主要介绍混合动力汽车的定义、结构、工作原理及未来的发展前景。

任务一 混合动力汽车概述

✂ 任务描述

学生：老师，现在路面上跑着很多车尾标有 HEV 字样的汽车，HEV 汽车属于电动汽车吗？

老师：广义上说，混合动力汽车（Hybrid Vehicle）是指车辆驱动系统由两个或多个能同时运转的单个驱动系统联合组成的车辆。通常所说的混合动力汽车，一般指油电混合动力汽车（Hybrid Electric Vehicle，HEV），即采用传统的内燃机（柴油机或汽油机）和电动机作为动力源，共同组成"油-电"动力耦合驱动平台，取代传统的发动机动力驱动平台。

✂ 相关知识

一、混合动力汽车特点

① 采用混合动力的汽车可按平均需用功率来确定内燃机的最大功率，此时内燃机处于油耗低、污染少的最优工况下。当需要大功率而内燃机功率不足时，由电动机来补充；负荷少时，富余的功率可发电给电池充电。由于内燃机可持续工作，电池又可以不断地充电，故其行驶里程与传统汽车一样。

② 因为有了蓄电池，混合动力汽车可以十分方便地回收制动、怠速时产生的能量。

③ 在繁华市区行驶，可关停混合动力汽车内燃机，由电动机单独驱动车辆，实现"零"排放。

④ 混合动力汽车有了内燃机可以十分方便地解决耗能大的空调、取暖、除霜等纯电动汽车遇到的难题。

⑤ 可以利用现有的加油站加油。

项目四 混合动力汽车

⑥ 可让蓄电池保持良好的工作状态,不发生过充、过放的情况,延长其使用寿命,降低成本。

⑦ 混合动力汽车有两套动力,再加上两套动力的管理控制系统,故结构复杂、技术较难、价格较高。

二、混合动力汽车分类

混合动力汽车采用两种动力源作为动力装置,其组成部件、布置方式及控制策略的不同,形成了各式各样的结构形式,因此,混合动力汽车的分类方法也有多种。

① 按充电方式的不同,分为插电式混合动力汽车和不插电式混合动力汽车。

② 按照燃料种类的不同,分为汽油混合动力汽车和柴油混合动力汽车。

③ 按动力驱动的连接方式的不同,分为串联式、并联式和串并联(或称混联)式混合动力汽车。

④ 按在混合动力系统中混合度的不同,分为微混合动力系统、轻混合动力系统、中混合动力系统和完全混合动力系统的混合动力汽车。

三、混合动力汽车的基本组成与工作模式

混合动力汽车有三种基本的工作方式,即串联式、并联式和串并联(或称混联)式。其组成与工作模式如下。

1. 串联式混合动力汽车(Series Hybrid Electric Vehicle,SHEV)

(1)串联式混合动力汽车的动力系统。

SHEV 由发动机、发电机、逆变器、蓄电池、驱动电动机/发电机和驱动桥等组成。串联式混合动力汽车的基本结构如图 4-1 所示。驱动时能量的流动方向如图 4-2 所示,图 4-2 中的箭头表示工作时机械能和电能的流动方向,双向箭头表示能量可以双向流动,如电动机发电机和驱动桥之间的箭头表示电动机可以驱动汽车行驶,汽车的动能也可以带动发电机发电。

SHEV 的实质是发动机辅助型的电动汽车。如图 4-2 所示,汽车行驶时,发动机输出的机械能首先通过发电机转化为电能,转换后的电能一部分用来给蓄电池充电,另一部分经由电动机和传动装置驱动车轮。

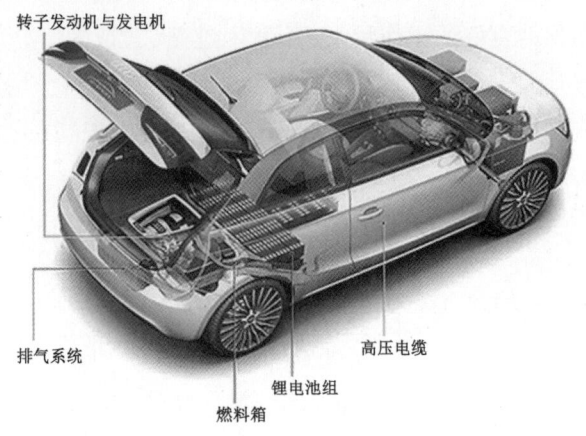

图4-1 串联式混合动力汽车的基本结构

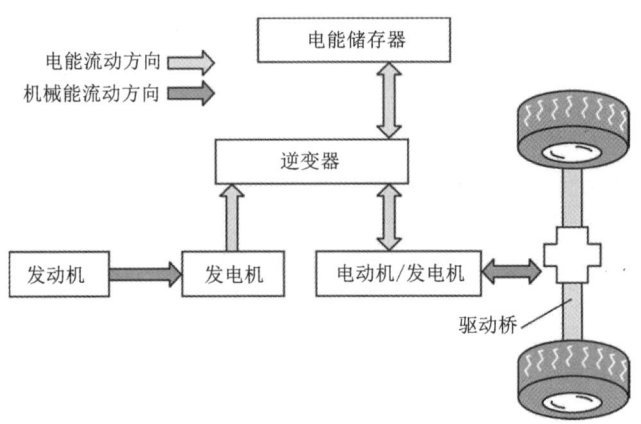

图4-2 串联式混合动力汽车驱动示意图

SHEV布置灵活,传动结构简单,在发动机与发电机之间的机械连接没有离合器,有一定的灵活性。在设计SHEV时,驱动装置的选择应与车辆的用途相结合。如果车辆经常爬坡,需要的功率大,则发动机、发电机和电动机这三个驱动装置做的尺寸就会较大;如果用作班车、校车或用作购物等短途运输车,相应的发电机装置则可采用较低功率的,动力系统总体尺寸就会较小。SHEV较适用为城区行驶的车辆,如公交车。

(2)串联式混合动力汽车的驱动模式。

SHEV的驱动模式有起步、正常行驶、加速、小负荷、减速、制动停车等,如图4-3所示。图4-3(a)所示为汽车正常行驶、起步或加速工况,此时发动机始终在热效率高而排放低的最佳单一工况下运行,并带动发电机发电。在控制器调节下,发电机发出的电能用于电动机,通过变速器或减速器驱动车轮前进。如果发电机发电量不足,则由蓄电池通过控制器向电动机供电。如图4-3(b)所示为汽车滑行、低速行驶或小负荷工况,此时发电机的发电功率大于电动机所需功率,控制器控制发电机驱动电动机同时向蓄电池充电。如图 4-3（c）所示为汽车制动行驶工况，此时电动机转换为发电机，驱动车轮带动电动机发电，向蓄电池充电（能量回收）。如图 4-3（d）所示为汽车短暂停车工况，此时发动机带动发电机工作，向蓄电池充电。

从以上分析可以看出，在 SHEV 运行过程中，电动机是唯一的驱动装置，发动机的工作状态不受汽车行驶工况影响，始终在最佳工作区域稳定运转，控制器控制发电机向蓄电池充电或蓄电池向电动机供电，也就是说，控制器通过蓄电池协调发电机发电量与电动机功率需求，适应汽车行驶中的各种阻力变化。蓄电池的存在，使发动机在一个相对稳定的工况中工作，使其排放得到改善。

（3）串联式混合动力汽车的特点。

SHEV 的主要优点是在城市行驶时，只用电池组电能驱动，实现"零排放"行驶，发动机/发电机组的发动机能保持在稳定、高效、低污染的状态下运转，将有害气体的排放控制在最低范围内。

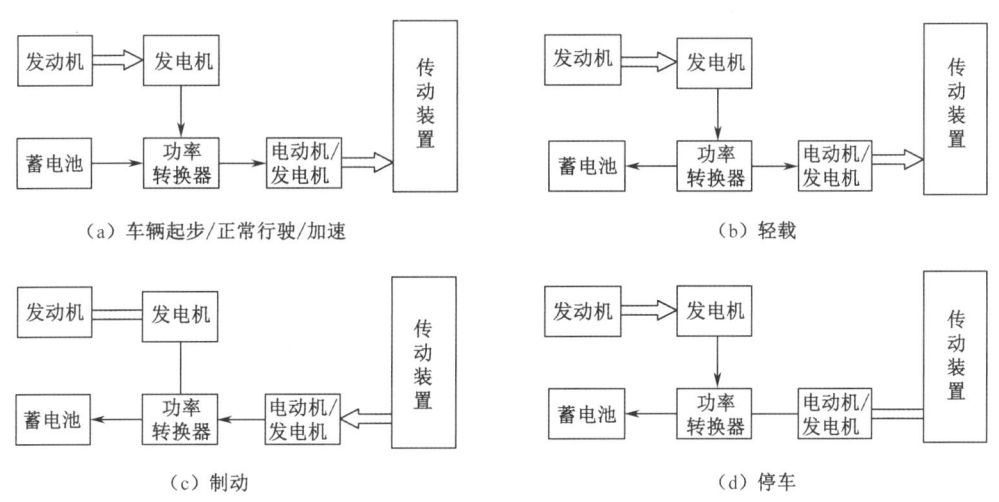

图 4-3 串联式混合动力汽车驱动模式

SHEV 的不足有以下几点：

① 驱动电动机的参数选择难度大。为了克服汽车在行驶过程中的最大阻力，驱动电动机的功率要求较大，外形尺寸较大，对动力电池组的容量要求大，需要装置一个较大功率的发动机发电机组。

② 适用车型少。庞大的动力电池组外形尺寸较大，质量也较大，较适合在大型客车上采用，在中小型车上使用还是有一定的困难。

③ 发动机由燃料的化学能转换为机械能，然后转换为电能。即必须经过燃料的化学能、热能、电能、机械能的能量转换过程，因而能量损失较大。另外，在动力电池组的充放电过程中也存在能量损耗，不经常在满负荷状态下运转，总能量转换效率较低。

④ 发动机发电机组与动力电池组之间的匹配要求较严格，应能自动起动或关闭发动机发电机组，以避免动力电池组过量放电，这就需要更大的电池容量。

2. 并联式混合动力汽车（Parallel Hybrid Electric Vehicle，PHEV）

（1）并联式混合动力汽车的动力系统。

PHEV 主要由发动机、变速器、发电机/电动机、逆变器、蓄电池组、驱动桥等部件组成，其基本结构如图 4-4 所示，工作时机械能和电能的流动方向如图 4-5 所示。图 4-5 中的双箭头表示能量可以向两个方向流动，如电动机/发电机和电能储存器之间的双箭头表示电动机可以用电能驱动汽车行驶，也可以由汽车驱动发电机发电并储存于电能储存器中。PHEV 的显著特点是由发动机和电动机两套独立驱动系统通过不同的离合器驱动汽车行驶。

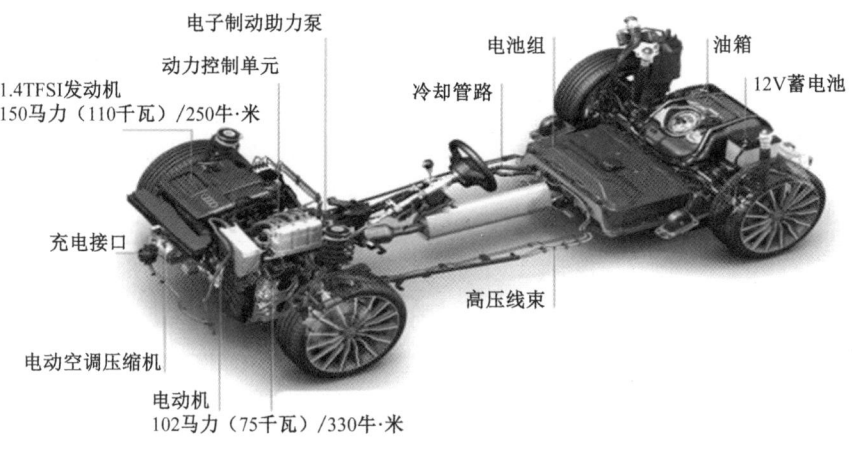

图 4-4　并联式混合动力汽车动力系统基本结构

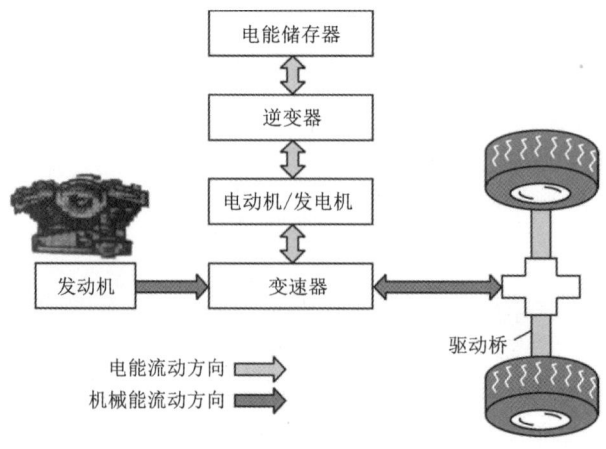

图 4-5　并联式混合动力汽车驱动示意图

如图 4-6 所示为并联式混合动力系统的结构图。该系统中的发动机为 1.4L 四缸直喷柴油机，采用 6 速双离合变速器。为车辆提供电源的电池组被嵌入在车身结构中以保证其安全。这个质量为 125kg 的电池组容量为 8.8kW·h，电压为 280~390V，纯电动工作模式下可运行 50km。该系统在低速小负荷时主要靠永磁电动机驱动汽车行驶，而在高速大负荷工作时，永磁电动机和柴油机同时驱动汽车行驶。

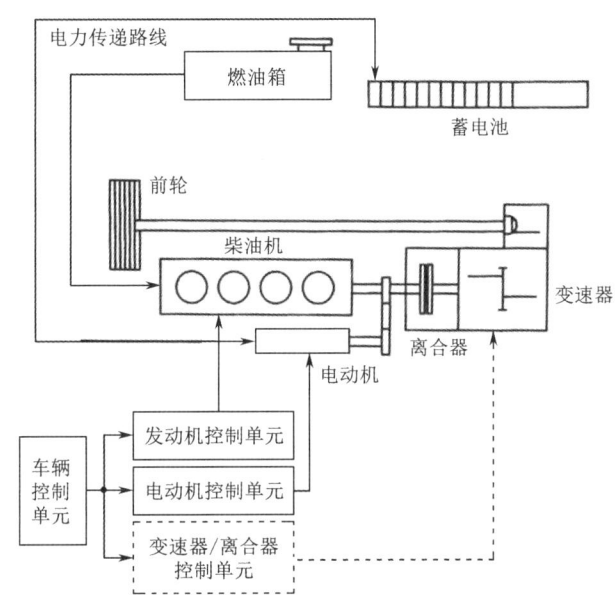

图 4-6 并联式混合动力系统结构

（2）并联式混合动力汽车的驱动模式。

与 SHEV 不同的是，PHEV 采用发动机和电动机两套独立的驱动系统驱动车轮。发动机和电动机可以分别独立地向汽车的驱动系统提供动力，而需要大功率时可由发动机和蓄电池共同提供动力，改进了串联系统最大功率不足的缺陷。PHEV 比较适合于经常在郊区和高速公路上行驶。当汽车在市区行驶时，可以只用蓄电池，避免发动机的排气污染。

PHEV 的发动机和电动机通常通过不同的离合器来驱动车轮，工作模式主要有发动机单独驱动、电动机单独驱动以及发动机和电动机联合驱动这三种。在大负荷、高速、加速超车等需要大功率行驶时，采用联合驱动模式；汽车在市区行驶时，采用电动机单独驱动模式，PHEV 变成了纯电动车，避免发动机的排气污染；在中等负荷行驶时，采用发动机单独驱动模式，可以保证发动机工作在高效率区域及产生较少的排气污染。从概念上讲，它是电力辅助型内燃机汽车，目的是降低排放和燃油消耗。当发动机提供的功率大于驱动电动车所需的功率或者再生制动时，电动机工作在发电机状态，将多余的能量充入蓄电池。与 SHEV 相比，PHEV 的发动机和电动机体积要小。即使在长途行驶时，发动机的功率可以达到最大而电动机的功率只需要发出一半。

（3）并联式混合动力汽车的主要特点。

PHEV 的主要优点有两个。其一是具有发动机和电动机两个动力总成，每个动力总成（发动机和电动机）的功率设计为车辆驱动功率的 50%～100%即可，因此质量和体积要小得多。其二是基本驱动模式是发动机驱动模式，没有机械能→电能→机械能的转换过程，能量转换效率比 SHEV 高。由于在汽车需要最大输出功率时，电动机可以向汽车提供额外的辅助动力，因此发动机功率可以选择得较小，使汽车的燃料经济性提高。如图 4-7 所示为 PHEV 的驱动模式。

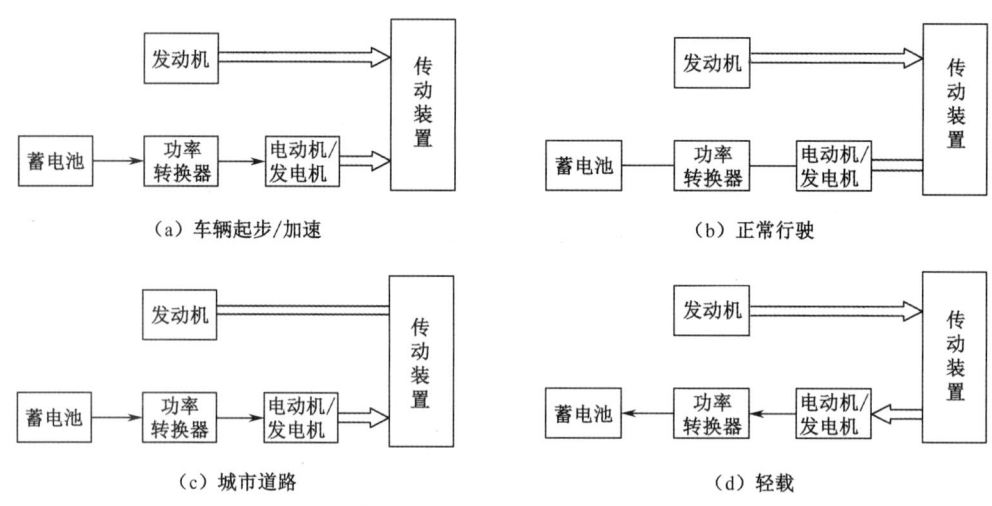

图 4-7　并联式混合动力汽车的驱动模式

PHEV 的不足之处主要有两个。其一是由于基本驱动模式是发动机驱动，故需要配备与传统燃油汽车相同的传动系统，在总体布置上基本与传统燃油汽车相同，动力性能接近传统燃油汽车，发动机排放的有害气体高于 SHEV 的。其二是发动机驱动模式需要装置离合器、变速器、传动轴和驱动器等传动总成，另外还有动力电池组及动力耦合器等装置，因此动力系统结构复杂，布置和控制也更加困难。

如图 4-8 所示为并联式混合动力汽车系统总成布置示意图。

项目四 混合动力汽车

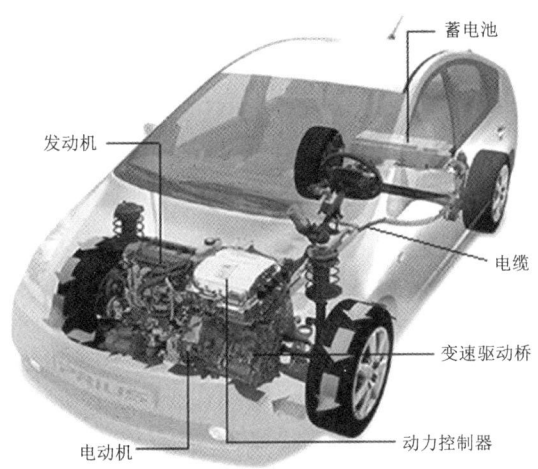

图 4-8 并联式混合动力汽车系统总成布置示意图

3. 混联式（串、并联式）混合动力汽车（Parallel-Series Hybrid Electric Vehicle，PSHEV）

（1）混联式混合动力汽车的动力系统。

PSHEV 动力系统兼备 SHEV 和 PHEV 的功能。PSHEV 由电动机、发动机、蓄电池、发电机、逆变器、动力分配装置、电子控制单元、驱动桥等组成，工作时机械能和电能的流动方向如图 4-9 所示。

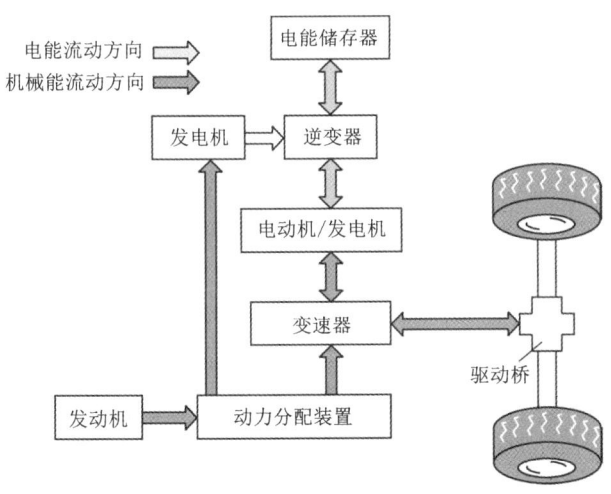

图 4-9 混联式混合动力汽车工作时机械能和电能流向

典型的 PSHEV 动力传动结构简图如图 4-10 所示，在该系统上既装有电动机又装有发电机，具备串、并联结构各自的特点。如图 4-10（a）所示的开关式结构，通过离合器的结合与脱离来实现串联分支与并联分支间的相互切换。离合器分离，切断了发动机和电动机与驱动轮的机械连接，系统以串联模式运行；离合器结合，使发动机与驱动轮可机械连接，系统以并联模式运行。如图4-10（b）所示的分路式结构中，串联分支与并联分支都始终处于工作状态，而由行星齿轮传动在串联分支和并联分支间进行发动机输出能量的合理分配。

此结构可通过发电机对串联分支实施各种各样的控制，同时又可通过并联分支来维持发动机与驱动轮间的机械连接，最终实现对发动机的转速控制。

丰田普锐斯是典型单桥驱动的PSHEV动力系统，其显著特点是装备了行星齿轮动力分配装置，又称为功率分配式混合动力系统。该车在结构上综合了串联式和并联式的特点，与串联式相比，它增加了机械动力传动系统；与并联式相比，它增加了电力驱动传动系统。通过行星齿轮系统组成的动力分配装置将整个系统耦合在一起，根据行驶工况灵活采用串联式或并联式，以实现效率最高、污染排放物最低的目标。一般控制策略是起步或低负荷行驶时用电池电能驱动；匀速行驶时由发动机提供动力；加速行驶时由发动机与电池共同提供动力；停车或滑行时，发动机带动发电机向电池充电；制动时通过能量回收系统向电池充电。功率分配兼有串联和并联的特点，但是系统控制复杂。不过随着控制技术和制造技术的发展，一些现代混合动力汽车更倾向于选择这种结构。

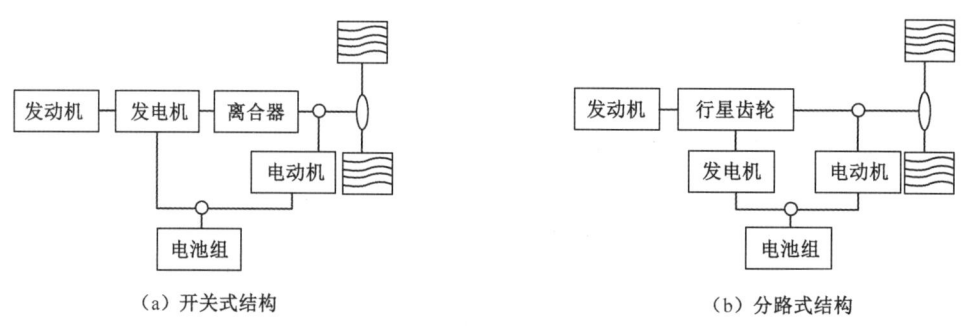

图4-10 混联式混合动力汽车传动结构简图

（2）混联式混合动力汽车的驱动模式及特点。

PSHEV的主要结构特点是具有功率分配装置，它根据汽车行驶工况对发动机功率中用于直接驱动汽车的功率和用于发电的功率的比例进行分配。如图4-11所示，汽车正常行驶时，发动机的功率全部用于直接驱动汽车行驶；汽车全负荷、加速行驶时，发动机与蓄电池共同提供动力驱动汽车行驶；汽车停车或滑行时，发动机的功率全部用于驱动发电机向蓄电池充电。

PSHEV兼有SHEV和PHEV的优点，可以组合成多种形式的驱动模式，车辆的整备质量可以降低,而且性能更加完善,经济性更好,在动力性能方面接近或达到传统燃油汽车的水平,有害气体的排放更少,达到"超低污染"的标准要求。

PSHEV 的主要优点有 4 个:一是各个动力总成的功率和体积小、质量轻,节能且有害气体的排放少;二是可以选择较小功率的发动机,使汽车的燃料经济性提高;三是综合能量转换效率高;四是具有电动机独立驱动的模式,可以在城市中实现"零污染"行驶,并可在汽车起步时充分发挥电动机低速大转矩的特性。

PSHEV 的主要缺点是:需要配备两套驱动系统,发动机传动系统除了需要装备离合器、变速器、传动轴和驱动桥等传动总成,还需要电动机/发电机、减速器、动力电池组,以及为协调发动机驱动力与电动机驱动力的专用装置等。并且必须装配一个复杂的多能源动力总成控制系统,否则无法达到高经济性和"超低污染"的控制目标。因而动力控制系统结构复杂、布置困难、成本增大。

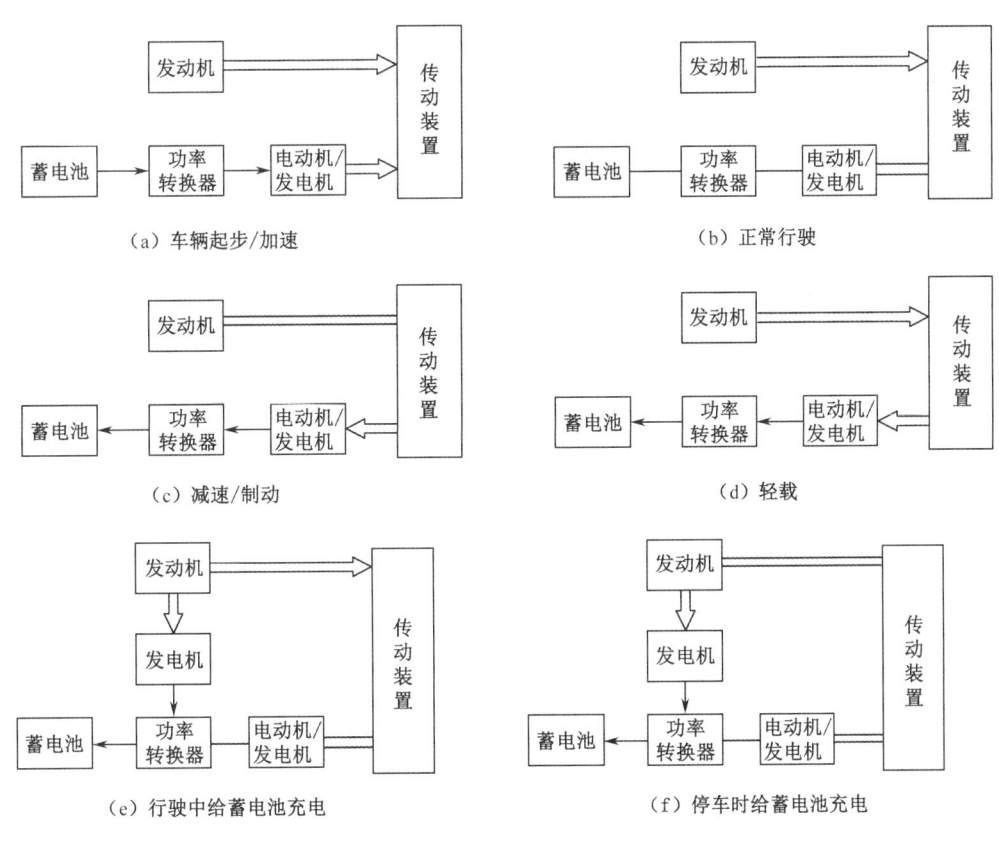

图 4-11 混联式混合动力汽车的驱动模式

4. 串联、并联和混联式混合动力系统的性能比较

从能源转换效率和汽车行驶性能对串联式、并联式和混联式混合动力系统进行比

较，混联式混合动力系统的性能明显优于串联式和并联式系统。串联式、并联式和混联式系统的性能比较结果如表 4-1 所示。

表 4-1 串联式、并联式和混联式混合动力系统的性能比较表

连接方式	经济性				运行性	
	自动停止怠速	能量回收	高效运行	总效率	加速性	高功率持续行驶
串联式	○	◎	○	○	△	△
并联式	○	○	△		○	△
混联式	◎	◎	◎	◎	◎	○

注：由差到好的顺序为 △→○→◎

任务二 混合动力汽车驱动系统基本结构

✂ 任务描述

学生：老师，混合动力汽车驱动系统结构是什么样的？是如何进行驱动的？

老师：传统汽车动力传动系统主要由发动机、离合器、变速器、分动器、传动轴、差速器和驱动轴等组成，如图 4-12 所示为传统汽车动力传动系统示意图。传统汽车的动力源是活塞式内燃机，它具有转速高、输出转矩变化范围小、不能反转、带负荷起动困难等特点。而汽车要求的速度和驱动力变化范围大，并能倒退行驶、平稳起步和停车。传动系统就是为解决这一矛盾而设置的，它可以保证汽车在不同使用条件下正常工作，并获得较好的动力性能。

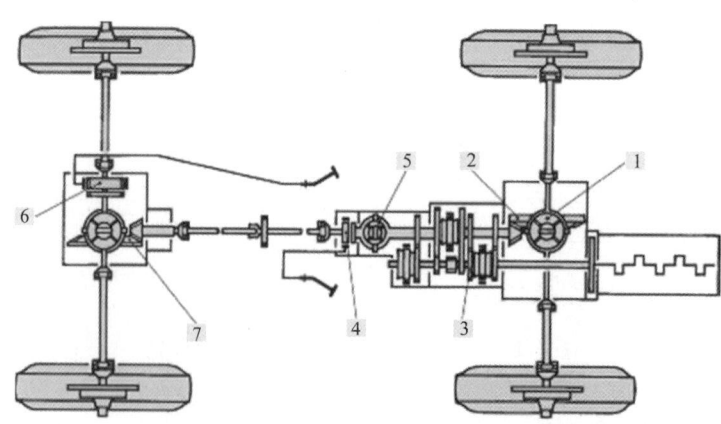

1—发动机；2—前驱动桥；3—变速器；4—离合器；5—中央差速器；6—后驱动桥；7—传动轴

图 4-12 传统汽车动力传动系统示意图

混合动力汽车是指同时装备两种动力来源——热动力源（由传统的汽油机或者柴油机产生）与电动力源（电池与电动机）的汽车，它与传统汽车的最大区别是动力传动系统。

✂ 相关知识

混合动力汽车携带不同的动力源，随道路条件变化并根据行驶的要求，可同时或分别使用不同的动力源使汽车行驶。为此，混合动力汽车的传动系统构造与传统汽车的有所不同，需要在动力传递系统之间增加将两个功率叠加在一起或将一个功率分解为两个功率的装置。

实现功率连接或切换的装置被称为动力耦合器。动力耦合器可以是机械结构或是电磁结构，也可以是机械-电磁复合结构，耦合器是混合动力汽车的明显特征之一。如图4-13所示为电磁耦合结构串联式混合动力传动结构示意图，图4-14所示为机械耦合结构混联式混合传动系统示意图。对于不同类型的混合动力电动汽车，根据两种动力源对汽车动力输出贡献的不同，其动力源布置和传动系统结构也不同。

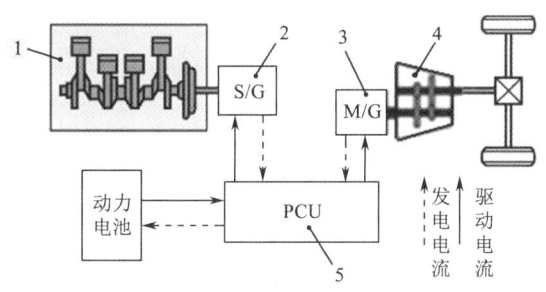

1—发动机；2—发电机；3—电动机；4—变速器；5—动力控制器

图4-13　电磁耦合结构串联式混合动力传动结构示意图

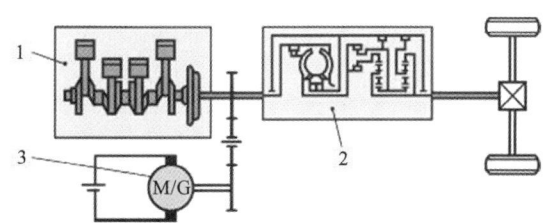

1—发动机；2—自动变速器；3—发电/电动一体电动机

图4-14　机械耦合结构混联式混合动力传动结构示意图

一、串联式混合动力驱动系统

串联式混合动力驱动系统是由两个能源对单个动力装置供电，以推动车辆行驶的驱动系统，一般的串联式混合动力电驱动系统的组成如图4-15所示，其中单向能源为燃油箱，而发动机和发电机的组合构成单向的能量变换器。发电机的输出可通过可控的电子变流器连接到电力总线。双向能源为蓄电池组单元，并通过可控的双向电力电子变换器连接到电力总线。电力总线连接到电动机的控制器，牵引电动机受电动机控制器控制，或实现电动机功能，并以正向或反向运转；或转换为发电机功能，将车辆的惯性能量转换为电能。串联式混合动力驱动系统来自纯电动汽车，因受制于蓄电池组的低能量密度，故为增加电动汽车的行驶里程，在电动汽车上添加了辅助的发动机/发电机组。

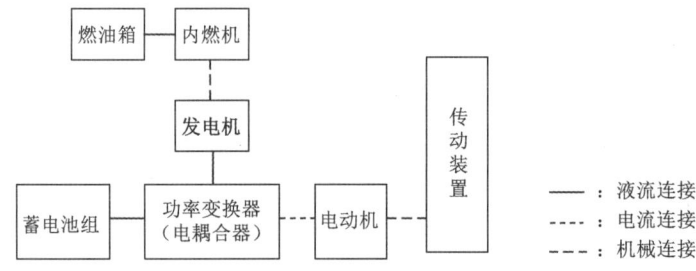

图 4-15 串联式混合动力驱动系统示意图

二、并联式混合动力驱动系统

混合动力汽车（HEV）与传统汽车及纯电动汽车相比，最大的差别是动力系统。对于并联式和混联式电动汽车，动力耦合系统（耦合器）负责将HEV的多个动力组合在一起，实现多动力源之间合理的功率分配，并把动力传给驱动桥。

1. 混合动力汽车动力系统混合形式与功能

（1）轻度混合。
轻度混合具有怠速停机、快速起动和能量回收功能。
（2）中度混合。
中度混合具有快速起动、电动助力、能量回收功能。
（3）重度混合。
重度混合以混联式为特征，具有快速起动、电动驱动、内燃机驱动、混合驱动及能量回收功能。

随着电功率比例的逐步提高,混合程度不断增强,混合动力系统最终将实现全混合。

2. 机电动力耦合系统功能

机电动力耦合系统在 HEV 开发中处于重要地位,其性能直接关系到 HEV 整车性能是否能够达到设计要求,是 HEV 最核心的部分。如图 4-16 所示为混合动力汽车发动机与电动机动力耦合及能量传递路线示意图。不同结构的机电耦合系统使 HEV 的适用条件和使用要求各不相同,开发难度也相差很大。机电动力耦合系统的主要功能如下。

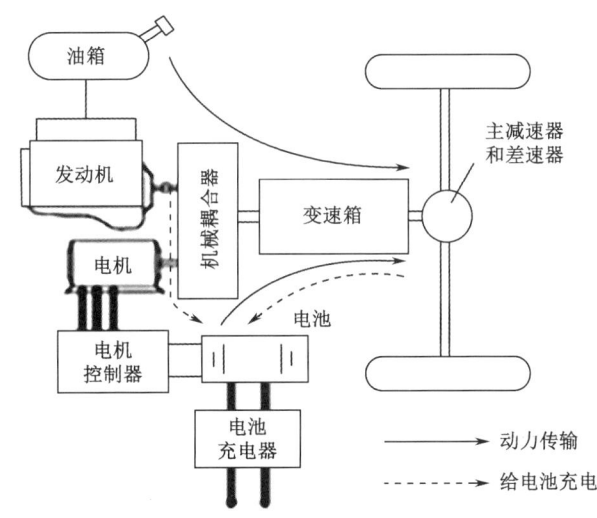

图 4-16　混合动力汽车发动机与电动机动力耦合及能量传递路线示意图

(1) 动力合成功能。

机电动力耦合系统将来自不同动力源的动力分别输入并进行动力合成。

(2) 输出不干涉功能。

机电动力耦合系统可以使来自不同动力源的动力单独输出驱动 HEV,或让多个动力共同输出驱动 HEV,彼此之间不发生干扰,不影响传动效率。

(3) 动力分解与能量反馈功能。

机电动力耦合系统将发动机动力的全部或部分传递给电动机,使电动机转换为发电机发电,在再生制动时回收能量,让电动机处于发电状态,将机械能转换为电能进行存储。

(4) 辅助功能。

机电动力耦合系统能充分发挥电动机低速、大转矩的特点起动 HEV,利用电动机的反转特性使 HEV 倒车，从而取消驱动系统的倒挡结构。由于发动机和电动机的功率及转速输出特性不同，机电动力耦合系统需要满足多项复杂的动力传递、组合要求。

3. 机械耦合器耦合方式

通常，机械耦合器都遵循能量守恒的原则，即输入功率与输出功率相等。根据机械耦合器结构的不同可分为转矩耦合方式、转速耦合方式和功率耦合方式这三种。

（1）转矩耦合。

转矩耦合是指能将两个动力源的输入转矩耦合叠加，而耦合输出转速并不是两个动力源的转速叠加。如图 4-17 所示为典型的齿轮动力耦合结构，两个动力源的转矩可共同作用在耦合齿轮上形成转矩叠加，但两个动力源的转速不能随意改变，否则会产生齿轮间运动干涉。由于受功率守恒的约束，转矩耦合器实现转矩相加的条件是，两个动力源输入转速呈固定比例关系，且不能独立改变转速，这样才能保证动力耦合齿轮相互间不会产生运动干涉。

（2）转速耦合。

转速耦合指能将两个动力源的输入转速耦合叠加，而合成转矩不是两个动力源的输入转矩的叠加。如图 4-18 所示，在典型的行星齿轮结构上，两个动力源的转速彼此无关，可独立控制输入。由于受功率守恒的约束，合成转矩与两个动力源输入转矩呈固定比例关系，故不可独立控制，且其中的最小转矩决定了另外两个转矩。

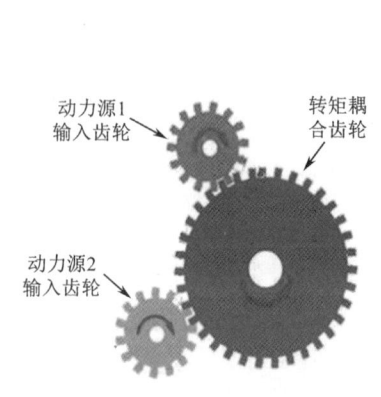

图 4-17　齿轮动力耦合结构示意图

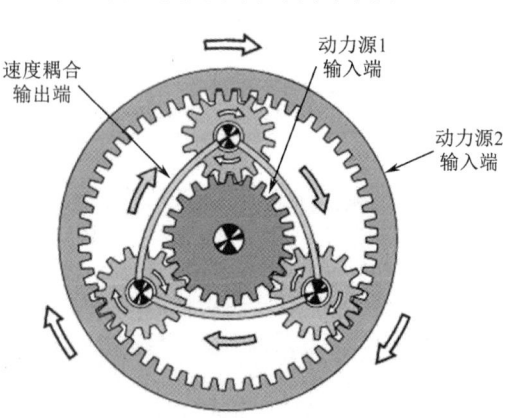

图 4-18　行星齿轮速度耦合示意图

（3）功率耦合。

功率耦合是指既满足转矩耦合条件，又满足转速耦合条件的机电装置。将转矩耦合与转速耦合组合，可构造一种混合动力电驱动系统，其中，转矩耦合与转速耦合状态能交替地予以选择。

三、耦合器结构

（一）转矩耦合并联式混合动力传动系统

1. 转矩耦合器类型

混合动力汽车一般采用两个动力源，需要两个输入和一个输出的机械装置。并联式混合动力驱动系统可有多种不同结构，转矩耦合方式可以通过齿轮耦合、磁场耦合、链式或带式耦合等多种方式实现，常见的转矩耦合传动结构如图4-19至图4-21所示。

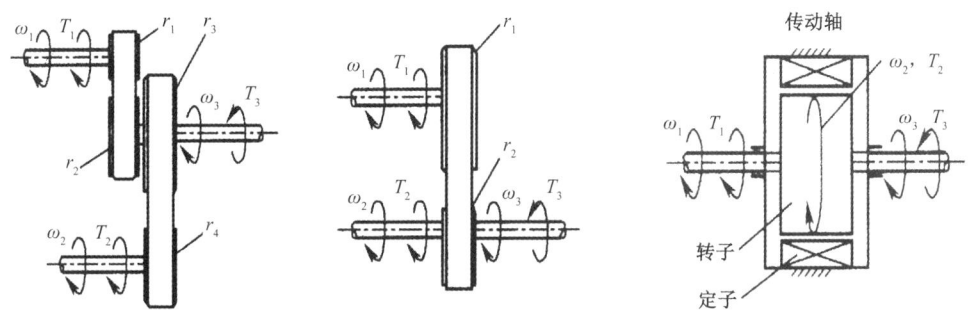

图4-19　带式或链式机械耦合传动结构　　　　图4-20　电磁耦合传动结构

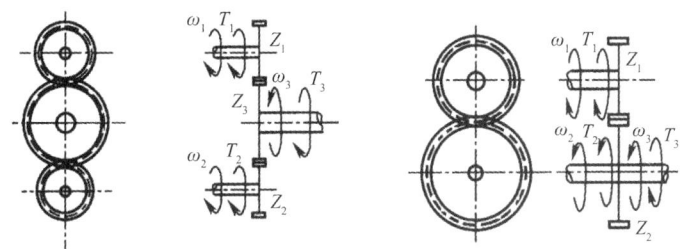

图4-21　定轴齿轮机械耦合传动结构

2. 耦合器布置形式

因耦合器的不同位置及不同的传动结构会获得不同的驱动特性，机械转矩耦合结构根据其耦合特点、动力源布局、应用成本等诸多因素被应用于混合度不同的混合动力汽车上。

例如，对于中度或重度混合动力系统需要传递更大的负荷并对耦合的转速有不同的要求，所以在动力传动系统中采用多样化的设计。传动装置可以配置于不同的位置，并设计为不同的排挡数，从而产生相应的排挡特性。

（1）先动力耦合，后进入传动装置。

如图4-22（a）所示，发动机与电动机动力耦合后进入变速器，该传动装置以相同比例提高发动机与电动机两者的转矩。这种设计适用于小型发动机和电动机，同时需应用一个多挡传动装置以增大低速时的驱动力。

（2）先分别通过传动装置，后动力耦合。

如图4-22（b）所示，变速器分别装在发动机和电动机之后，再进入转矩耦合器，两个变速器既可以是单级传动又可以是多级传动，这样的结构可以为发动机和电动机系统选择最佳区域，提供更多的可能和很大的灵活性。

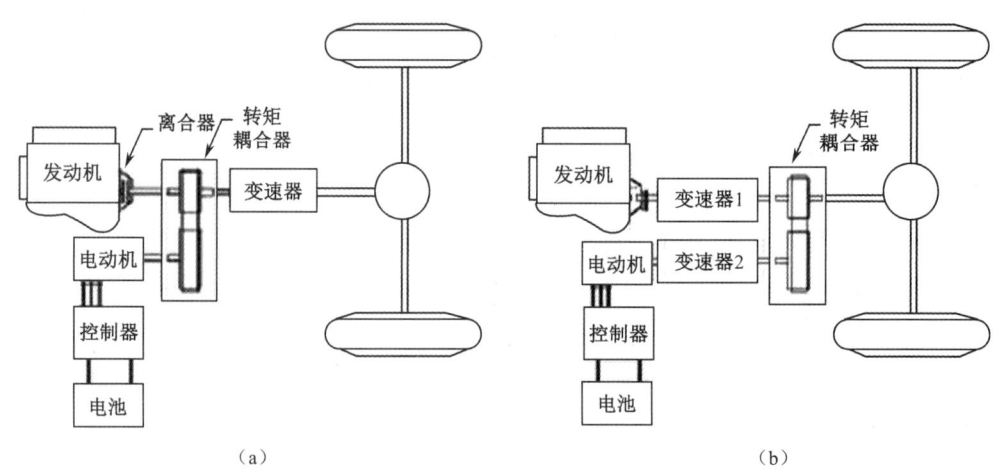

图4-22 转矩耦合器布置位置示意图

3. 带式动力耦合器

（1）一体化电动机控制型（ISG）概念。

带式动力耦合结构在轻度混合动力汽车上应用得较普遍。轻度混合是指电力作用在汽车动力系统中所占的比重较小，其混合度在20%以下。目前，轻度混合动力系统采用以发动机动力为主，电动机作为辅助动力来源的"并联方式"。轻度混合动力汽车主要是以电动机的驱动与发电一体控制技术为基础发展的混合动力技术，即应用于混合动力汽车的电动机具有起动、发电、能量回收、电力驱动为一体的控制系统（Integrated Starter Generator，ISG）。

ISG技术利用电动机既具有发电功能又具有电动功能的特性，通过控制器，改变电动机的控制方式，使电动机在汽车不同的行驶状态下具有不同的功能，以满足现代汽车发动机经济、节能、减排的要求。如汽车在发动机驱动状态时，则电动机工作在发电模式，输出交流电，并经过逆变器转换为直流电向蓄电池充电；汽车在发动机静止状态时，控制器利用蓄电池能量驱动电动机运转，且拖动发动机曲轴转动，实现发动机由静止到怠速的运转过程。

一体化电动机控制型混合动力系统根据电动机驱动曲轴方式和安装位置的不同，可分为驱动式和外挂式带式转矩耦合驱动曲轴结构（见图 4-23）。

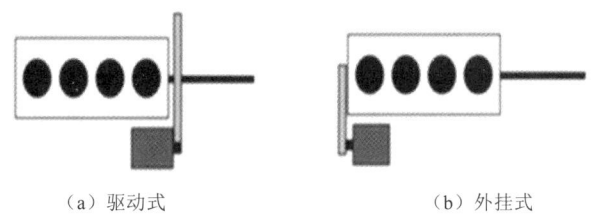

（a）驱动式　　　　　　　（b）外挂式

图 4-23　带式转矩耦合驱动曲轴结构

（2）飞轮驱动总速起动/停止系统。

12V 起动电动机外挂于发动机后侧，通过齿轮作用于曲轴飞轮。电动机通电旋转用以驱动曲轴旋转，从而完成气缸活塞初始的吸气、压缩过程，为做功行程做准备。目前，在传统燃油汽车上安装发动机自动停止怠速和起动装置，能够在怠速状态下停止发动机的运转，在踩下加速踏板的同时起动发动机。采取这样的发动机控制方法可以减少发动机尾气排放，使发动机不必要的怠速被停止，而按照指令可迅速起动车辆。该装置对汽车行驶时的转矩和加速性能并没有影响。有试验表明，此种控制方式可以节约燃料 7.5%，并减少怠速时发动机产生的有害物质的排放。由于这是对原有的起动机实现自动控制，因此并非严格意义上的混合动力汽车。

（3）带传动一体机型混合动力系统。

带传动是一种双轴输入式混合动力结构，如图 4-24 所示，ISG 电动机安装于发动机前端一侧，通过挠性传动带与发动机曲轴连接，又被称 BISG（Belt Drive Integrate Starter Generator）系统。

① BISG 系统的组成与功能。BISG 由 ISG 电动机、传动带和控制器等构成，其主要功能如下。

a. 车辆暂时停驶时对发动机进行起动/停机（Start/Stop）控制。

b. 发动机正常运转时，ISG 电动机转换为交流发电机状态，电源控制系统将交流电转换为直流电供用电器使用，并对蓄电池充电。

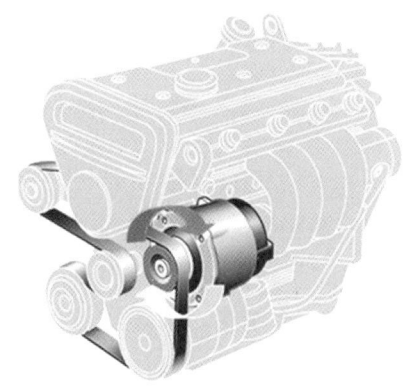

图 4-24　带传动一体机安装示意图

c. 当车辆减速或制动时，ISG 电动机可将惯性能转换为电能回收。

② BISG 系统的工作特点。BISG 系统可以通过电动机高速驱动运转，将发动机起动转速迅速提高到 700r/min 以上，从而避开曲轴低速起动运转时混合气过浓而引起的

过多有害物质排放。但是由于带传动依靠摩擦传递力矩及电动机功率较小,因此在发动机冷起动阶段,还是需要直流起动机对发动机曲轴实现大扭矩驱动运转,特别是在一些柴油机或中型以上的汽油机中仍然采用起动机作为低速起动装置。

(4) 带传动一体机系统在混合动力汽车中应用。

第一代丰田混合动力汽车曾使用带传动一体机控制系统,系统结构组成如图4-25所示。该系统的电动机传动带还与其他电驱动装置连接(如转向助力电动机或空调电动机等),在带轮与曲轴间增设了电磁离合器,可以根据需要切断与曲轴的连接。该一体机控制系统除包括前面所述的功能外,还增加了在发动机停机时,电动机短时向用电负载提供动力的能力。如在发动机停转时,可以在一定时间内满足空调与转向助力系统的动力需求。该系统为提高一体机功率和能源效率,增加了36V电压系统。采用高电压系统一方面是为满足汽车日益提高的用电负荷的需求,有利于高效大功率电能输出和制动能量回收;另一方面是由于仍然使用12V电压驱动装置,因此需要两套电压系统和转换控制器,使系统结构复杂。

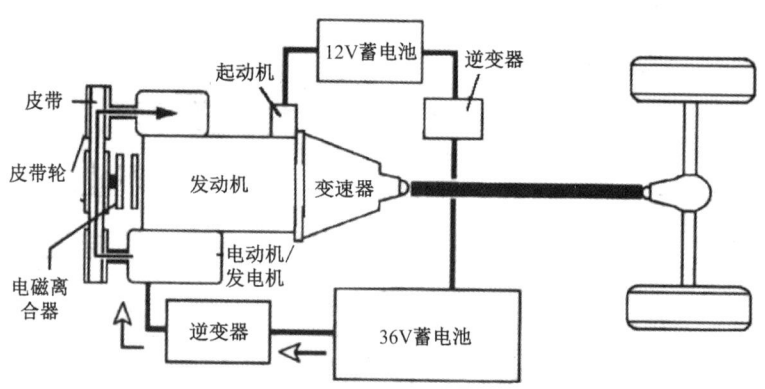

图4-25 第一代丰田混合动力汽车带传动一体机结构示意图

由以上介绍可知,带传动一体机结构在汽车整体布局上需要增加一体机和控制器,这些装置都是外挂件,不需要对发动机和传动机构进行很大改动,增加部件少、成本较低,故其在国内外一些轿车和客车上获得了应用,如宝马增强型BAS系统、通用君威BAS系统等。中国一汽的奔腾B70轿车和长城SUV也选择了BAS系统。如图4-26所示为外挂式带传动一体机安装示意图。

目前,随着BISG电动机功率的增加,其功能也有所改变。轻度混合动力车辆BISG系统的电动机具有再起动时产生强大动力的特征,故在汽车起步、加速等发动机燃油消耗较大时,可用电动机辅助驱动的方式来迅速提升发动机转速、降低发动机的油耗及减少有害物质的排放。带传动一体机的结构比较简单,只需要在汽车上增加电动机和电瓶。但该系统的控制系统较为复杂,需要控制电动机实现电动和发电的转换。交流发电机的动力可以通过电驱动系统增加汽车动力系统转矩，辅助汽车行驶，并可节约燃料10%~12%。

图4-26 外挂式带传动一体机安装示意图

（5）带式动力耦合器的特点。

综上所述，采用皮带传动的轻混合动力系统的特点有：相对于齿轮，皮带传动结构简单、材质轻、传动无噪声、维修方便，安装到发动机上不用进行过大改动设计，成本相对低，较适合城市使用的经济车型。由于一体机安装便利，一些大型混合动力客车也采用带式传动结构。

① 对传动皮带的性能要求较高。由于传动时滑动和运动迟滞会造成一些功率损失，增加皮带的发热和磨损，从而影响皮带的寿命；皮带的张紧装置需要进行专门设计，以提供稳定的阻尼消除皮带的震动等。

② 由于皮带处于发动机前端，因此在汽车减速制动时，部分惯性作用力已被发动机抵消，其能量回收效果也要被削弱。为了减少对汽车惯性力的消耗，一般的发动机在汽车减速或滑行时采用发动机断油、断火技术，使惯性能量通过曲轴和皮带充分传递到ISG电动机，实现惯性能量回收功能。

4. 同轴式混合动力耦合器

（1）同轴式混合动力耦合器布置形式。

同轴式混合动力耦合器结构指两个作用力矩作用于同一轴线上，目前双动力转矩耦合采用的主要是与电动机同轴安装的结构形式。如图4-27所示为在曲轴和变速器之间同轴安装ISG电动机的转矩耦合结构。

对于电磁转矩耦合的并联式混合动力驱动系统，其简单且紧凑的结构当属同轴式结构，其中电动机转子起转矩耦合作用，如图4-28所示，电动机既可装在发动机和传动装置之间，也可安置在传动装置和末级驱动之间。

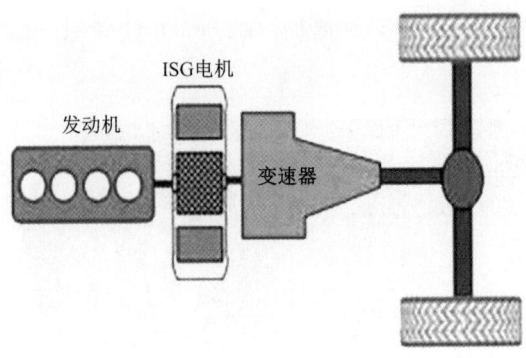

图 4-27　同轴式混合动力电磁耦合结构示意图

① 如图 4-28（a）所示为电动机安装在发动机与变速器之间的同轴式机电耦合结构，其特点是电动机转子直接安装在内燃机曲轴输出端，电动机定子固定在发动机与变速器壳体之间，电动机转子随曲轴一起旋转，具有发电机功能；反过来，电动机通电后转子旋转驱动曲轴，为发动机初始工作循环提供外动力。电动机除具有发动机起动、发电功能外，还为车辆提供辅助动力和制动能量回收功能。由于 ISG 电动机转子具有一定质量，电动机转子可以取代曲轴飞轮功能，所以在轻度混合动力系统中发动机飞轮被取消。由于布置空间有限，因此 ISG 电动机最好采用扁平形的结构。

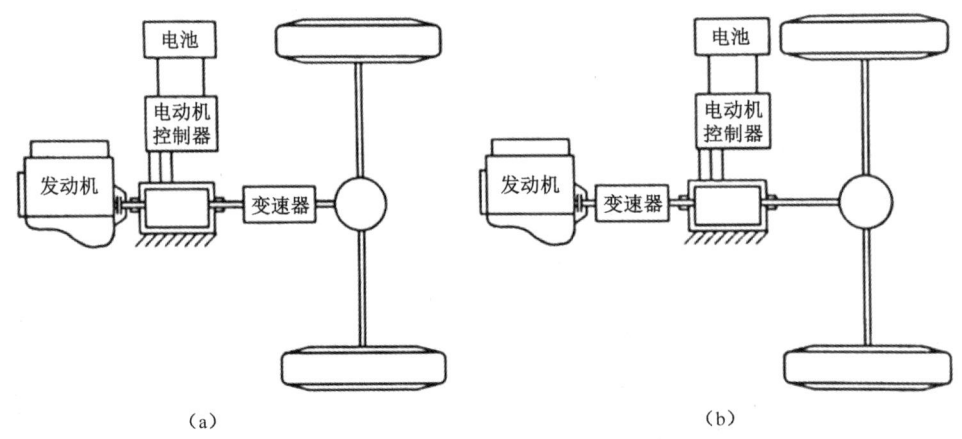

图 4-28　混合动力汽车电磁转矩耦合结构

② 如图 4-28（b）所示的传动结构中，电动机转矩直接传递给末级驱动时，传动装置仅能调节发动机转矩，这一结构可应用于有较大范围恒功率区的大型电动机驱动系统。但应注意，当车辆停止并且电动机刚性连接到驱动轮时，电动机不可能由发动机驱动而对蓄电池充电。

(2) 同轴式混合动力耦合器电动机的特点。

① 电动机直径尺寸大，能输出较大驱动转矩，可直接驱动曲轴旋转起动发动机，可以取消外挂起动机，从而实现低噪声、快速、平稳的停止与起动。

② 使用功率较大的电动机，其电动功能可以增加传动系统驱动的转矩和转速，在汽车起步或低速上坡时减少发动机低速运转时的尾气排放。

③ 电动机转子取代飞轮的作用，可以通过自身的转动惯量以及在电动机和发电机之间来回切换状态，平衡内燃机曲轴的波动，成为有源飞轮而起到减震器的作用。

④ 同轴安装 ISG 电动机，内燃机附件可全部采用电动方式驱动，这样可以省掉用于传动的齿形皮带及齿轮组，内燃机附件的布置就可以更加灵活。

⑤ ISG 用作发电机时可以提供 10kW 功率输出，全转速范围内的效率达 80%以上。普通车用发电机通常通过皮带由内燃机曲轴驱动，最大输出功率仅为 1.5~2.5kW，发电机的最大效率为 70%，而高速时仅为 30%，这是无法满足现代汽车电子产品的功率需求的。

(3) 同轴式混合动力耦合器在混合动力汽车中的应用。

① 部分动力混合 ISG 应用实例。

奔驰 S400 轿车在发动机与变速器之间安装 ISG 电动机。该电动机的位置和电动机组成结构如图 4-29 所示。ISG 电动机采用永久磁同步电动机，由定子电枢（2）、永磁转子（3）和中间外壳等构成。电动机定子通过定子架固定于变速器壳上，永磁转子与发动机曲轴末端连接。

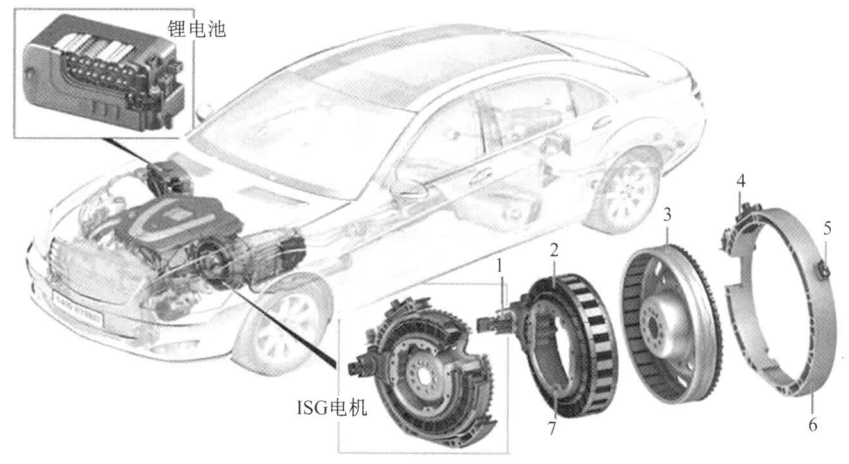

1—电力接线端子；2—定子电枢；3—永磁转子；4—霍尔传感器；5—转子位置传感器；6—电机外壳

图 4-29　奔驰 S400 混合动力汽车同轴式一体电动机结构与位置图

ISG 电动机的主要功能：发动机起动、再生制动和提供发动机助力；输出功率为 15kW，质量为 20kg，能产生额定电压为 124V 的三相交流电；转速低于 100r/min 时不会产生感应交流电。

由于汽车用电系统和储能系统与 ISG 电动机工作系统电压不同，故需要高压、低压两套蓄能装置，发电机产生的高压电需要由电力控制系统控制逆变器实现交-直流（AC/DC）转换后存入高压锂电池，转换为直流的部分能量经 DC/DC 转换器转换后存入低压蓄电池。

汽车起步时，电力控制系统控制高压蓄电池的电能进行 DC/AC 转换，并向 ISG 电动机供电，ISG 电动机作为电动机时，为曲轴旋转提供所需的起动转矩。

汽车发动机或传动系统提供动力时，ISG 电动机进入发电模式，产生的三相交流电由电力控制装置逆变器（AC/DC）转换为直流电向高压蓄电池充电，并经过 DC/DC 转换器向 12V 车载电气系统供电。

汽车滑行或减速时，车辆的动能会被 ISG 电动机吸收转换为电能，这一过程称为能量再生。在发电模式下，电动机会产生交流电，其产生减速扭矩的大小受发电量的影响。汽车减速时，电力管理系统会根据路面斜度和滑行速度控制减速扭矩和发动机的减速功能。

② 全混合动力 ISG 应用实例。

本田 IMA 混合动力系统主要由发动机、电动机、CVT 变速箱及 IPU 智能动力单元 4 个部分组成，如图 4-30 所示。其中，发动机基本以 1.3L 和 1.5L 这两款自然吸气四缸发动机为主，电动机则是三相超薄型 DC 无刷电动机，作为动力辅助装置安装在发动机与 CVT 变速箱的中间。

本田 IMA 混合动力系统与 ISG 系统的不同在于其电能可以与发动机协作驱动车辆，并可在一定条件下实现纯电力驱动行驶。本田的

图 4-30　本田 IMA 混合动力系统结构图

电动机在不同工况工作时具有三个功能：作为发动机的起动电动机、发动机驱动的交流发电机和汽车加速时为发动机提供辅助加速动力的电动机。本田称之为集成辅助电动机（IMA），这个电动机的转子被设计为飞轮的一部分，其厚度只有 65mm。

本田 IMA 系统实现纯电动行驶的前提是停缸技术。发动机曲轴与电动机是连在一起的，当车辆以纯电动状态行驶时，发动机虽然停止供油但气缸与曲轴仍保持运转，或多或少会消耗电能。停缸技术可有效降低电动机驱动阻力矩，并在滑行或减速时充分进行能量回收。

本田 IMA 混合动力系统一共有五种工况模式。其中，车辆在起步加速阶段、急加速及高速行驶阶段时，发动机与电动机共同出力，可以提升车辆的动力性能；当车辆

低速行驶时，发动机气缸关闭，进行全电力驱动，但速度不能高于40km/h；当车辆在普通加速阶段时，则完全由发动机驱动，电动机退出工作，并用发动机的动能对电池组进行充电；当车辆减速制动时，发动机停止工作，车辆进行能量回收，为电池组充电；当车辆怠速时，发动机也会自动停止工作，从而降低油耗，当然，此时车辆的空调系统也将不提供冷气，而只能送风。

（二）功率耦合混联式混合动力传动系统

功率耦合方式的输出转矩与转速分别是发动机与电动机转矩和转速的线性和，因此在采用功率耦合方式的混合动力汽车中，发动机的转矩和转速都可以自由控制，而不受汽车工况的影响。采用功率耦合方式的混合动力电动汽车在理论上不需要离合器和变速器，而且可实现无级变速。因此功率耦合系统与转矩和转速耦合系统相比，无论是对发动机工作点的优化，还是在整车变速方面都更具优越性。

下面以丰田汽车的混合动力传动系统为例，介绍功率耦合器结构与工作原理。

1. 丰田汽车的混合动力传动系统结构

功率耦合混联式混合动力传动系统的一个典型实例是丰田汽车的混合动力传动系统，其装置结构如图4-31所示。该混合动力系统由发动机、电动机MG1和电动机MG2共同构成，动力装置通过一个行星齿轮机构耦合，并传递给车辆传动系统。发动机曲轴与行星架连接，电动机MG1与中心轮连接，电动机MG2固定在齿圈上。一方面，发动机动力、电动机MG1和电动机MG2的动力可同时作用于行星齿轮，形成转速混动模式；另一方面，发动机动力和电动机MG2动力可同时作用于行星齿圈上，形成转矩耦合混动模式。丰田混合动力的双电动机结构如图4-32所示。

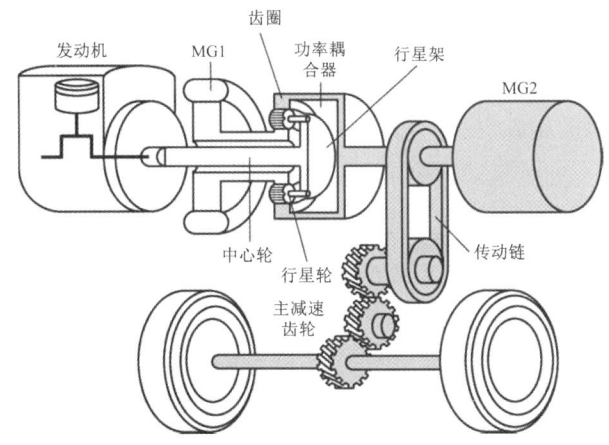

图4-31 丰田混合动力汽车功率耦合混联式混合动力传动系统装置结构示意图

图4-32 丰田混合动力的双电动机结构

2. 丰田汽车的混合动力传动系统工作原理

在全混合动力工况下，发动机和电动机的动力作用在齿圈上用于驱动车辆运动。一部分发动机的动力分配到中心轮带动电动机 MG1 发电，发电机的电力可以直接供给电动机使用，也可以向蓄电池充电。车辆在不同行驶工况时的发动机、发电机和电动机的转速要求如下（动力分配机构齿圈、行星架、中心轮转速之间的关系用等效杠杆表示）。

① 停车时，要求发动机、发电机和电动机都停止，三者转速均为零。用等效杠杆法观察各个元件的转速关系，如图 4-33 所示。

② 发动机起动，车辆静止状态下，当电动机 MG1 通电提高转速后，发动机即被起动。发动机起动后电动机 MG1 的功能转为发电机，并把电流输给蓄电池或电动机。此时与车轮连接的齿圈静止不动，电动机 MG1 驱动中心轮旋转并经行星架带动发动机曲轴旋转，发动机喷油、点火，起动发动机。发动机起动时行星齿轮状态如图 4-34 所示。

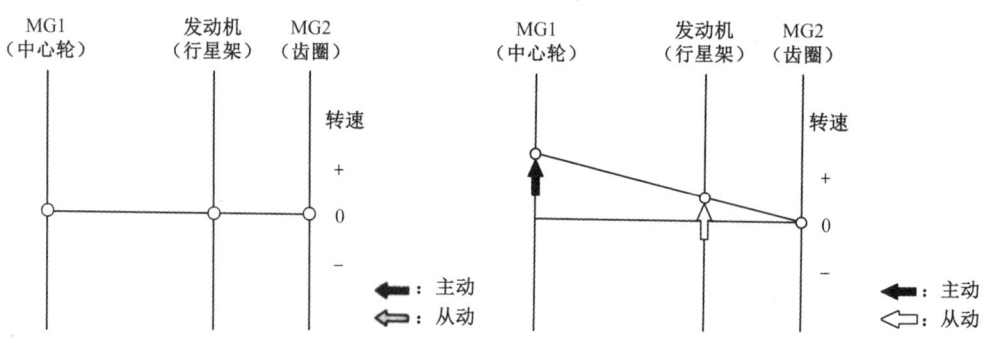

图 4-33 车辆停止时的行星齿轮状态　　图 4-34 发动机起动时行星齿轮状态

③ 车辆起步时，发动机曲轴不运转，行星架静止不动，仅由电动机 MG2 带动汽车加速前进。发动机、发电机和电动机三者转速的关系如图 4-35 所示。由于齿圈被驱动旋转，行星轮被带动旋转，故电动机 MG1 反向空转。

当车辆被电动机 MG2 驱动达到一定的运动速度后，电动机 MG1 作为起动机驱动发动机运转，实现发动机起动，如图 4-36 所示。车辆起步后起动发动机是混合动力汽车经常运用的模式，这样可以利用电动机低速大扭矩的特点，避开发动机起动和冷车低速运行时燃料消耗大和排放有害物质的弊端。

④ 车辆在载荷巡航行驶时，动力主要来自发动机，电动机 MG1 进入发电状态，为车辆设施提供必要的电量。电动机 MG2 尽管被驱动旋转但几乎不进行发电，其转速高于发动机转速，如图 4-37 所示。

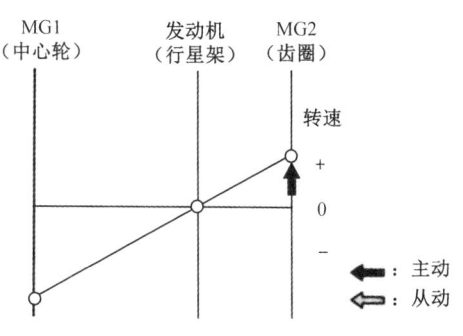
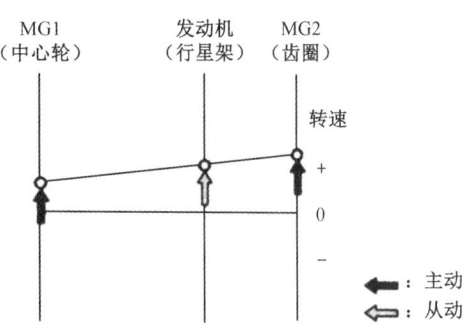

图 4-35　车辆 MG2 电动机起步　　　图 4-36　车辆起步后发动机起动

⑤ 车辆加速时，随着发动机转速的提高，发动机部分动力驱动电动机 MG1 高速发电，发出的电力和蓄电池的电力一起向电动机 MG2 供电。发动机的一部分输出动力和电动机 MG2 的动力共同作用，使汽车加速前进。如图 4-38 所示，在车辆加速时，发动机动力被分配给电动机 MG1 发电和驱动齿圈，同时由电力管理系统控制的电能作用到电动机 MG2 上，齿圈同时作用于发动机转矩和电动机 MG2 转矩，使车辆的驱动力矩和转速提高，加速行驶。在加速过程中，电力管理系统和发动机控制系统控制发动机、电动机 MG1 和电动机 MG2 的转速和转矩，实现输出转速的连续变化，从而实现电力控制的无级调速功能。

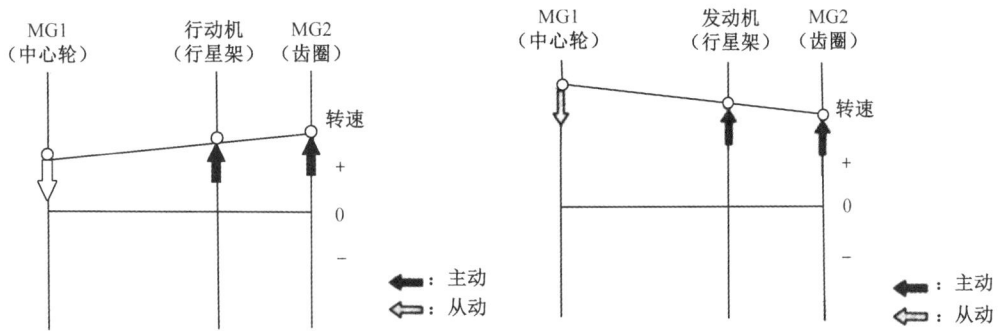

图 4-37　车辆在低载荷巡航时发动机驱动齿圈并发电　　图 4-38　加速时发动机与 MG2 共同驱动齿圈

⑥ 车辆减速行驶时，发动机怠速运转，电动机 MG2 惯性驱动发电，同时电动机 MG1 高速运转，形成对齿圈的反作用力矩，抑制车轮速度上升，起到与发动机制动相同的效果。发动机、电动机 MG1 和电动机 MG2 的运动关系如图 4-39 所示。

⑦ 车辆制动时，发动机停止运转，电动机 MG1 空转，车辆惯性力推动电动机 MG2 运转发电，电量输入电池组实现能力回收。发动机、电动机 MG1 和电动机 MG2 的运动关系如图 4-40 所示。

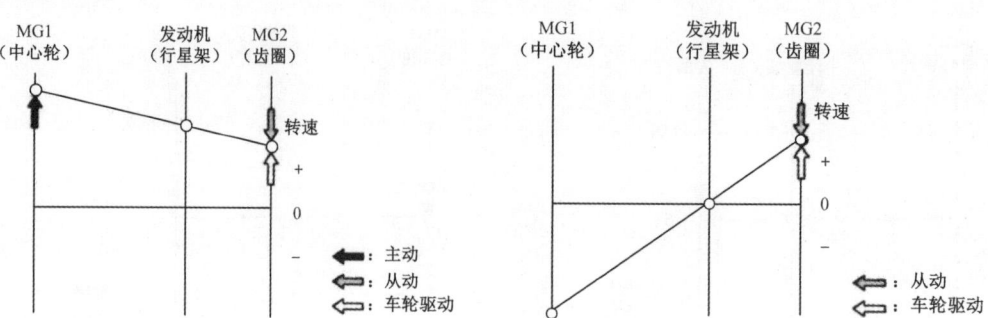

图 4-39　减速行驶时发动机与电动机的运动关系　　图 4-40　车辆制动时电动机 MG2 能量回收发电

⑧ 倒车时，发动机不转，蓄电池向电动机 MG2 供电使电动机反转，驱动车轮倒车行驶，如图 4-41 所示。

电动模式倒车也可转为发动机倒车模式，电动机 MG1 以电动机运行驱动发动机起动，如图 4-42 所示。

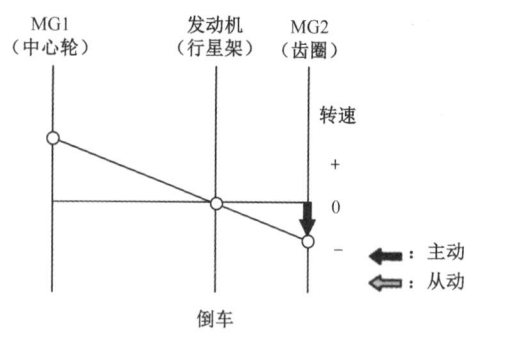 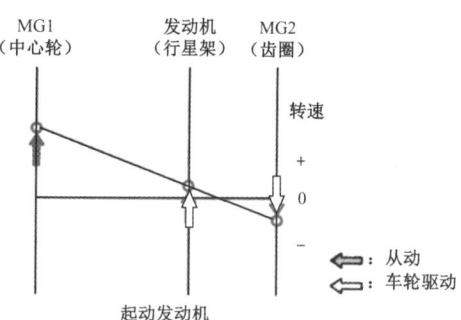

图 4-41　由 MG2 驱动车辆倒车　　　　　　　图 4-42　倒车过程中起动发动机

任务三　混合动力汽车典型车型

✂ 任务描述

学生：老师，能讲一讲目前常用的混合动力汽车发展历程、性能指标等方面的知识吗？

老师：看到同学们对这方面的知识的强烈渴望，下面我就详细介绍几种典型的混合动力汽车吧。

项目四 混合动力汽车

✂ 相关知识

一、丰田凯美瑞 THS-II 混合动力汽车

1. THS-II 混合动力汽车结构特点

混合动力版凯美瑞是前置前驱式轿车,使用丰田混合动力系统 THS-Ⅱ。该系统对 3 AZ-FXE 发动机和 P311 混合动力传动桥(混合动力车辆传动桥总成)内的高转速、大功率电动机-发电机组(MG1 和 MG2)执行最佳协同控制。P311 混合动力传动桥提供了良好的传动性能。丰田凯美瑞 THS-II 混合动力汽车动力总成如图 4-43 所示,如图 4-44 所示分别为发动机、电动机与传动总成和动力控制总成。

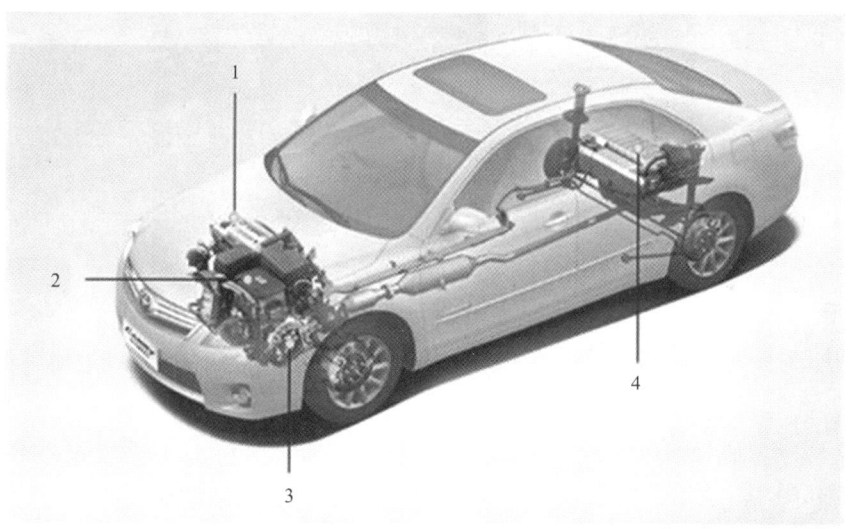

1—阿特金森循环发动机;2—电力电子控制器;3—双同步交流电机;4—HV 镍氢蓄电池

图 4-43 丰田凯美瑞 THS-II 混合动力汽车动力总成示意图

(1)优良的行驶性能。

THS-II 采用了由可将工作电压升至最高电压(直流 650V)的增压转换器组成的变压系统。可在高压下驱动电机 MG1 和电机 MG2,并以较小电流将与供电相关的电气损耗降到最低。因此,可以使 MG1 和 MG2 高转速、大功率工作。通过高转速、大功率 MG2 和高效 3 AZ-FXE 发动机的协同作用,达到较高水平的驱动力,使车辆获得优良的行驶性能。

（2）良好的燃油经济性。

THS-II 通过优化 MG2 的内部结构获得高水平的再生能力，从而实现良好的燃油经济性。当车辆怠速运转时，发动机停止工作，并在发动机工作效率不良的情况下尽量停止发动机工作，车辆此时仅使用 MG2 来工作。在发动机工作效率良好的情况下，发动机在发电的同时，使用 MG1 驱动车辆。因此，该系统以高效的方式影响驱动能量的输入-输出控制，以实现良好的燃油经济性。当车辆减速时，前轮的动能被回收并转换为电能，通过 MG2 对 HV 蓄电池再充电。

（3）低排放。

THS-II 车辆怠速运转时，发动机停止工作，并在发动机工作效率不良的情况下尽量停止发动机工作，车辆此时仅使用 MG2 来工作，实现发动机尾气的零排放。在发动机工作效率良好的情况下，发动机在发电的同时，使用 MG1 驱动车辆。这样，发动机始终在燃烧效率最好的状态下工作，有效降低了排放。

左图—发动机；右上图—电动机与传动总成；右下图—动力控制总成

图 4-44　丰田凯美瑞混合动力汽车的动力总成

2. THS-II 的特征

① THS-II 采用了由可将系统工作电压升至最高电压（直流 650V）的增压转换器和可将直流电转换为交流电的逆变器组成的变压系统，为 MG1 和 MG2 提供系统电压。

② THS-II 功率耦合器采用双排行星齿轮结构，如图 4-45 所示。在原功率耦合行星齿轮机构上又增加了减速行星齿轮机构，其目的是降低电机转速，用来使高转速、大功率的 MG2 适合混合动力传动桥内的动力分配行星齿轮机构。

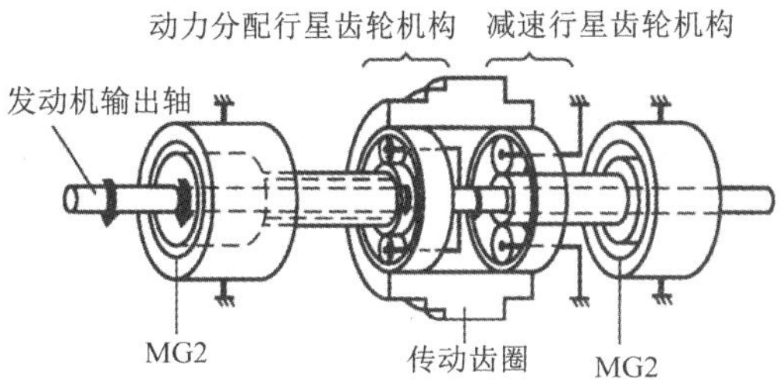

项目四 混合动力汽车

图 4-45 双行星齿轮组结构示意图

3. THS-II 的结构组成

THS-II 主要由以下系统和零部件组成（见图 4-46）。

（1）电力转换系统。

在 THS-II 中，带转换器的逆变器总成内使用增压转换器。增压转换器将系统工作电压升至最高电压（直流 650V）且逆变器将直流电转换为交流电，以在高压下驱动 MG1 和 MG2，并以较小电流将与供电相关的电气损耗降至最低。因此，可以使 MG1 和 MG2 高转速、大功率工作。

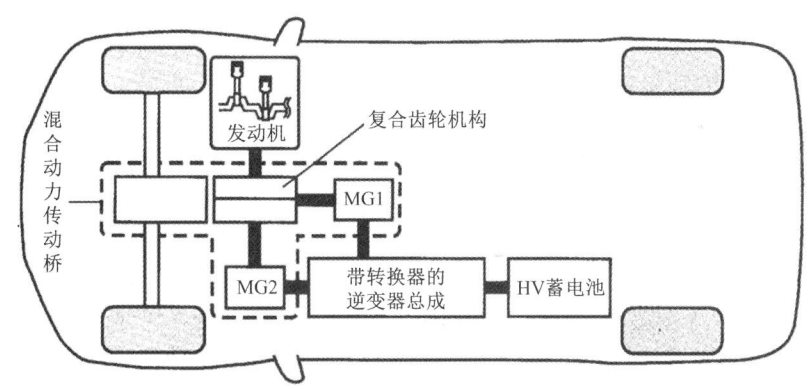

图 4-46 THS-混合动力汽车的基本组成装置

（2）无离合器传动系统。

THS-II 的动力耦合与动力传递系统间没有离合器，发动机、MG1 和 MG2 都是通过行星齿轮将动力耦合至前传动桥。变速杆位置传感器输出位置信号，将逆变器（控制 MG1 和 MG2）内所有功率晶体管关闭，在空挡位置切断原动力，从而切断 MG1 和 MG2，车轮处的原动力变为零。

（3）混合动力传动桥。

根据车辆驾驶条件，THS-II 通过优化方式结合发动机和 MG2 的原动力来驱动车辆。在该系统中，发动机动力是基础。混合动力传动桥总成内的动力分配行星齿轮机构将发动机动力分成两路：一路用来驱动车轮；另一路用来驱动 MG1。因此，MG1 可作为发电机使用，为电池充电。如图 4-47 所示为混合动力传动桥总成结构示意图。

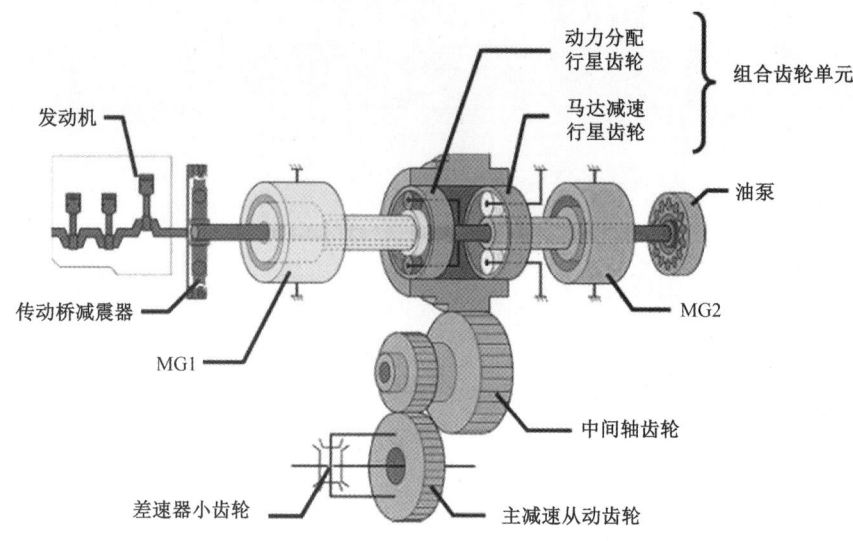

图 4-47　混合动力传动桥总成结构示意图

发动机、MG1 和 MG2 由复合齿轮机构构成的功率耦合器机械地连接在一起。功率耦合器由电动机减速行星齿轮机构和动力分配行星齿轮机构组成。电动机减速行星齿轮结构降低 MG2 的转速（见图 4-48），动力分配行星齿轮结构将发动机的原动力分成两路：一路用来驱动车轮，另一路用来驱动在电动机减速行星齿轮机构中的 MG1，太阳齿轮与 MG2 的输出轴耦合在一起，且行星齿轮架固定。此外，复合齿轮机构使用由 2 个行星齿圈、1 个中间轴主动齿轮和 1 个驻车挡齿轮集成在一起的复合齿轮机构。

图 4-48　MG2 电动机减速行星齿轮结构

(4) 无拉索节气门控制系统。

装备 THS-II 的车辆的发动机采用智能电子节气门控制系统（ETCS-i）。无拉索节气门控制系统不使用加速踏板拉索，而是使用加速踏板位置传感器和节气门位置传感器来检测加速踏板位置和节气门位置，如图 4-49 所示。

混合动力车辆控制 ECU 根据加速踏板位置传感器提供的信号、车辆驾驶条件和蓄电池的充电状态（SOC）计算目标发动机转速和所需发动机原动力。根据这些计算结果，通过控制 ECU 优化控制节气门。

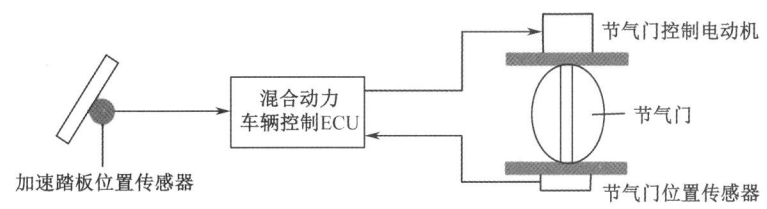

图 4-49　智能电子节气门控制系统

4. THS-II 的基本工作原理

由图 4-50 可知复合行星齿轮组结构由功率耦合行星齿轮和电动机 MG2 减速行星齿轮构成，两个行星齿轮共同作用于一个齿圈形成对车辆的转矩输入或输出。为了能够直观地看出行星齿轮上各个构件的速度变化趋势，复合行星齿轮可以等效为图 4-50 所示的杠杆。其齿圈为两个行星齿轮共用，所以由一个速度表示。两侧的行星齿轮上不同的动力由车辆控制器控制速度和转矩的变化，使其关联齿圈的转速与转矩——即车速与车轮驱动力随之改变。

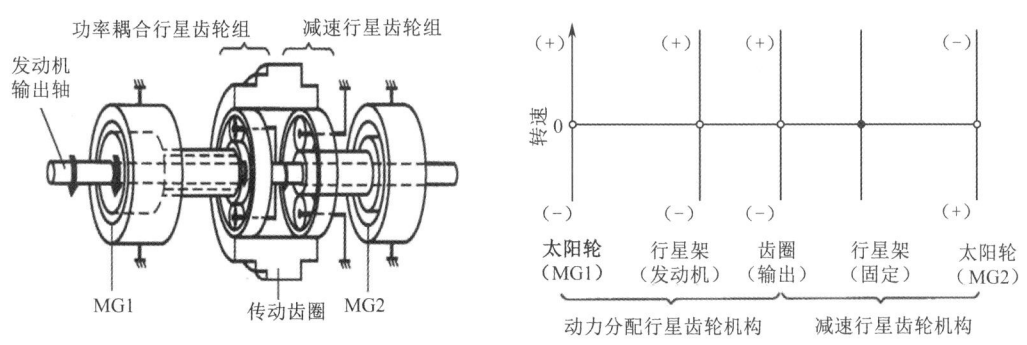

图 4-50　复合行星齿轮组无动力输出时杠杆等效速度图

根据驾驶条件，THS-II 结合发动机、MG1 和 MG2 产生原动力驱动车辆行驶，工作过程如图 4-51 所示。

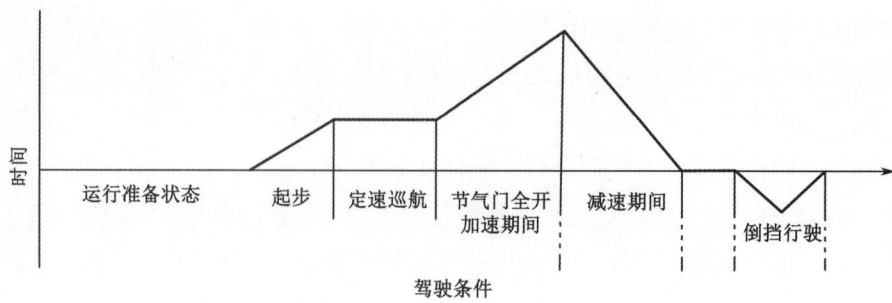

图 4-51　驾驶条件与混合动力需要实现的工作过程

下面介绍 THS-II 在车辆的不同工作状态下的动力传递路线与速度关系。

（1）起步工况。

当车辆起动时，THS-II 仅使用由 HV 蓄电池提供能量的电动机（MG2）的动力驱动车辆运动，此时发动机并不运转，如图 4-52 所示。因为发动机不能在低转速下输出大转矩，而电动机可以灵敏、顺畅、高效地运转起动。

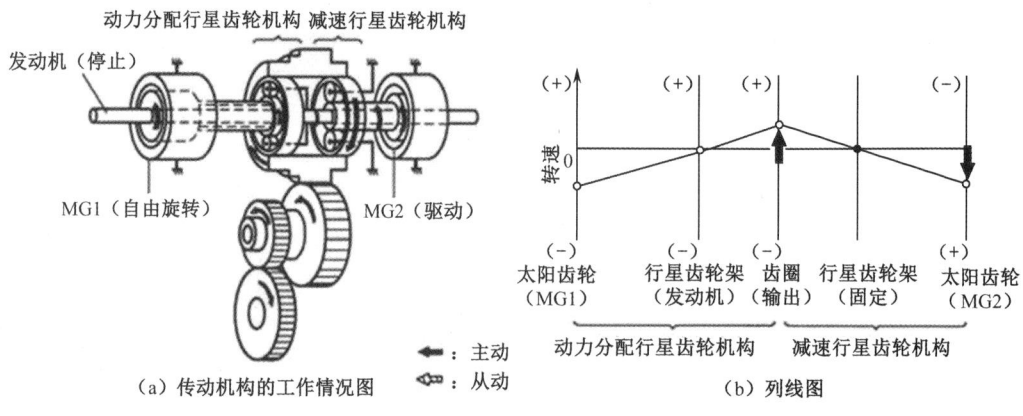

图 4-52　汽车起步时动力传统路线与发动机、MG1 和 MG2 关系

（2）一般行驶。

THS-II 利用发动机在能产生最高效功率的速度带驱动。由发动机产生的动力直接驱动车轮，依照驾驶状况部分动力被分配给发电机，如图 4-53 所示。由发电机产生的动力驱动电动机和辅助发动机。利用发动机和电动机这一双重传动系统，发动机产生的动力以最小消耗被传向地面。

（3）节气门全开行驶。

在车辆爬陡坡及超车时，THS-II 利用 HV 蓄电池和发动机两者提供双动力，得以实现与高一级的发动机同等水平的强劲而流畅的加速性能，其工作原理如图 4-54 所示。

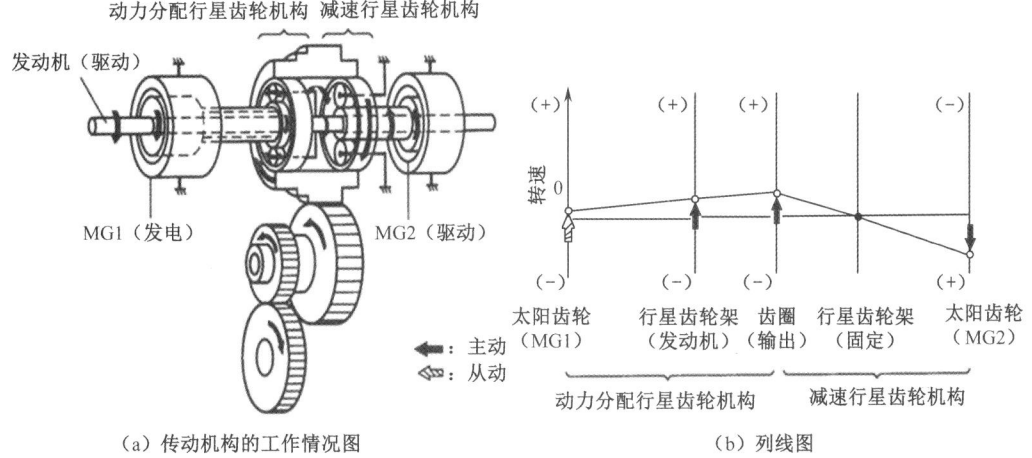

图 4-53 一般行驶时动力传递路线与发动机、MG1 和 MG2 关系

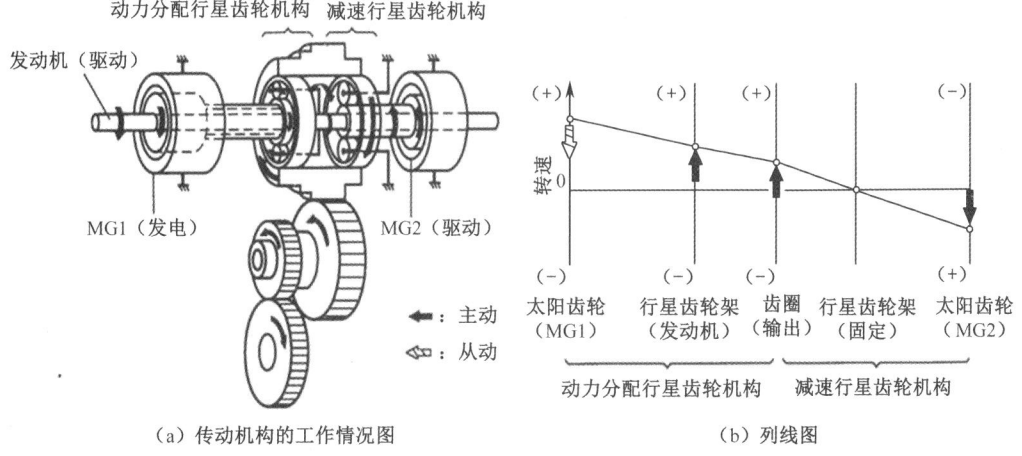

图 4-54 全负荷时动力传递路线和发动机、MG1 和 MG2 关系

(4)减速和制动。

当驾驶人松开加速踏板或踩制动踏板时，THS-II 使车轮的旋转力带动电动机（MG2）运转，将其作为发电机使用。减速时通常作为摩擦热散失掉的能量，在此被转换成电能，回收到 HV 蓄电池中进行再利用，如图 4-55 所示。

(5)停车。

在车辆停止时，发动机、电动机、发电机全部自动停止运转。不会因怠速而消耗能量。但当 HV 蓄电池的充电量较低时，发动机将继续运转，从而给 HV 蓄电池充电。另外，有时因与空调开关连动，发动机仍保持运转。

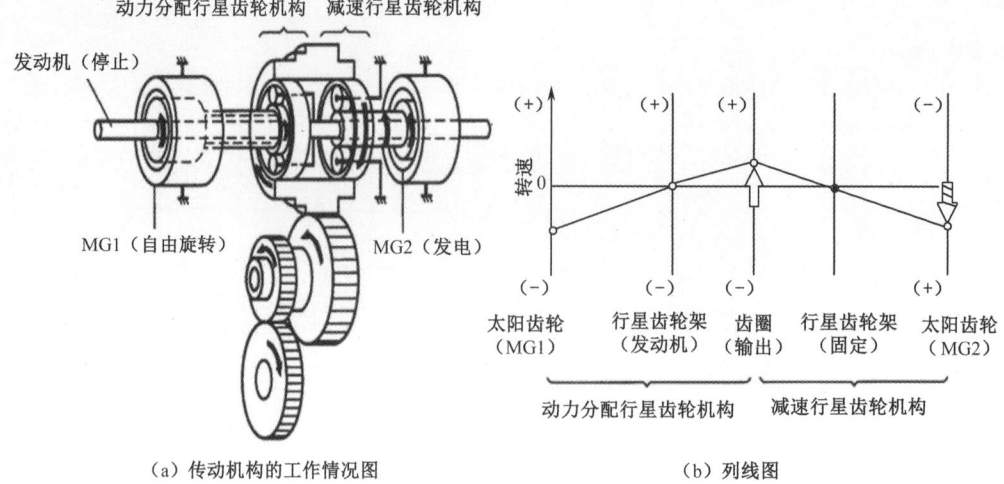

(a) 传动机构的工作情况图　　　　(b) 列线图

图 4-55　减速时动力传递路线与发动机、MG1 和 MG2 关系

二、宝马 X6 混合动力汽车

1. 宝马 X6 混合动力结构的组成与特点

BMW Active Hybrid X6 是一款 SUV 轿车，如图 4-56 所示。作为全混合动力驱动的全能轿跑车，使用 V8 发动机和电动驱动装置。该车可以使用纯电动驱动、内燃机驱动及使用两种动力混合驱动的方式。采用纯电动、无二氧化碳排放的驱动方式时，最高车速可达 60km/h。内燃机会根据负荷要求起动并能在低于 65km/h 的滑行阶段自动关闭。

图 4-56　BMW Active Hybrid X6

E72 变速箱为混合动力主动变速器，其整体结构剖视如图 4-57 所示；主动变速器由两个电动机、三组行星齿轮机械结构和液压操纵装置构成，变速器机械结构、电机

结构的连接关系及元件名称如图 4-58 所示;离合器与制动器位置关系如图 4-59 所示。

1—电机(EM)A 与功率耦合行星齿轮组;2—电机(EM)B;3—液压泵电动机;4—转矩耦合行星齿轮组

图 4-57 E72 混合动力变速器结构剖视图

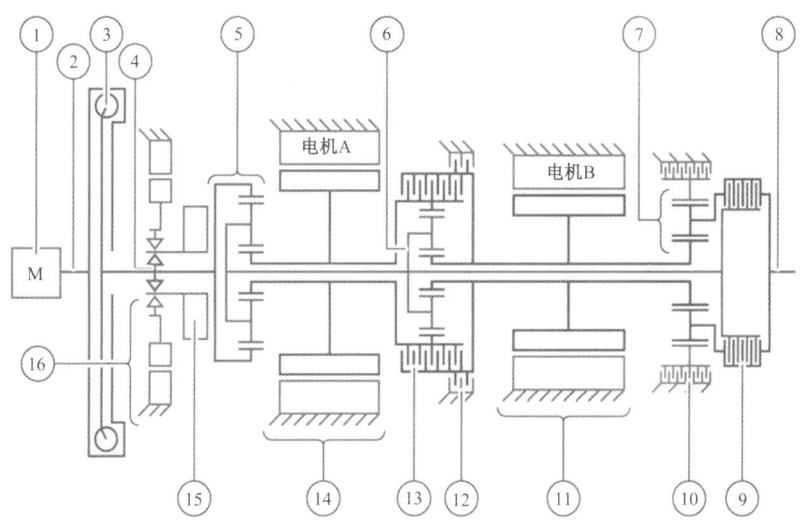

1—发动机;2—曲轴;3—双质量飞轮;4—变速器输入轴;5—行星齿轮组 1;6—行星齿轮组 2;7—行星齿轮组 3;
8—变速器输出轴;9—离合器 2;10—制动器 2;11—电机 B;12—制动器 1;13—离合器 1;14—电机 A;
15—液压泵;16—液压泵驱动电动机

图 4-58 E72 主动变速器内部结构连接关系图

E72 主动变速器的工作特点:当行星齿轮机械变速结构处于完全机械传动时,具有四个固定的传动比。当两个电机的动力分别作用在不同的行星齿轮结构上,使变速器固定传动比具有连续变化的功能。由于变速器中增加了电机对传动比进行电动转速或转矩的调节,实现了速比的连续变化,该变速器又被称为 E-CVT。

新能源汽车概论

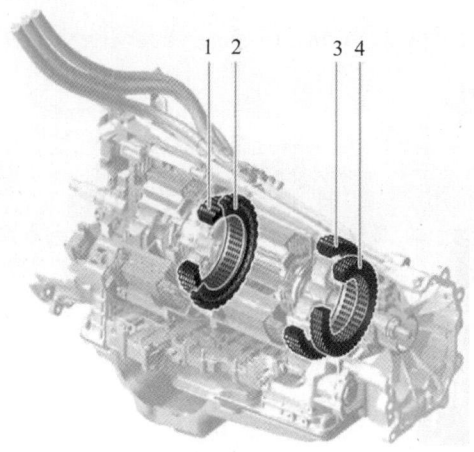

1—离合器1；2—制动器1；3—制动器2；4—离合器2

图4-59　E72离合器与制动器位置示意图

从图4-60中可以看到两个电机分别置于两个功能不同的行星齿轮组。电机A置于行星齿轮组1和行星齿轮组2之间，可将发动机功率与电机A功率耦合并向下一级传动机构传递；电机B置于行星齿轮组2与行星齿轮组3之间，可将前级传递过来的转矩与电机B的转矩叠加送至输出轴。两个电机既可单独以功率耦合模式驱动（电机A参与的E-CVT2），又可以转矩耦合模式驱动（电机B参与的E-CVT1），使变速器具有两个不同的混合动力耦合的驱动形式，又被称为双模主动变速器。

1—行星齿轮组1；2—行星齿轮组2；3—行星齿轮组3

图4-60　变速器行星齿轮组位置示意图

变速器中两个电机的位置如图4-61所示，电机A的功率为67kW/9100rpm，电机B的功率为63kW/8600rpm，其功能相近，都具有电驱动和发电的功能，但电机应用区域不一样，功能略有区别。电机A的主要应用范围是发电、高速域的混合驱动。电机

B 主要应用于低速起步、发动机起动、低速域发动机与电动机的混合驱动、制动能量回收利用等。

1—电机 A；2—电机 B；3—电机 B 转子；4—变速器输出轴；5—变速器转速传感器；
6—电机 B 定子；7—电机 A 接线端子；8—电机 A 定子

图 4-61　变速器中两位电机的位置示意图

2. 宝马 X6 混合动力变速器工作原理

宝马 X6 混合动力变速器有四个基本机械挡位。基本挡位是指在发动机驱动情况下，变速器机械结构所能提供的固定齿轮变化和传动比。

① 一挡传动比为 3.889，机械变速器一挡传动路线如图 4-62 所示。离合器 1 接合，将行星齿轮组 2 的齿圈与太阳轮刚性连接，则该行星齿轮组传动比为 1。则发动机动力经前两级行星齿轮组传递至行星轮齿轮组 3，并经行星齿轮组 3 的行星架减速后传到输出轴，构成变速器一挡。

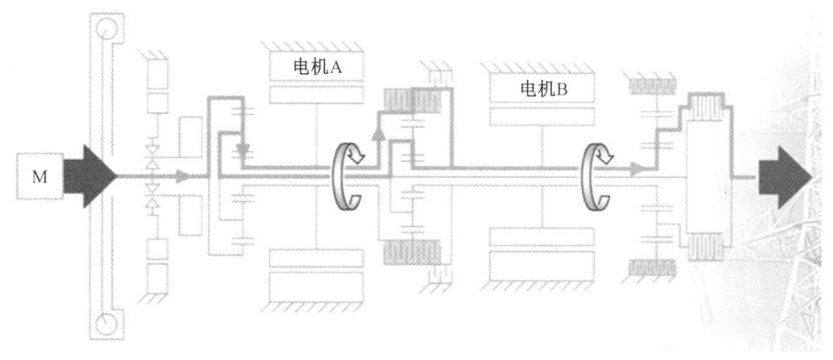

图 4-62　机械变速器一挡传动路线

② 二挡传动比为 1.800，机械变速器二挡传动路线如图 4-63 所示。离合器 1 脱离接合状态，制动器 2 保持接合将行星齿轮组 3 齿圈制动，离合器 2 接合。发动机动力经行星齿轮组 1 和行星齿轮组 2 减速后通过离合器 2 对外输出，构成变速器二挡。

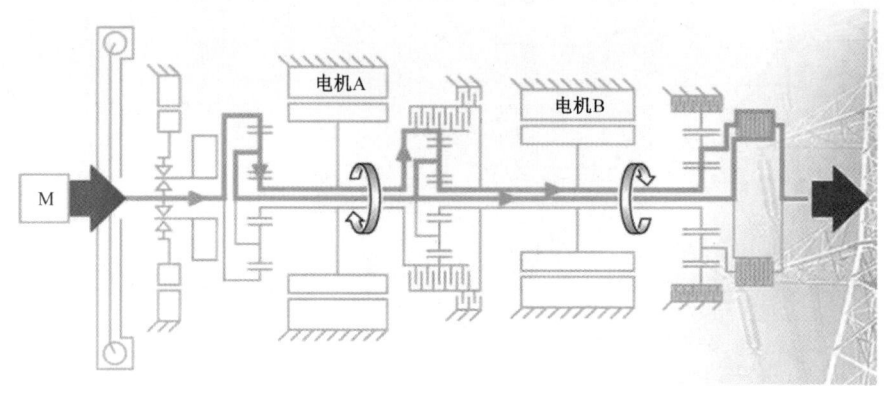

图 4-63　机械变速器二挡传递路线

③ 三挡传动比为 1.000，机械变速器三挡传动路线如图 4-64 所示。离合器 1 和离合器 2 动作接合，分别将行星齿轮组 2 和行星齿轮组 3 刚性连接，发动机转速不再分流而直接传递到输出轴，其传动比为 1，构成变速器三挡。

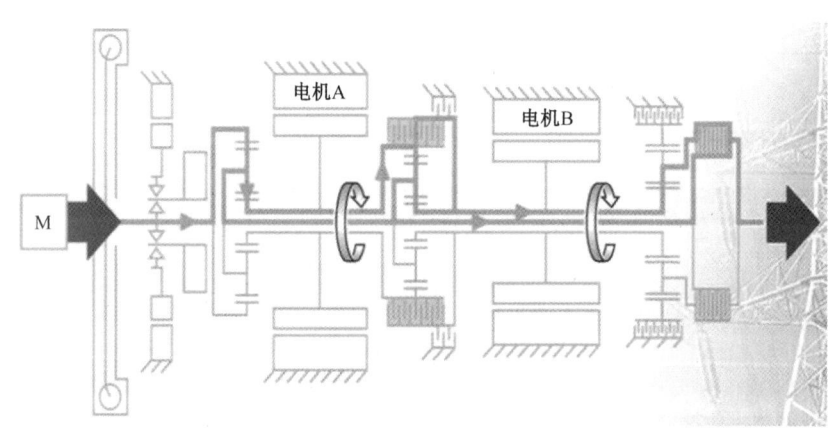

图 4-64　机械变速器三挡动力传递路线

④ 四挡传动比为 0.723，机械变速器四挡传动路线如图 4-65 所示。制动器 1 将行星齿轮组 2 的太阳轮制动；行星齿轮组 1 和行星齿轮组 2 形成的传动比将发动机转速提升后，经离合器 2 传递至输出轴，构成变速器四挡。

项目四　混合动力汽车

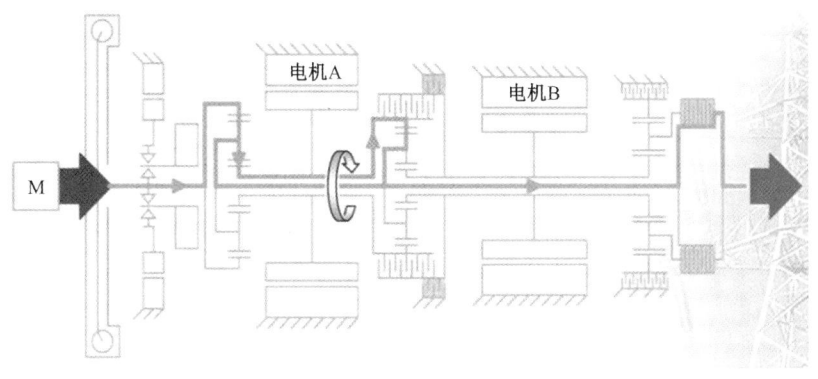

图 4-65　机械变速器四挡动力传递路线

3. 宝马 X6 混合动力驱动模式

混合动力驱动模式是指发动机和电机共同驱动所能获得的驱动方式，由于耦合了电动机转速连续变化的特点，使混合驱动方式即使在一个速比范围内也具有速比连续改变的能力。

电机 A 与电机 B 在变速器的不同挡位工作，且通过不同的动力类型耦合器混合动力，故被分为两个连续变速特性功能，即 E-VCT1 和 E-VCT2。

E-VCT1 是指电机 B 单独电动或与发动机共同驱动汽车运行的状态，主要是在汽车较低速时提供较大的驱动力矩。传动比在无穷大至 1.800 之间可连续变化。在这个传动比区间内，可以为车辆提供较大驱动力矩和较低车速。

汽车在起步时由电机 B 驱动，当车速达到特定值时起动发动机，使发动机免于在低速起动运转的高油耗和高排放时运转。电机 B 独立电动驱动传递路线如图 4-66 所示。由传递路线可见，电机 B 的动力主要作用于行星齿轮组 3 的太阳轮，由于制动器 2 将齿圈制动，故电机 B 动力经行星齿轮减速后直接从输出轴输出。电机 B 还具有发电能力，即在车辆滑行或制动时转为发电功能进行能量回收。

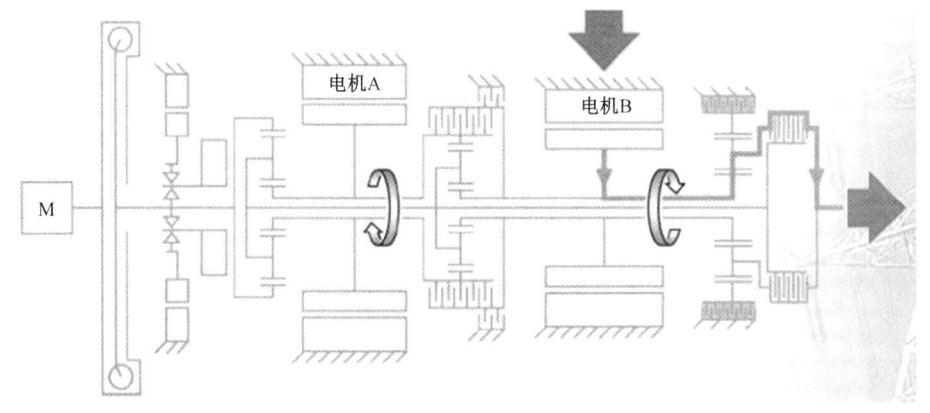

图 4-66　电机 B 独立电动驱动传递路线图

图 4-67 所示是 E-CVT1 模式下的混合动力传递路线图。此时电机 B 作为电动机提供电动力，而电机 A 由发动机驱动进行发电，为电机 B 提供电能并向蓄电池充电。此模式下，发动机动力经行星齿轮组 1 和行星齿轮组 2 变速，并在太阳轮上叠加电机 B 的电动转矩，经行星齿轮组 3 减速后传递至变速器输出轴。发动机的一部分动力通过行星齿轮组 1 太阳轮驱动电机 A 发电。从传递路线图可看出，发动机动力与电机 B 动力均作用与同一个刚性元件（太阳轮）上，二者的运动速度不能相互干涉，故在 E-CVT1 时的动力混合形式为转矩耦合模式。

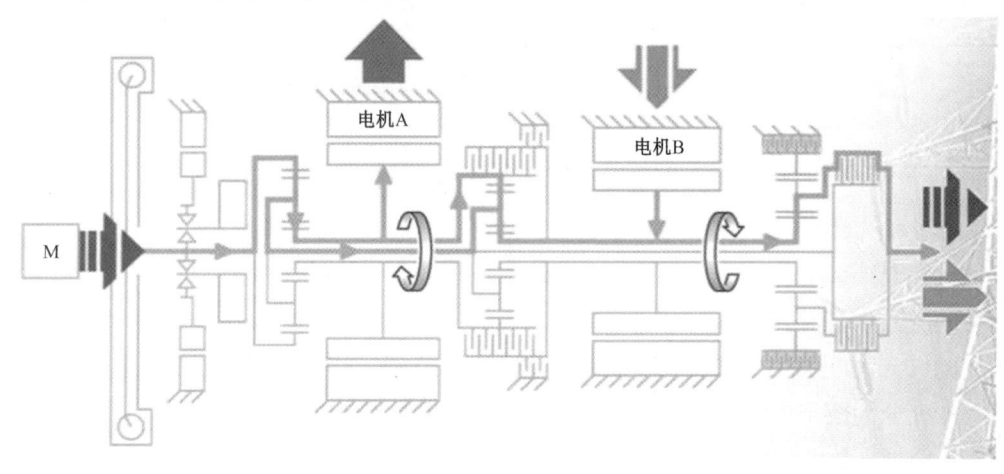

图 4-67　E-CVT1 模式下的混合动力传递路线图

E-CVT2 是指电机 A 单独或与发动机共同驱动汽车运行的状态，主要是在高速时提供车辆驱动力矩。其传动比在 1.800～0.732 可连续调节，在这个传动比区间内，可为车辆提供较高的车速。此时，发动机动力与电机 A 动力经行星齿轮 1 和行星齿轮 2 耦合后经离合器 2 输出，同时驱动电机 B 发电，可向电机 A 提供电能并向蓄电池充电。从如图 4-68 所示的 E-CVT2 模式下的混合动力传递线路图可以看到，发动机动力与电机 A 动力可在行星齿轮 1 和行星齿轮 2 上实现速度和转矩叠加，故在 E-CVT2 工作状态下的动力混合模式为功率耦合模式。可以在两种状态下起动发动机，一是在汽车运行中起动发动机，二是汽车在静止时起动发动机。

在运行中起动发动机指汽车在电动运行模式下，出现无法满足纯电动行驶条件时（如突然需要提升车辆驱动力或出现动力电源电量不足等情况），为获得较大驱动力，驾驶人会更多地踩下加速踏板，此时需要发动机启动以提升汽车的驱动力。为使发动机迅速启动转速，电机 A 会转入制动模式，从而限制了行星齿轮 1 与行星齿轮 2 的自由度，电机 B 的部分动力向发动机方向传递，从而驱动发动机运转。此时控制系统为电机 B 继续驱动车辆行驶提供额外能量，以补偿电机 A 制动所产生的转矩损失。

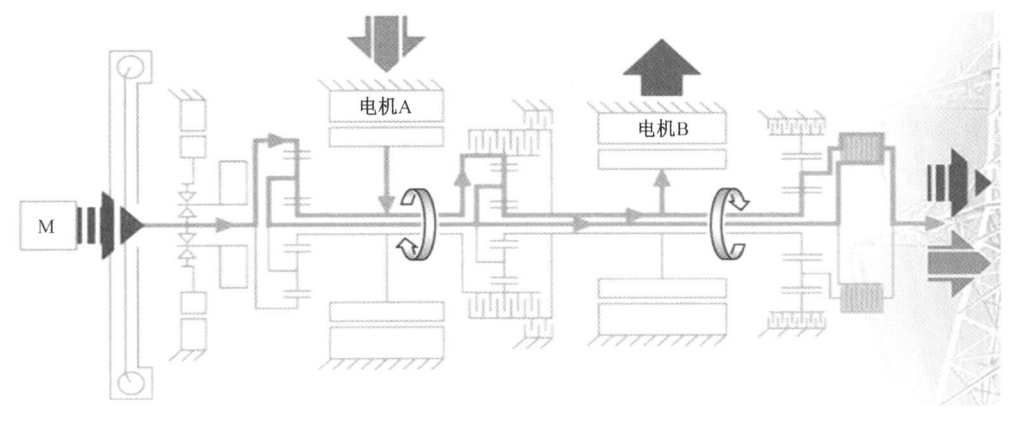

图 4-68　E-CVT2 模式下的混合动力传递路线图

当车辆处于静止状态需要起动发动机时，如蓄电池电量不足，则需要先起动发动机。此时电机 A 作为起动机运转，通过行星齿轮 1 驱动发动机曲轴旋转。同时电机 B 也要进入驱动状态，限制行星齿轮 2 太阳轮的旋转，才能为电机 A 的运转提供转矩支持。此时离合器 2 为断开状态，输出轴上没有转矩输出。

宝马 E72 主动变速器的其他特点如下。

① 机械变速、电动驱动与混合驱动的功能。由于机械变速的传动比固定不变，因此在发动机转速变化时，车速也会发生相应地改变，而这种改变只出现在发动机效率不佳的情况下。而在高转矩时，发动机处于非常好的效率状态，所以采用机械传动对汽车动力性、经济性和排放性均不会有影响。故而车辆运行中在发动机高效率工作范围内仍会选择机械传动方式。相对于 E-CVT 模式，采用固定传动比驱动的优势在于没有电动驱动装置内的双重能量转换的损失。因为通过一个电机产生的电能去驱动另一个电机时，能量转换也存在相应损失。

② 纯电动行驶方式。即发动机保持静止，仅通过电机驱动车辆行驶。这种行驶方式只有在特定条件下才能实现，如最高车速在 60km/h 以下、高压蓄电池电量充足、驾驶人的加速要求不高。

③ 汽车在下坡滑行状态或进行行车制动时，并非主要利用发动机制动以使车辆减速。就混合动力汽车而言，在车辆减速时使发动机处于较高的转速并非最佳选择，所以这种车辆通过电机来使车辆减速，同时将车辆减速时的能量回收。因此其在进行滑行或制动时，会尽量调低发动机转速，充分发挥电机的能量吸收转换功能。当驾驶人松开加速踏板或踩下制动踏板时，电机不再输出动力而转为发电工作状态，充分利用惯性能量将电机产生的电能送至高压蓄电池内储存。

④ E72 主动变速器上没有机械倒车传动结构。通过 E-CVT1 模式，电机 B 受控反转即可实现车辆倒车行驶。但在高压蓄电池电量不足的情况下倒车时，则需要起动发动机，借助发动机驱动电机 A 发电，为电机 B 提供充足的电能。

⑤ E72 主动变速器采用了智能型换挡装置（DCM）。该装置具有独立的电子控制单元，通过程序和电机进行换挡时的机械操作。

宝马 E72 智能型换挡装置构成如图 4-69 所示。

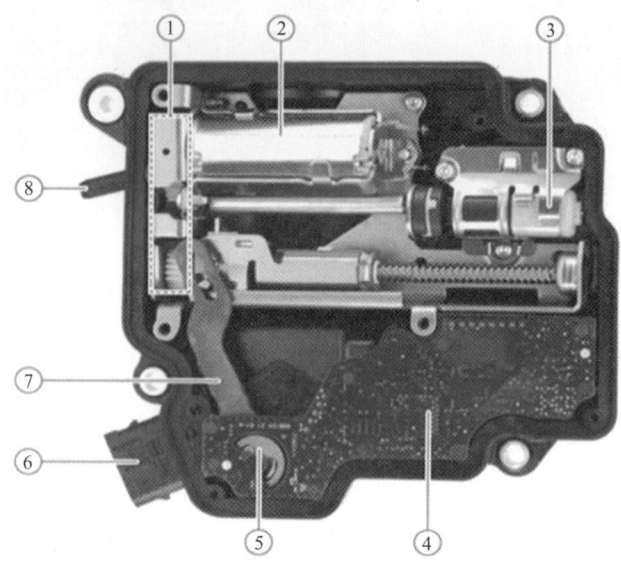

1—皮带传动总成；2—电机；3—辅助电机；4—电子控制模块；5—机械连杆；6—接线插座；7—调节机构；8—通气口

图 4-69　宝马 E72 智能型换挡装置构成图

思考与练习

一、填空题

1. 混合动力汽车，一般指油电混合动力汽车（Hybrid Electric Vehicle，HEV），即采用传统的_____和_____作为动力源，共同组成"油-电"动力耦合驱动平台，取代传统的发动机动力驱动平台。

2. 混合动力汽车有三种基本的工作方式，即_____、_____、_____。

3. PHEV 主要由_____、_____、_____、_____、_____、_____等部件组成。

4. 实现功率连接或切换的装置被称为_____。

5. 根据机械耦合器机构的不同可分为_____、_____、_____三种。

6. 一体式电动机控制型混合动力系统根据电动机驱动曲轴方式和安装位置的不同，可分为_____和_____。

项目四　混合动力汽车

二、判断题

1. 按充电方式不同，混合动力汽车分为插电式混合动力汽车和不插电式混合动力汽车。（　　）

2. 与串联式混合动力汽车不同的是，并联式混合动力汽车采用一套电动机独立的驱动系统驱动车轮。（　　）

3. 从能源转换效率和汽车行驶性能对串联式、并联式和混联式混合动力系统进行比较，混联式混合动力系统的性能明显高于串联式和并联式系统。（　　）

4. 转矩耦合指能将两个动力源的输入转矩耦合叠加，而耦合输出转速也是两个动力源的转速叠加。（　　）

5. 轻度混合指电力作用在汽车动力系统中所占的比重较小，其混合度在30%以下。

（　　）

三、选择题

1. 串联式混合动力驱动系统是由（　　）能源对单个动力装置供电，以推动车辆行驶的驱动系统。

　　A. 一个　　　　B. 两个　　　　C. 三个　　　　D. 以上都不是

2. 在大负荷、高速、加速超车等需要大功率的行驶时，采用（　　）驱动模式。

　　A. 单独　　　　B. 联合　　　　C. 双向　　　　D. 以上都不是

3. 与串联式混合动力汽车相比，并联式比串联式混合动力汽车的发动机和电动机体积要（　　）。

　　A. 大　　　　　B. 相同　　　　C. 小　　　　　D. 以上都不对

4. 离合器分离，切断了发动机和电动机与驱动轮的机械连接，系统以（　　）模式运行。

　　A. 并联　　　　B. 串联　　　　C. 串联+并联　　D. 以上都不是

5. 在THS-Ⅱ中，带转换器的逆变器总成内使用（　　）转换器。

　　A. 增压　　　　B. 减压　　　　C. 恒压　　　　D. 以上都不是

四、简答题

1. 简述混合动力汽车的基本组成与工作模式。

2. 简述串联式、并联式和混联式混合动力系统的不同之处。

3. 简述串联式混合动力驱动系统。

4. 简述机械耦合器结构。

项目五
纯电动汽车

目标及要求

教学目标	（1）掌握纯电动汽车的概念、特点、类型； （2）掌握增程式电动汽车的概念、工作模式； （3）掌握纯电动汽车电力驱动控制系统的组成及功能； （4）掌握纯电动汽车的结构特点与工作原理。
能力要求	（1）能准确概述纯电动汽车的概念、工作原理及类型特点； （2）能准确概述纯电动汽车的结构、工作原理； （3）会分析常见纯电动汽车的参数、驾驶性能。

项目概述

汽车作为当今出行必不可少的现代化交通工具，为人类社会活动带来了很大便利。但随着汽车保有量的急剧增加，也带来了一些负面影响，最突出的问题就是能源危机和环境污染。纯电动汽车（Electric Vehicle，EV）是指由电动机作为唯一驱动装置驱动车轮行驶的汽车。电动机的驱动电能来源于车载可充电蓄电池或其他能量储存装置。纯电动汽车与传统汽车相比，具有节能环保、整车轻量化、运行成本低等优势。因此，发展纯电动汽车，推动汽车领域的节能减排，对于缓解能源压力和改善环境具有重要意义，发展纯电动汽车也是未来汽车业的必然趋势。

任务一　纯电动汽车概述

✂ 任务描述

学生：老师，什么是纯电动汽车？它和混合动力汽车有何不同？纯电动汽车的特点、类型是什么？

老师：纯电动汽车是指以车载电源为动力，用电动机驱动车轮行驶，符合道路交通、安全法规各项要求的车辆。纯电动汽车主要由电力驱动控制系统、汽车底盘、车身及各种辅助装置组成。除电力驱动控制系统外，其他部分的功能及其结构组成与传统汽车相同，一般采用高效率蓄电池或燃料电池为动力源。纯电动汽车无须再用内燃机，因此，纯电动汽车的电动机相当于传统汽车的发动机，蓄电池相当于传统汽车的油箱，如图5-1所示。

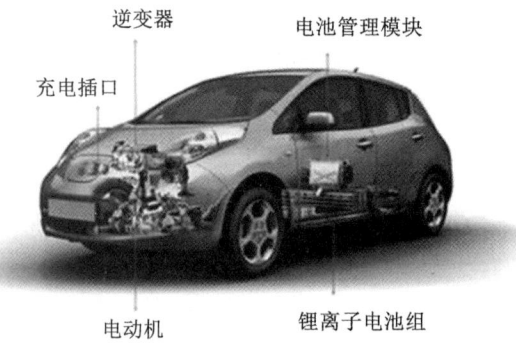

图 5-1　纯电动汽车示意图

✂ 相关知识

一、纯电动汽车特点

1. 纯电动汽车的优点

① 零排放。纯电动汽车使用电能，在行驶中无废气排出，不污染环境。

② 电动汽车比汽油机驱动汽车的能源利用率要高。

③ 因使用单一的电能源，省去了发动机、变速器、油箱、冷却和排气系统等，所以结构较简单。

④ 噪声小。

⑤ 可在用电低峰时进行汽车充电，以平抑电网的峰谷差，使发电设备得到充分利用。

2. 纯电动汽车的缺点

① 续驶里程较短。

② 采用蓄电池及电动机控制器使成本较高。

③ 充电时间长。

④ 目前没有授权服务站，维护成本较高。

⑤ 蓄电池寿命短。

二、纯电动汽车类型

纯电动汽车有多种分类方法，可按所选用的储能装置或驱动电动机的不同分类，其间又可有多种不同组合；也可按驱动结构的布局或用途的不同分类。

1. 按储能装置分类

纯电动汽车目前所采用的储能装置主要有铅酸蓄电池、锂电池、镍氢蓄电池等。其中铅酸蓄电池技术比较成熟，价格低，但其性能比较差、寿命比较短。其余几类蓄电池都比铅酸蓄电池性能好，但是成本较高。纯电动汽车以蓄电池作为唯一能源，所以，蓄电池的各项性能指标对纯电动汽车的性能有重要影响。

2. 按驱动结构布局分类

（1）传统驱动方式，如图 5-2 所示。

此种驱动方式与传统汽车的布置基本相同，通常是在传统汽车基础上改装而成的，根据电动汽车有无离合器有两种形式，如图 5-2（a）所示为带有离合器的机械驱动布置形式；图 5-2（b）所示为电动机直接通过传动轴与固定传动比的减速器相连的布置形式，该种形式减少了传动系质量。

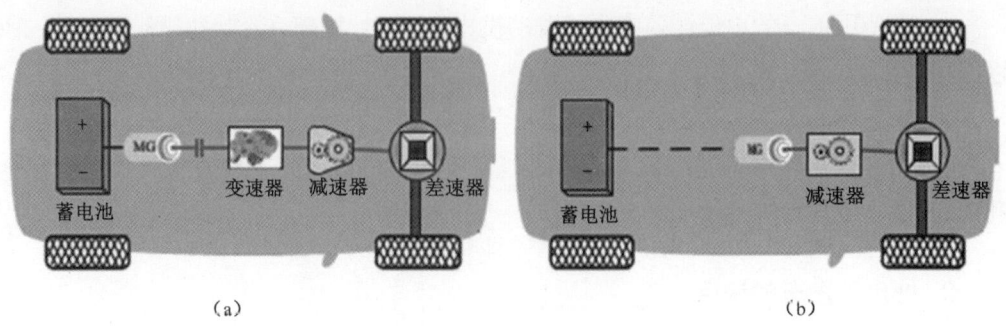

图 5-2　传统驱动方式

（2）电动机-驱动桥组合式驱动方式，如图 5-3 所示。

此种驱动方式是把电动机、固定传动比的减速器和差速器集成为一个整体，通过两个半轴驱动车轮。

（3）电动机-驱动桥整体式驱动方式，如图 5-4 所示。

此种驱动方式取消了机械差速器，采用两个电动机通过固定的两个减速器分别驱动两个车轮，每个电动机可以独立控制。

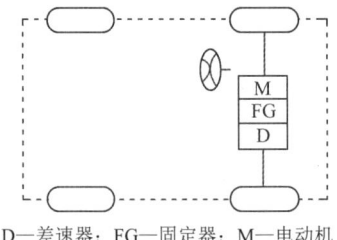

D—差速器；FG—固定器；M—电动机

图 5-3　电动机-驱动桥结合式驱动方式

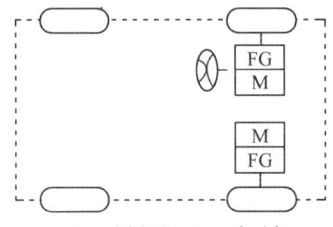

FG—固定器；M—电动机

图 5-4　电动机-驱动桥整体式驱动方式

（4）轮毂电动机分散式驱动方式，如图 5-5 所示。

此种布置形式将驱动电动机直接安装在车轮上，缩短了电动机和车轮之间的机械传动装置。

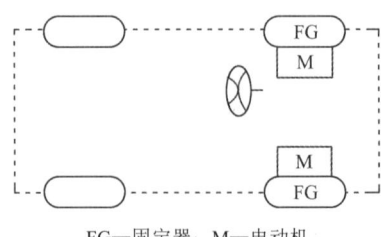

FG—固定器；M—电动机

图 5-5　轮毂电动机分散式驱动方式

由于汽车转弯时，外侧车轮的转弯半径比内侧车轮大，所以需要通过差速器来配合两侧车轮转速不同的要求。前两种方式采用具有行星齿轮结构的机械式差速器；第三种方式的差速器可选机械式或电控式，而此种方式可实现电子差速控制。

3. 按驱动电动机分类

纯电动汽车电动机按其驱动类型可分为四种：直流电动机、交流电动机、永磁无刷电动机和开关磁阻电动机。

三、增程式电动汽车

1. 增程式电动汽车的概念

增程式电动汽车是指为了解决纯电动汽车续航里程短的问题，在纯电动汽车的基础上，发动机/发电机增加一个增程器（RE）以增加电动汽车的续航里程。RE 通常是以一台小排量发动机带动一个发电机给蓄电池充电的辅助能量装置，如图 5-6 所示。在行驶中，仍然以蓄电池为主要动力，小排量发动机不直接驱动汽车，而仅用于带动发电机发电，因此，其结构和动力性能都接近纯电动汽车。

图 5-6 增程式电动汽车示意图

2. 增程式电动汽车的工作模式

增程式电动汽车有两种工作模式，即纯电动工作模式和增程工作模式，如图 5-7 所示。

（1）纯电动工作模式。

如图 5-7（a）所示为纯电动工作模式，此阶段属于电量消耗阶段。根据动力电池最佳工作区间特性，预先设计一个荷电状态（SOC）最低阈值（SOC_{low}）。当电池 SOC 值处于这个阈值以上时，车辆与纯电动汽车一样，由动力电池提供能量，由驱动电动机提供行驶动力。发动机不起动，只做非正常情况时备用状态，达到零排放。

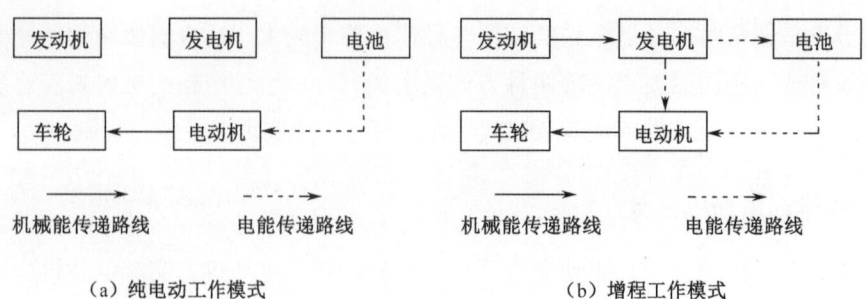

(a) 纯电动工作模式　　　　　　　(b) 增程工作模式

图 5-7　增程式电动汽车工作模式

(2) 增程工作模式。

如图 5-7（b）所示为增程工作模式，此阶段属于电量维持阶段。随着车辆在纯电动模式下运行，电池 SOC 逐渐降低，当低于设定阈值时，如果再继续使用电池，将会减少电池的使用寿命。这时，应当起动增程器，将增程器发出的电能提供给驱动电动机用于行驶，同时，多余的部分电能为电池充电，使电池 SOC 略微增加至预定阈值（SOC_{hi}），并保持 SOC 处于前述两个阈值之间，即满足 $SOC_{low} \leqslant SOC \leqslant SOC_{hi}$，直至停车充电。将电池充满电，之后车辆行驶时，又进入纯电动模式。

3. 增程式电动汽车的特点

增程式电动汽车源于电动汽车电控系统的发展，兼备纯电动汽车和传统发动机汽车的优点，其主要特点如下。

① 增程式电动汽车相对于传统汽车，其发动机只是相当于常规轿车的小型发动机，其功率小、噪声低、可靠性高，且发动机总是保持在高效率区工作，燃油消耗和排放都得到大幅度降低。

② 相对于传统混合动力汽车，增程式电动汽车蓄电池容量比较大，车辆在较长距离内以纯电动模式运行。能提供足够电功率使电动机驱动车辆起动、加速、爬坡，避免了传统汽车起动、加速等发动机过载工况带来的油耗和排放增加。

③ 增程式电动汽车可以通过车载发电机随时对蓄电池充电，因此其蓄电池只需配置同级别纯电动汽车电池用量的 30%～40%，其生产及使用成本大幅下降。此外，对纯电动汽车来说，空调用电是一个很大负担，据有关研究，开空调会使行驶里程减少大约 1/3；而增程式电动汽车则可以通过发电机组给空调提供动力，降低蓄电池能耗，使车辆续航里程增加。

④ 由于增程式电动汽车的电池容量相对较小，充电所需时间减少，因此可以利用小功率充电桩或家庭用电进行充电，而且还可以利用晚间和午间休息时间充电，避免了新辟充电站等供电设施建设，节约了大量人工成本，而且还帮助电网"分散调峰"，进一步提高了能源利用率。

任务二　纯电动汽车的基本结构与工作原理

✂ 任务描述

学生：老师，纯电动汽车的基本结构是什么样的？工作原理呢？

老师：纯电动汽车一般由车身、底盘、电力驱动控制系统等组成。其车身和底盘与传统汽车结构相类似，甚至有所简化，而其电力驱动控制系统和传统汽车有着根本的不同。传统汽车由内燃机提供动力，动力从内燃机输出后，送达飞轮和离合器，再进一步传递到传动系统，直至驱动车辆前进，内燃机消耗的燃料储存在油箱中。纯电动汽车使用电动机提供动力，动力输出到传动系统驱动车辆行驶。电动机的能量来自蓄电池。因此，电力驱动控制系统决定了纯电动汽车的结构组成及性能特征，是纯电动汽车的核心。

✂ 相关知识

一、纯电动汽车电力驱动控制系统的组成及功能

纯电动汽车电力驱动控制系统的组成如图 5-8 所示，主要由电力驱动主模块、车载电源模块和辅助动力供给模块三部分组成。当汽车行驶时，由蓄电池输出电能通过控制器驱动电动机运转，电动机输出的转矩经传动系统带动车轮前进或后退。电动汽车续驶里程与蓄电池容量有关，蓄电池容量受诸多因素限制。

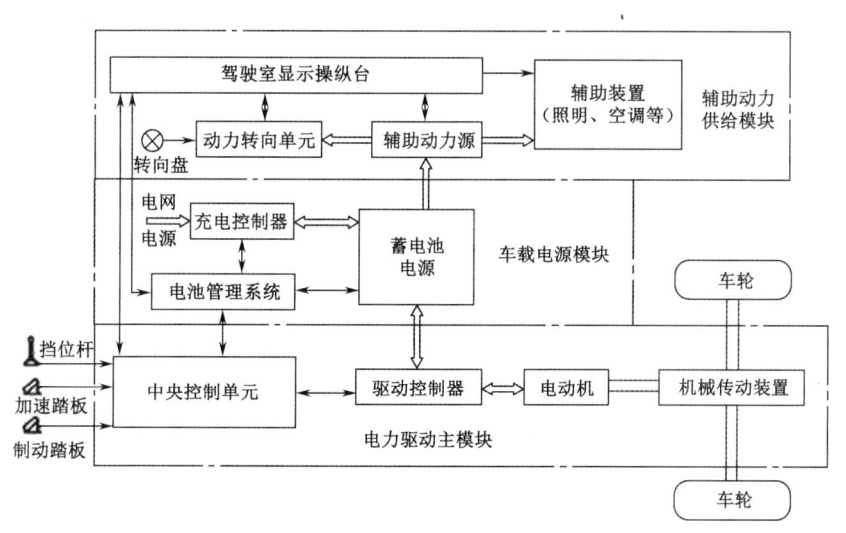

图 5-8　纯电动汽车电力驱动控制系统组成示意图

1. 电力驱动主模块

电力驱动主模块主要由中央控制单元、驱动控制器、电动机和机械传动装置等组成。从图5-8中可以看出，为适应驾驶人的操纵习惯，纯电动汽车仍保留了加速踏板、制动踏板及有关操纵手柄或按钮等。不过，在电动汽车上是将加速踏板、制动踏板的机械位移量转换为相应的电信号，输入中央控制单元来对汽车的行驶实行控制的。对于挡位变速杆，为遵循驾驶人的习惯，一般仍需保留。同样，除传统的驱动模式外也就只有前进、空挡、倒退这三个挡位，并且以开关信号传输到中央控制单元来对汽车进行前进、停车、倒车控制。

（1）中央控制单元。

中央控制单元不仅是电力驱动主模块的控制中心，而且要对整车控制起协调作用。它根据加速踏板或制动踏板的输入信号，向驱动控制器发出相应的控制指令，对电动机进行起动、加速、减速和制动控制。在电动汽车进行减速或滑行时，中央控制单元还配合车载电源模块的能源管理系统进行发电回馈，即向蓄电池充电。另外，还将与汽车行驶状态有关的速度、功率、电压等信息传输到辅助模块中进行显示。

（2）驱动控制器。

驱动控制器的作用是按照中央控制单元的指令和电动机速度、电流反馈信号，对电动机的速度、驱动转矩和旋转方向进行控制。驱动控制器必须与电动机配套使用，电动机的调速主要采用调压和调频等方式，这主要取决于所选用的驱动电动机类型。由于动力蓄电池组以直流电方式供电，因此对于直流电动机，主要是通过DC/DC转换器进行调压调速控制；对于交流电动机，需通过DC/AC转换器进行调频调压矢量控制；对于磁阻电动机，则是通过控制其脉冲频率来进行调速。当汽车倒车时，需通过驱动控制器使驱动电动机反转来驱动车轮反向行驶。当纯电动汽车处于减速和下坡滑行时，驱动控制器使驱动电动机运行于发电状态，驱动电动机利用其惯性发电，将电能通过驱动控制器回馈给动力蓄电池组，所以驱动控制器与动力蓄电池组电源的电能流向是双向的。

（3）电动机。

电动机承担电动和发电双重功能，电能转化为机械能，或者机械能转化为电能。当汽车正常行驶时，电动机发挥电动功能，当汽车在减速或下坡滑行时，它发挥发电功能，即将车轮惯性动能转变为电能。驱动电动机的选型一定要根据其负载特性进行选择，汽车在起步和上坡时要求有较大的起动转矩和相当的短时过载能力，并有较宽的调速范围和理想的调速特性，即在起动低速时为恒转矩输出，在高速时为恒功率输出。驱动电动机与驱动控制器所组成的驱动系统是纯电动汽车中最为关键的部件，纯电动汽车的运行性能主要取决于驱动系统的类型和性能，它直接影响着汽车的各项性

能指标,如汽车在各工况下的行驶速度、加速与爬坡性能及能源转换效率。

(4)机械传动装置。

机械传动装置的功能是将电动机驱动转矩传输给汽车的传动轴,带动车轮行驶。由于电动机本身具有良好的调速特性,因此电动汽车的变速机构可被简化,采用一种固定传动比的减速装置。因为电动机可以带负载直接起动,所以可以省略传统内燃机汽车的离合器。又由于电动机可以很容易地实现正反向旋转,因此无须使用变速器中的倒挡齿轮组实现倒车。

2. 车载电源模块

车载电源模块包括蓄电池、电池管理系统和充电控制器。其主要功用是向电动机提供驱动电能、检测电源使用情况,以及控制充电机向蓄电池充电。

(1)蓄电池。

蓄电池是纯电动汽车的唯一能源。它除了供给汽车行驶所需的电能外,也供给汽车各种辅助装置的工作电源。为满足要求可以由多个 12V 或 24V 蓄电池串并联 96~384V 高压直流电池组,再通过 DC/DC 转换器供给所需的不同电压。

(2)电池管理系统。

电池管理系统的作用是在汽车行驶中进行能源分配,协调各功能部分的能量管理,使有限能源得到最大利用。电池管理系统与电力驱动主模块中的中央控制单元配合控制发电回馈,使电动汽车在减速、制动、下坡滑行时进行能量回收,从而有效利用能源,提高电动汽车的续驶能力。电池管理系统还与充电控制器一同控制充电,对电动汽车用电池单体及整组进行实时监控、充放电、巡检及温度检测等。

(3)充电控制器。

充电控制器的作用是将电网供电制式转换为满足蓄电池充电要求的制式,即把交流电转化为相应电压的直流电,并按要求控制其充电电流。

3. 辅助动力供给模块

辅助动力供给模块的主要作用是供给电动汽车辅助系统不同等级的电压,并提供必要的动力,它主要给动力转向、空调、制动及其他辅助装置提供能源。

(1)辅助动力源。

辅助动力源主要由辅助电源和 DC/DC 转换器组成,功用是供给电动汽车上其他各种装置所需的动力电源。一般是 12V 或 24V 直流低压电源,主要向动力转向、制动力调节控制、照明、空调、电动门窗等各种电气设备提供电源。

(2)动力转向单元。

转向装置是为实现汽车转弯所设置的。为提高驾驶人的操控性,现代汽车都采用动力转向。纯电动汽车通常采用电子控制动力转向系统（EPS）。

（3）驾驶室显示操控台。

驾驶室显示操控台类似于传统汽车的仪表盘，不过显示信息内容会根据电动汽车驱动的控制特点有所增减。其信息指示更多采用数字或液晶显示屏。它与电力驱动主模块中的中央控制单元相结合，由计算机控制。

二、纯电动汽车的结构特点与工作原理

1. 传统驱动方式

如图 5-9 所示，传统驱动系统仍然采用内燃机汽车的驱动系统布置方式，包括离合器、变速器、传动轴和驱动桥等总成，这种驱动方式是将内燃机换成电动机，离合器用于切断或接通驱动电动机到车轮之间传递动力的机械装置，变速器是一套具有不同速比的齿轮机构，驾驶人可按需要选择不同的挡位，使得低速时车轮获得大转矩低转速，而高速时车轮获得小转矩高转速。由于采用了调速电动机，因此变速器可相应简化，挡位数一般有 2 个就够了，倒挡也可利用驱动电动机的正反转来实现。驱动桥内的机械式差速器使得汽车在转弯时左右车轮可以不同的转速行驶。这种布置方式可以提高纯电动汽车的起动转矩，增加低速时纯电动汽车的后备功率。

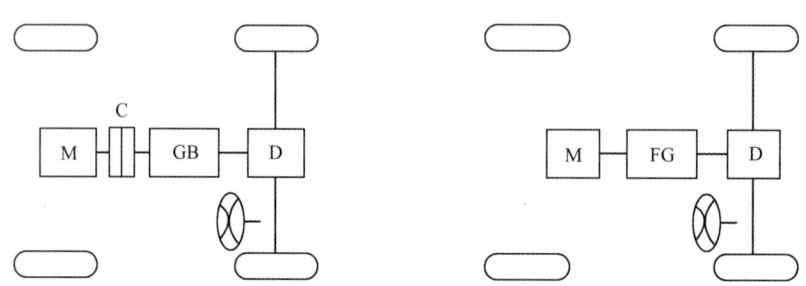

(a) 传统驱动系统布置形式　　　(b) 简化的传统驱动系统布置形式

C-离合器；D-差速器；FG-固定速比减速器；GB-变速器；M-电动机

图 5-9　传统驱动系统布置形式

这种驱动系统布置形式有电动机前置-驱动桥前置（F-F）、电动机前置-驱动桥后置（F-R）等驱动模式。但是，F-R 驱动系统布置形式结构复杂、效率低，不能充分发挥驱动电动机的性能。在此基础上，还有一种简化的传统驱动系统布置形式，如图 5-9 (b) 所示，采用固定速比减速器，去掉离合器，这种驱动系统布置形式可减少机械传动装置的质量，缩小其体积。

2. 电动机-驱动桥组合式驱动系统

如图 5-10 所示，这种驱动系统布置形式即在驱动电动机端盖的输出轴处加装减速齿轮和差速器等，电动机、固定速比减速器、差速器的轴互相平行，一起组合成一个驱动整体。它通过固定速比的减速器来放大驱动电动机的输出转矩，但没有可选的变速挡位，也就省掉了离合器。这种布置形式的机械传动机构紧凑，传动效率较高，便于安装，但对驱动电动机的调速要求较高。按传统汽车的驱动模式来说，电动机-驱动桥组合式驱动可以有驱动电动机前置-驱动桥前置（F-F，见图 5-10）和驱动电动机后置-驱动桥后置（R-R，见图 5-11）两种方式。这种驱动系统布置形式具有良好的通用性和互换性，便于在现有的汽车底盘上安装，使用和维修也较方便。

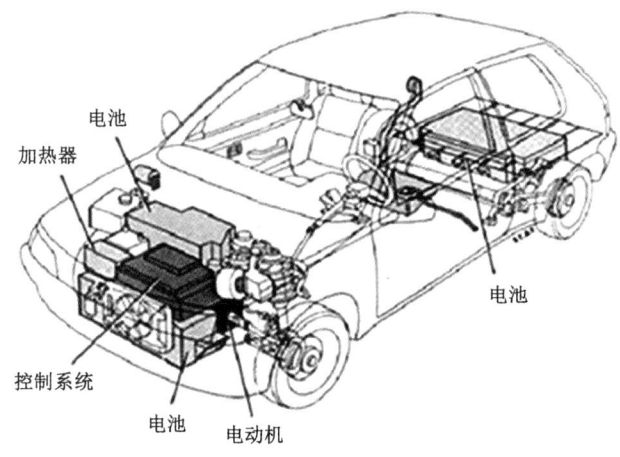

图 5-10　电动机-驱动桥组合式驱动系统

3. 电动机-驱动桥整体式驱动系统

如图 5-12 所示，这种驱动系统布置形式与传统汽车发动机横向前置前轮驱动布置方式类似，把电动机、固定速比减速器和差速器集成为一个整体，两根半轴连接驱动车轮。它具有结构紧凑、传动效率高、重量轻、体积小、安装方便等特点，并具有良好的通用性和互换性，在小型电动汽车上应用比较普遍。

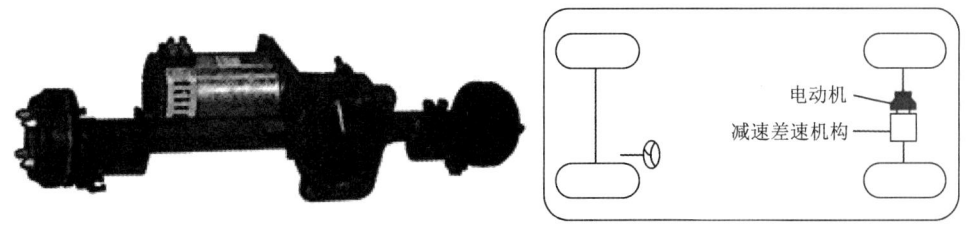

图 5-11　电动机后置-驱动桥后置（R-R）　　图 5-12　电动机-驱动桥整体式

电动机-驱动桥整体式驱动系统在汽车上的布局也有电动机前置-驱动桥前置（F-F）和电动机后置-驱动桥后置（R-R）两种驱动模式，其布置形式有同轴式（见图 5-13）和双联式（见图 5-14）两种。

（1）同轴式驱动系统。

如图 5-13 所示，同轴式驱动系统的电动机轴是一种特殊制造的空心轴，在电动机左端输出轴处安装有减速齿轮和差速器，再由差速器带动左右半轴，左半轴直接被带动，而右半轴通过电动机的空心轴来带动。这种驱动系统需要采用机械式差速器。

（2）双联式驱动系统。

双联式驱动系统也称为双电动机驱动系统，如图 5-14 所示，由左右 2 台永磁电动机直接通过固定速比减速器分别驱动两个车轮，左右 2 台电动机由中间的电控差速器控制，每个驱动电动机的转速可以独立调节控制，便于实现电子差速。

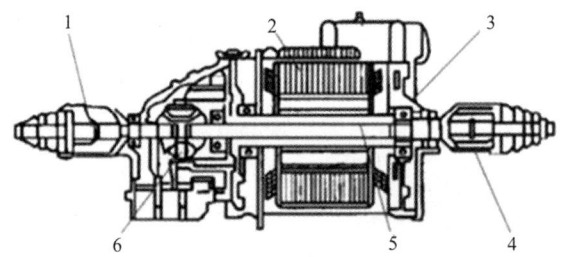

1-左半轴；2-驱动电动机转子；3-驱动电动机外壳；4-右半轴；
5-驱动电动机空心轴；6-驱动桥差速器

图 5-13　同轴式电动机-驱动桥整体式

电控差速器的优点是体积小、质量轻，在汽车转弯时可以实现精确的电子控制，提高纯电动汽车的性能。其缺点是由于增加了驱动电动机和功率转换器，增加了初始成本，而且在不同条件下对 2 个驱动电动机进行精确控制的可靠性需要进一步发展。

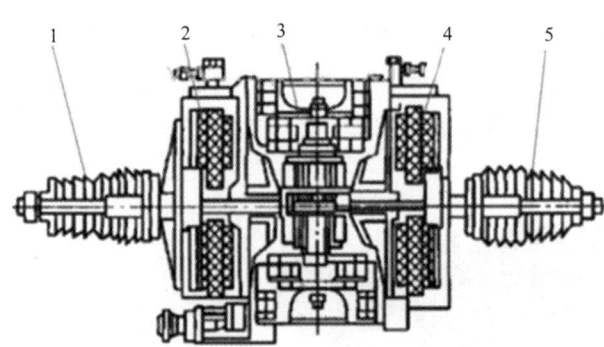

1-右半轴；2-左驱动电动机；3-电控差速器；4-右驱动电动机；
5-右半轴

图 5-14　双联式电动机-驱动桥整体式

4. 轮毂电动机分散驱动式驱动系统

轮毂电动机分散驱动式驱动系统布置形式是将轮毂电动机直接装在车轮轮毂上，如图 5-15 所示。这种驱动系统布置形式可以节省空间方便布置电池，以提高车辆的续驶里程，同时电动机的扭矩响应时间比较短，扭矩的大小控制很精确。每台驱动电动机的转速可独立调节控制，便于实现电子差速。这样既省去了机械差速器，也有利于提高汽车转弯时的操控性。

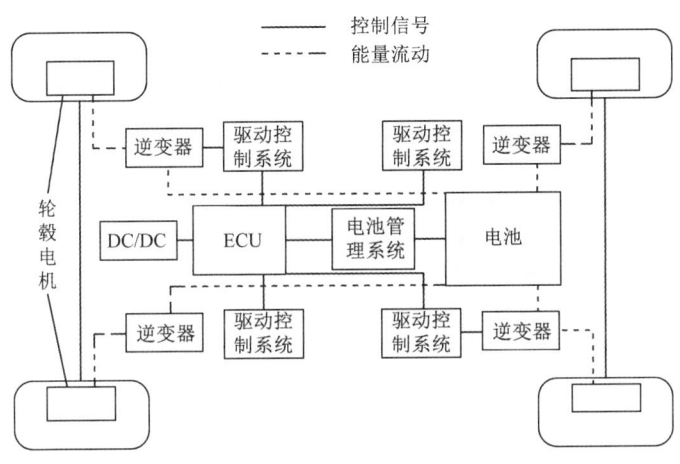

图 5-15　轮毂电动机分散驱动式驱动系统布置形式

轮毂电动机结构如图 5-16 所示，主要由定子、小型逆变器、转子、轴承、悬架轴承座、铝合金轮毂等组成。在汽车上的布置方式有双前轮驱动、双后轮驱动和前后四轮驱动（4Wheel Drive，4WD）等模式。轮毂电动机动力系统根据电动机的转子形式主要分为内转子型和外转子型两种结构。

图 5-16　轮毂电动机结构

如图 5-17 所示为外转子型轮毂电动机的结构。低速外转子电动机结构简单、轴向尺寸小、比功率高，能在很宽的速度范围内控制转矩，且响应速度快，电动机的转速高达 1000r/min，最高为 1500r/min。外转子直接和悬架轴承座车轮相连，没有减速机构，车轮的转速与电动机转速相同，因此效率高。但缺点是如要获得较大的转矩，必须增大电动机体积和质量，因而成本高、加速时效率低、噪声大。

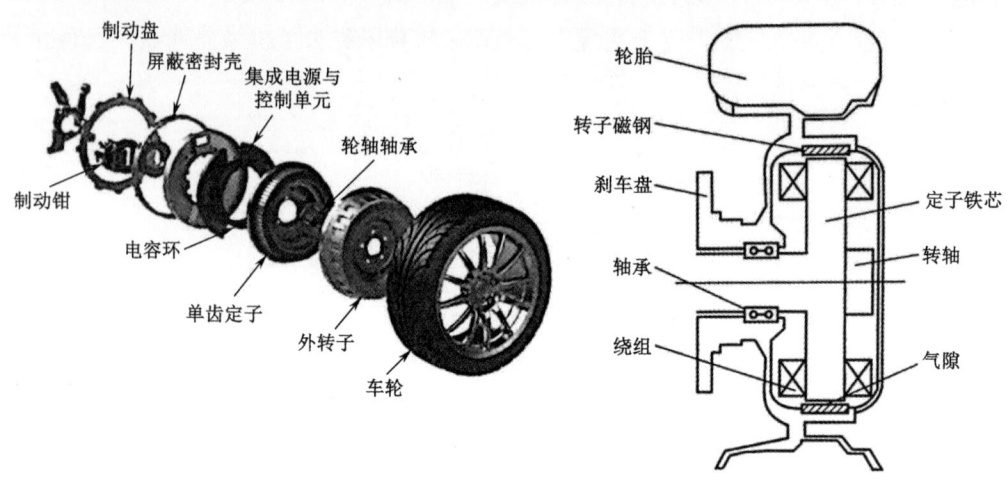

图 5-17 外转子型轮毂电动机结构

内转子型轮毂电动机具有转速高（转速约 10000 r/min）的特点，因此需要装备固定传动比的减速器降低转速。一般采用高减速比行星齿轮减速装置，如图 5-18 所示。行星齿轮减速装置安装在电动机输出轴和车轮轮毂之间，其转子作为输出轴与固定减速比的行星齿轮变速器的太阳轮相连，而车轮轮毂通常与其齿圈连接，它能提供较大的减速比，来放大其输出转矩。由于驱动电动机装在车轮内，形成轮毂电动机，因此缩短了从驱动电动机到驱动轮的传递路径，且输入轴和输出轴可布置在同一条轴线上。高速内转子的轮毂电动机的优点是具有较高的比功率，质量轻，体积小，效率高，噪声小，成本低；缺点是必须采用减速装置，使效率降低，非承载质量增大，电动机的最高转速受线圈损耗、摩擦损耗及变速机构的承受能力等因素的限制。

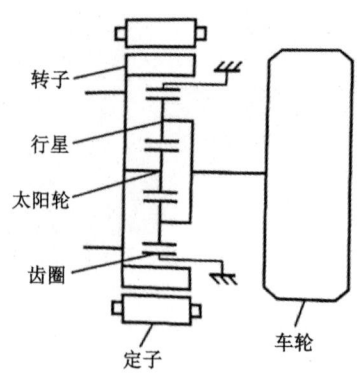

图 5-18 内转子型轮毂电动机结构

三、增程式电动汽车结构与工作原理

增程式电动汽车以提高纯电动汽车的续驶里程为目的，是在纯电动汽车的基础上增加增程器而组成的。它的基本结构由增程器、动力电池、驱动电动机及传动系统组成，结构框图如图 5-19 所示。增程器通常由发动机和发电机组成，如图 5-20 所示。当动力电池电量不足时，通过增程器发电为驱动电动机提供电能。动力电池和驱动电动机的类型与其他纯电动汽车相同，动力电池电量充足时，为驱动电动机提供电能。

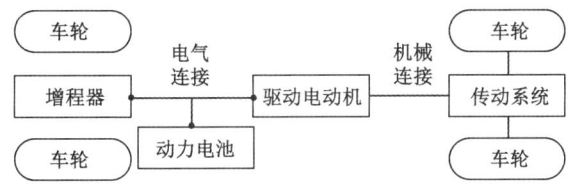

图 5-19　增程式电动汽车结构框图

图 5-20　发动机与发电机构成增程器

1. 美国通用公司的 Volt 增程式电动汽车基本结构

Volt 增程式电动汽车由增程器、主驱动电动机、动力电池及三个离合器组成，其结构框图如图 5-21 所示。增程器由 1.4L 汽油发动机和永磁直流发电机组成，主驱动电动机和发电机与行星齿轮机构集成设计，称为 Voltec 系统，如图 5-22 所示。两台电动机之间通过行星齿轮机构驱动车辆，根据车辆不同的行驶模式，通过控制三个离合器使发电机处于不同的工作状态。

2. Volt 的工作模式

Volt 同样具有纯电动模式和增程模式，由于 Volt 的特殊结构在每种模式下又分为低速和高速模式。

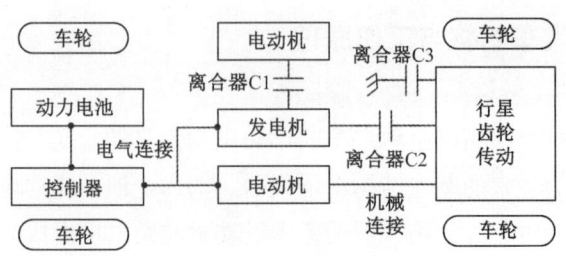

图 5-21　Volt 增程式电动汽车结构框图

1-行星齿轮；2-驱动电动机；3-发电机与
离合器C1；4-离合器C2；5-离合器C3

图 5-22　Voltec 系统

（1）低速纯电动模式。

在此模式中，离合器 C3 接合，C1 和 C2 分离，行星齿轮齿圈锁止。发动机和发电机不工作，主驱动电动机提供车辆所需的驱动力矩。

（2）高速纯电动模式。

在此模式中，离合器 C2 接合，C1 和 C3 分离。发电机变为电动机与主驱动电动机共同为整车提供驱动力，这种方式提高了整个驱动系统的效率，能够在车辆高速行驶时提供更多的行驶里程。

（3）低速增程模式。

当 SOC 低于预定阈值时，整车进入增程模式。在车速较低时，离合器 C1、C3 接合，C2 分离。此模式下，只有主驱动电动机提供整车行驶动力。发动机带动发电机发电，维持电池 SOC 处于最小荷电状态，待停车后使用电网为电池充电。增程器和动力电池共同为主驱动电动机提供电能。

（4）高速增程模式。

在此模式中，离合器 C1、C2 接合，C3 分离。发动机带动发电机，一方面发电，另一方面通过发电机与主驱动电动机共同为整车提供驱动力。但是，与混合动力汽车不同的是，如果没有主电动机参与驱动，发动机就不能直接驱动车辆行驶。

任务三　纯电动汽车典型车型

✂ 任务描述

学生：老师，目前国内外很多国家都在研制和量产纯电动汽车，纯电动汽车有什么样的车型参数呢？它们之间有什么不同呢？

老师：大家都知道目前纯电动汽车车型很多，欧系、美系、日系、韩系及国产纯电动汽车，各车型参数各不相同，下面就重点给大家进行讲解。

✂ 相关知识

目前，世界主要发达国家都很重视电动汽车的研发，不惜投入巨资并制定了一些相关的政策、法规来推动电动汽车的发展。以美国蓝鸟客车公司、英国 FRZAER-NASH 公司、日本丰田公司、日本本田公司为代表的电动客车和轿车已经上市，英国已有数万辆电动汽车在使用，已经初步形成了纯电动汽车运行体系。在近年的国际性大型运动会上，电动汽车也成为各国展示其科技实力和环保意识的工具之一。美国亚特兰大奥运会使用了美国蓝鸟客车公司生产的纯电动客车作为公务和电视转播车，澳大利亚悉尼奥运会购买了英国 FRAZER-NASH 公司的近 400 辆电动客车作为运动员接送车辆。

中国电动汽车的发展虽然不如欧美国家起步早，但从"八五"规划开始到现在，电动汽车研究一直是国家计划项目，并在 2001 年设立了"电动汽车重大科技专项"。通过组织企业、高等院校和科研机构，集中各方面力量进行联合攻关，现正处于研发势头强劲阶段，部分技术已经赶上甚至超过世界先进水平。

一、比亚迪 E6 电动汽车

E6 是比亚迪自主研发的以 ET-Power 铁电池为动力源的纯电动汽车，如图 5-23 所示。它兼容了 SUV 和 MPV 的设计理念，采用前后贯通式纵梁承载式车身，使动力电池包与车身有机地融为一体，充分保证了电池和整车的安全，续驶里程超过 300km。

图 5-23 比亚迪 E6 纯电动汽车

1. 比亚迪 E6 汽车的优点

比亚迪 E6 汽车的技术参数如图 5-24 所示。

内容		E6技术参数
尺寸及质量		
长	mm	4560
宽	mm	1822
高	mm	1630/1723（天线）
轴距	mm	2830
轮距前/后	mm	1556/1558
最小离地间隙	mm	150
整备质量	kg	2295/2455
动力总成		
电机功率/扭矩（前）	kW/N·m	75/450、160/450
电机功率/扭矩（后）	kW/N·m	40/100
电池能量	kW·h	57
性能		
定员	人	5
0~100公里加速时间	s	≥8
最高车速	km/h	>160
续航里程		
等速工况下（50km/h）	km	400
城市工况下	km	300

图 5-24 比亚迪 E6 电动汽车技术参数

比亚迪 E6 汽车的主要优点如下：

① 环保、无污染，噪声低。E6 的动力电池和起动电池均采用比亚迪自主研发和生产的铁电池，其含有的所有化学物质均可以无害的方式分解吸收，能够很好地解决二次回收等环保问题，不会对环境造成任何危害，是绿色环保的电池。

② 节能、经济、实惠。百公里能耗为 21 度电以内。

③ 铁电池经过高温、高压、撞击等试验测试，安全性能极佳。

④ 动力强劲，百公里加速时间为 10s，最高车速可达 160km/h 以上。

⑤ 使用方便，慢充只需 220V 民用电源；快速充电，10min 左右可充满电池的 50%。

⑥ 续驶里程超过 300km。

2. 比亚迪 E6 汽车的组成与工作原理

与传统汽车的结构相比，纯电动汽车在动力驱动方面区别最大，比亚迪 E6 汽车在动力驱动上主要由电动汽车控制模块、动力模块和高压辅助模块三大模块组成。

如图 5-25 所示为比亚迪 E6 工作原理框图。

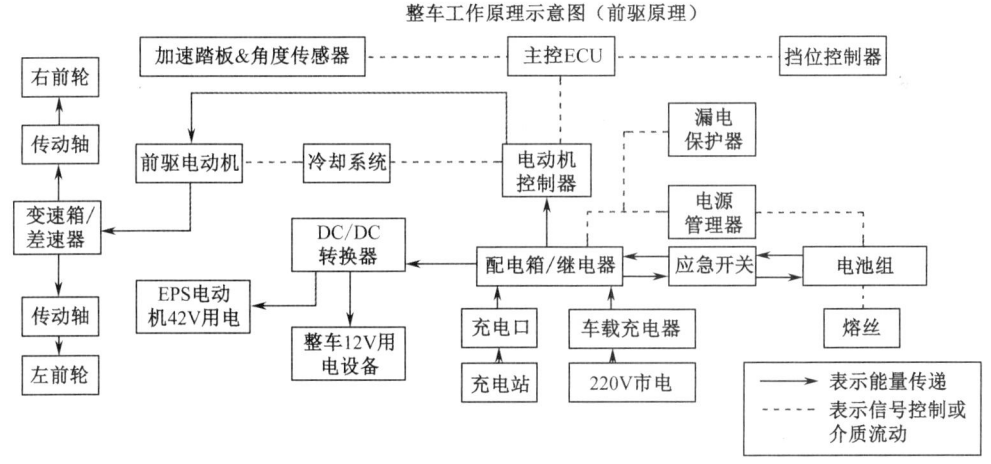

图 5-25 比亚迪 E6 工作原理框图

（1）电动汽车控制模块。

比亚迪 E6 汽车控制模块主要由电动机控制器、DC/DC 转换器、动力配电箱、电池管理单元等组成。

① 电动机控制器为电压逆变器，外观如图 5-26 所示。其功用是利用 IGBT 将直流电转变为交流电，并通过接收挡位开关信号、节气门深度信号、制动踏板深度信号及旋转方向信号等传感器信号进行驱动电动机电压的输出控制，控制电动汽车的前进、倒退，维持电动汽车的正常运转。电动机控制器的关键零部件为 IGBT。IGBT 实际为大电容，目的是控制电流的工作，保证能够按照驾驶人的意愿输出合适的电流参数。

② DC/DC 转换器外形如图 5-27 所示，负责将 330V 高压直流转换为低压 12V 提供给车载低压用电设备，如空调、EPS 等，并且在蓄电池亏电时给蓄电池充电。

③ 动力配电箱负责对电池包体中的能量进行控制，相当于一个大型的继电器，通

过继电器的吸合来控制电流通断,并将电流进行分流。为了控制大的电流通过整车,需要通过几个继电器并联工作,这也对继电器的工作一致性和可靠性提出了苛刻的要求。

④ 电池管理单元是电动汽车电池系统的参数测试及控制装置,具有安全预警与控制、剩余电量估算与指示、充放电能量管理与过程控制、信息处理与通信等主要功能,其外形如图 5-28 所示。它主要保证每节串联电池的电压、电流等各项性能指标的一致性,由于电池的原理有些像木桶效应,某一节短板的话,则所有电池性能都将按照这一节的性能计算,因此对电池可靠性要求极高。为了防止过充、过放、过温等一些影响单节电池性能的问题出现,须通过电池管理单元进行监控,时刻保证电池工作在正常工作状态下。

图 5-26　电动机控制器

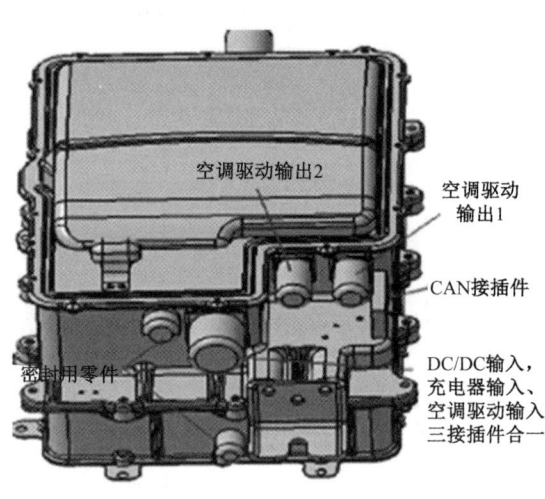

图 5-27　DC/DC 转换器

图 5-28　电池管理单元

(2) 动力模块。

比亚迪 E6 汽车动力模块主要由动力总成和磷酸铁钴锂电池包体总成组成。

① 动力总成主要由驱动电动机和变速器组成，如图 5-29 所示。电动机为水冷交流无刷永磁同步电动机，额定功率为 75kW，是汽车的唯一动力源，驱动汽车行驶，同时还可以在汽车高速滑行和制动时作为发电机为动力电池充电。

② 磷酸铁钴锂电池包体总成由 96 个单体磷酸铁钴锂电池组成，如图 5-30 所示。磷酸铁钴锂电池是用磷酸铁钴锂材料作为电池正极的锂电池，每个电池单体电压为 3.3V。

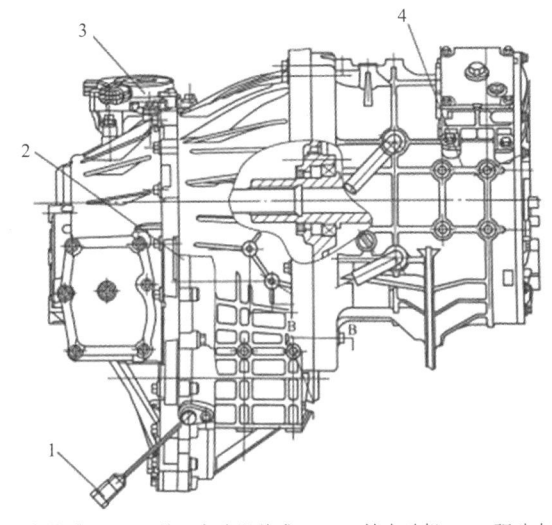

1—速度传感器；2—前驱变速器总成；3—P 挡电动机；4—驱动电动机

图 5-29 动力总成

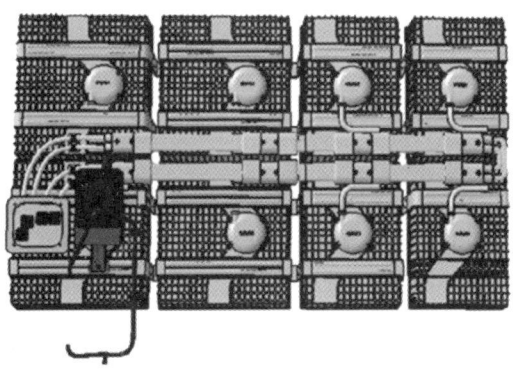

图 5-30 磷酸铁钴锂电池包体总成

（3）高压辅助模块。

高压辅助模块主要由漏电保护器、挡位执行器、主控 ECU、加速踏板、车载充电器、应急开关等组成。

① 漏电保护器外形如图 5-31 所示，其一端与负极相连，一端与车身连接，检测

系统中电流和电压值,一旦发现有超出限制的电流和电压,则发出报警,并切断控制模块,保证用电安全。

② 挡位执行器是人机对话窗口,控制电动车前进、后退、停车等动作,挡位显示在换挡手柄上。P挡是驻车挡,踩下制动踏板,起动车辆,OK灯亮起后,才能将P挡切换到其他挡位。只有在起动时需要踩下制动踏板换挡,其他挡位可直接操纵换挡手柄进行切换。换挡成功后,放松换挡手柄,换挡杆自动回到中间位置。

③ 主控ECU接收各高压监控系统发出的信号,并加以判断,控制冷却系统、制动系统、车速里程等。

④ 加速踏板通过控制电流大小来控制电动机转速。

⑤ 车载充电器有两种充电方式:直流充电和交流充电,如图5-32所示。交流充电主要是通过家用插头和交流充电桩接入交流充电口,通过车载充电器将家用220V交流电转为330V直流高压电给动力电池进行充电。直流充电主要是通过充电站的充电桩将直流高压电直接通过直流充电口给动力电池充电。充电时需要保证整车防水密封性,并且要保证车载充电口能够承受瞬时大电流。

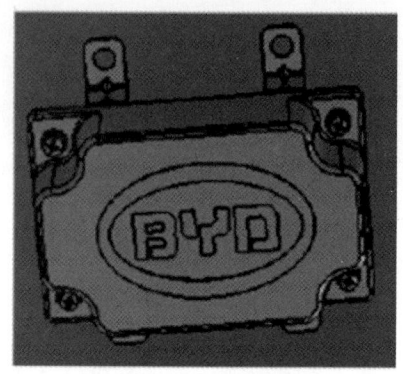

图5-31 漏电保护器

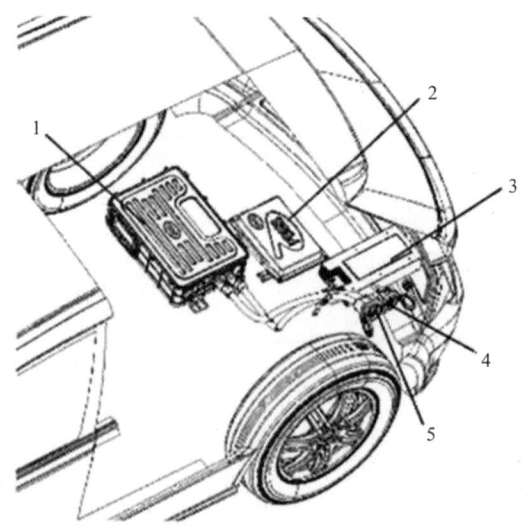

1-高压配电器;2-电源管理器;3-车载充电器;4-交流充电口;5-直流充电口

图5-32 车载充电器

项目五 纯电动汽车

⑥ 应急开关为人工操作的安全开关,外形如图 5-33 所示。应急开关布置在电池的正负极附近,保证能够在紧急情况下通过人工操作将电池电压封闭。

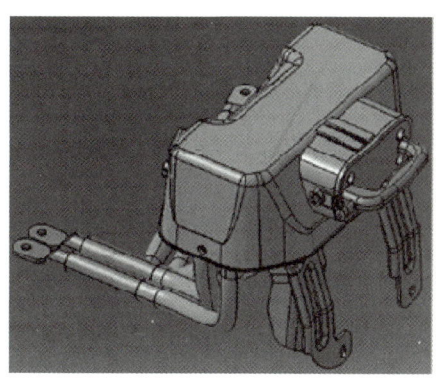

图 5-33 应急开关

二、北汽 E150EV 纯电动汽车

E150EV 纯电动汽车是北汽新能源基于北汽集团自主品牌首款轿车车型 BC301 平台开发的 A0 级纯电动轿车产品,是北汽集团 2012 年在新能源汽车领域重点推出的车型。

E150EV 纯电动轿车外形如图 5-34 所示。该款纯电动汽车产品搭载永磁同步电动机、单级减速器的电驱系统,具有高效简单的驱动特点。它采用 3 磷酸铁锂动力电池组,以自主研发整车电控系统核心技术为主要技术路线。其技术参数如表 5-1 所示。

表 5-1 E150EV 纯电动汽车技术参数

类别	项目	参数
整车参数	长×宽×高(mm×mm×mm)	3398×1720×1503
	整备质量(kg)	1370
	最高车速(km/h)	120
	最大爬坡度	20%
	等速续驶里程(km)	160
电机参数	峰值功率(kW)	20/45
	额定扭矩(N·m)	64/144
电池参数	电池类型	磷酸铁锂
	额定电压(V)	320
	电量(kW·h)	25.6

新能源汽车概论

图 5-34　E150EV 纯电动汽车

　　E150EV 纯电动汽车动力系统由整车控制系统、电池及电池管理系统和电动机及电动机管理系统三部分构成，如图 5-35 所示。整车控制系统主要判断操纵者意愿，根据车辆行驶状态和电池与电动机系统的状态合理分配动力，使车辆运行在最佳状态。电动机及电动机管理系统是电能和机械能相互转换的子系统，其功能是接收整车控制器的转矩信号，驱动车辆行驶、转向和再生制动回馈能量，同时监控电动机系统状态并执行故障报警和处理。电池及电池管理系统的作用主要是进行能量的储存及能量的释放，需要电压的转换和电池状态的检测等。

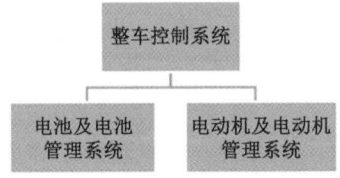

图 5-35　北汽 E150EV 纯电动汽车动力系统结构图

1. 电池及电池管理系统

　　电池及电池管理系统主要由动力电池模组、电池管理系统、动力电池箱及辅助元器件四部分组成，如图 5-36 所示。

　　① 电池单体是构成动力电池模块的最小单元。它一般由正极、负极、电解质及外壳等构成，可实现电能与化学能之间的直接转换。

　　② 电池模块是一组并联的电池单体的组合，该组合的额定电压与电池单体的额定电压相等，是电池单体在物理结构和电路上连接起来的最小分组，可作为一个单元替换。

项目五　纯电动汽车

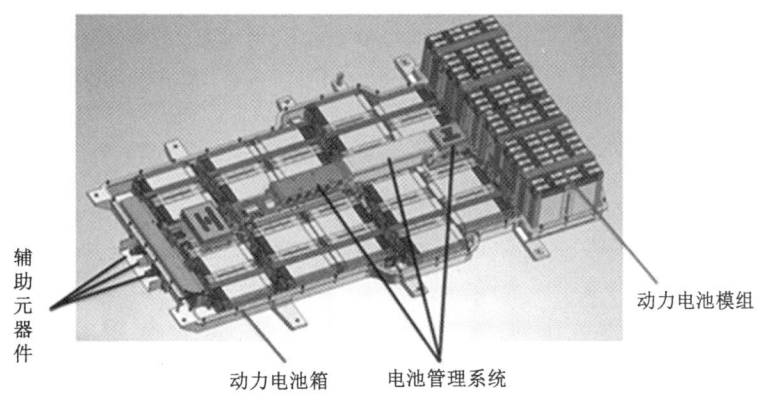

图 5-36　电池及电池管理系统示意图

③ 模组是由多个电池模块或单体电芯串联组成的一个组合体。

④ 电池管理系统不仅要保证电池安全可靠的使用，还要充分发挥电池的能力和延长使用寿命。作为电池和整车控制器及与驾驶人沟通的桥梁，电池管理系统通过控制接触器控制动力电池组进行充放电。其外形如图 5-37 所示。

⑤ 动力电池箱是支撑、固定、包围电池系统的组件，主要包含上盖和下托盘，还有辅助元器件如过渡件、护板、螺栓等，动力电池箱有承载及保护动力电池组及电气元件的作用，如图 5-38 所示。

图 5-37　电池管理系统外形图

图 5-38　动力电池箱

⑥ 辅助元器件主要包括动力电池系统内部的电子电器元件，如熔断器、继电器、分流器、接插件、紧急开关、烟雾传感器等，维修开关及电子电器元件以外的辅助元器件，包括密封条、绝缘材料等。

2. 驱动电动机及电动机管理系统

北汽 E150EV 电动汽车的驱动系统包括驱动电动机和驱动电动机控制器等，如图 5-39 所示。

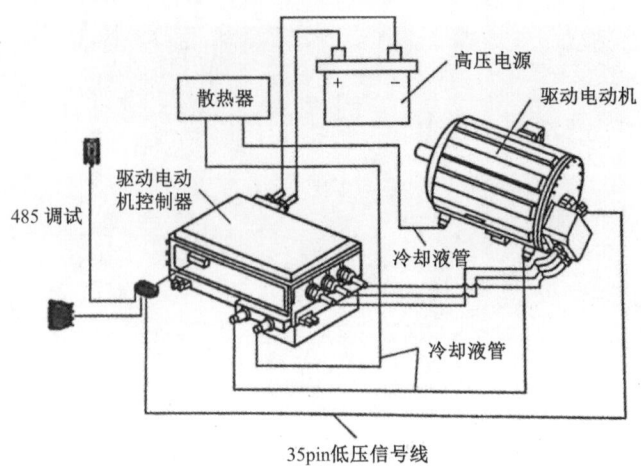

图 5-39 北汽 E150EV 电动汽车驱动系统示意图

① 驱动电动机采用永磁同步电动机,是电能与机械能转化的重要执行部件,并将自身的运行状态信息发送给电动机控制器。驱动电动机效率高、体积小、重量轻及可靠性高,并且电动机还使用了一些传感器以提供电动机工作信息。例如,旋转变压器用于检测电动机转子位置,温度传感器用于检测电动机的绕组温度。

② 电动机控制器是电动机系统的控制中心。它对所有的输入信号进行处理,并将电动机控制系统运行状态的信息发送给整车控制器。电动机控制器内含功能诊断电路。当诊断出现异常时,它将会激活一个错误代码,发送给整车控制器。电动机控制系统使用了一些传感器来提供电动机的工作信息:电流传感器用于检测电动机工作的实际电流;电压传感器用于检测供给电动机控制器工作的实际电压;温度传感器用于检测电动机控制系统的工作温度。

3. 整车控制系统

如图 5-40 所示,E150EV 电动汽车整车控制器安装在轿车前机舱内,是进行电动汽车动力控制及电能管理的重要装置。一方面,整车控制器通过自身数据采集模块获取驾驶人需求信息;另一方面,整车控制器与电动机控制器、电池管理系统、电动辅助系统等部件组成 CAN 总线网络,实时获取当前整车状态、电动机、电池、电动辅助等部件参数。它采用优化算法协调电动辅助部件和电动机运行,在满足驾驶人对整车动力性和舒适性需求的前提下,最大限度地节约电能的消耗。

其具体功能如下:

① 通过车速传感器、挡位信号传感器等采用不同的采样周期,时刻检测整车的运行状态。

② 通过 CAN 总线获得整车功能模块、动力电池系统、电动机驱动系统等状态信息。

③ 通过加速/制动踏板位置、当前车速和整车是否有故障信息等，判断出当前需要的整车工作模式（如起步、加速、减速、匀速行驶），根据判断得出的整车工作模式、动力电池系统和电动机驱动系统状态，计算出当前车辆需要的扭矩。

④ 整车故障的判别及处理。

⑤ 电动汽车辅助系统的控制。

1-整车控制器；2-洗涤液储液罐；3-低压熔丝盒（新能源）；4-驱动电动机控制器；5-高压控制盒；6-车载充电机；7-DC/DC转换器；8-制动液储液罐；9-低压蓄电池；10-前舱低压电器盒

图 5-40 北汽 E150EV 电动汽车前机舱主要部件示意图

思考与练习

一、填空题

1. 纯电动汽车是指以_____为动力，用_____驱动车轮行驶，符合道路交通、安全法规各项要求的车辆。

2. 纯电动汽车的电动机相当于传统汽车的_____，蓄电池相当于传统汽车的_____。

3. 纯电动汽车按其驱动电动机类型可分为四种：_____、_____、_____和_____。

4. 增程式电动汽车有两种工作模式即_____和_____。

5. 纯电动汽车电力驱动控制系统主要由_____、_____和_____三部分组成。

6. 车载电源模块包括_____、_____和_____。

二、判断题

1. 随着车辆在纯电动模式下运行，电池 SOC 逐渐降低。（ ）

2. 当纯电动汽车处于加速时，驱动控制器使驱动电动机运行于发电状态。（ ）

3. 蓄电池不是纯电动汽车的唯一能源。（ ）

4. 轮毂电动机动力系统根据电动机的转子形式主要分为：内转子型和外转子型两种结构。（ ）

5. 当动力电池电量不足时，增程式电动汽车通过增程器发电为驱动电动机提供电能。（ ）

三、选择题

1. 驱动控制器必须与电动机配套使用，电动机的调速主要采用（ ）和调频等方式。

  A. 调压　　　B. 调流　　　C. 调速　　　D. 以上都不是

2. 辅助动力源主要由辅助电源和（ ）转换器组成。

  A. DC/AC　　B. DC/DC　　C. AC/AC　　D. 以上都不是

3. 内转子型轮毂电动机具有转速高（转速约_____r/min）的特点，因此需要装备固定传动比的减速器降低转速。

  A. 8000　　　B. 10000　　C. 15000　　D. 以上都不对

4. 增程式电动汽车以提高纯电动汽车的续驶里程为目的，是在纯电动汽车的基础上增加（ ）而成的。

  A. 增程器　　B. 增压器　　C. 减速器　　D. 以上都不是

5. 在 THS-II 中，带转换器的逆变器总成内使用（ ）转换器。

  A. 增压　　　B. 减压　　　C. 恒压　　　D. 以上都不是

四、简答题

1. 简述纯电动汽车的类型。

2. 简述增程式电动汽车的工作模式。

3. 简述纯电动汽车电力驱动控制系统的组成及功能。

4. 简述纯电动汽车的结构特点与工作原理。

项目六

燃料电池汽车

目标及要求

教学目标	（1）了解燃料电池汽车的产业发展状况； （2）了解燃料电池汽车的典型车型。
能力要求	（1）掌握燃料电池的类型及特点，了解其工作原理； （2）掌握燃料电池汽车的类型及结构。

项目概述

燃料电池汽车（FCV，见图 6-1）以节能环保的特性，逐渐成为新能源汽车的发展目标，并距离我们的生活越来越近。

图 6-1　燃料电池汽车示意图

燃料电池汽车是纯电动汽车的一种，它在车身、动力传动系统、控制系统等方面与普通纯电动汽车基本相同，两者的主要区别在于燃料电池的工作原理与普通蓄电池不同。燃料电池系统由蓄电池组、高压储氢罐、氢燃料电池、燃料电池升压器、驱动电机等组成，如图 6-2 所示。

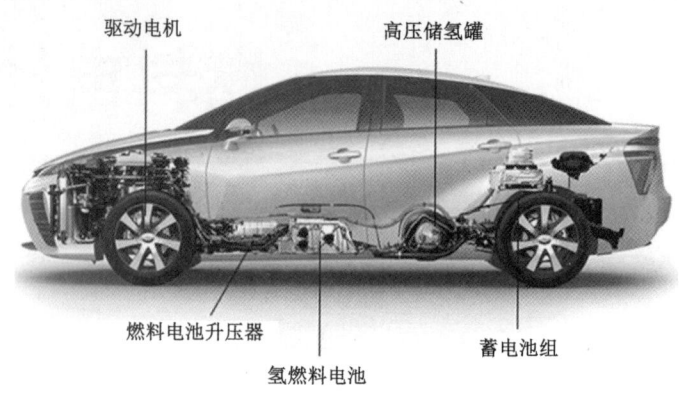

图 6-2　燃料电池系统示意图

燃料电池的反应机制是将燃料中的化学能不经过燃烧直接转化为电能，即通过电化学反应将化学能转化为电能，这实际上是电解水的逆过程。通过氢与氧的化学反应生成水并释放电能。电化学反应所需的还原剂一般是氢气，氧化剂则是氧气，因此早期开发的燃料电池汽车多直接采用氢燃料，氢气的储存可采用液化氢、压缩氢气或金属氢化物等形式，如图 6-3 所示。

燃料电池的反应不经过热机循环过程，因此其能量转换效率不受卡诺循环的限制，能量转化率高。它的排放主要是水，非常清洁，不产生任何有害物质。因此，燃料电池技术的研究和开发备受各国政府与公司的重视，它被认为是 21 世纪最洁净、高效的发电技术之一。

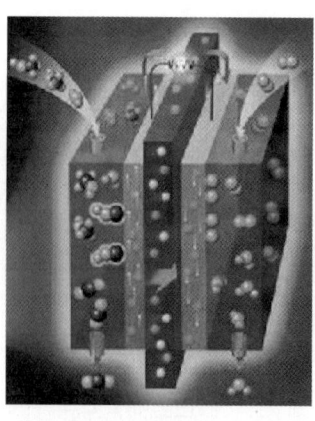

图 6-3　氢燃料通过电化学反应将化学能转化为电能

任务一　燃料电池汽车的类型与技术

✂ 任务描述

学生：老师，燃料电池汽车和传统燃油汽车相比有哪些优点呢？它的关键技术是什么？

老师：燃料电池汽车与燃油汽车相比高效、环保，它的关键是燃料电池。下面我们从燃料电池开始逐渐认识燃料电池电动汽车。

✂ 相关知识

燃料电池汽车也可以算作电动汽车，可以在五分钟内给电池灌满燃料，而不是等上几个小时来充满电，只不过"电池"是氢氧混合燃料电池。与普通化学电池相比，燃料电池可以补充燃料，通常是补充氢气。一些燃料电池能使用甲烷和汽油作为燃料，但通常是限制在电厂和叉车等工业领域使用。

燃料电池汽车（FCV）是一种用车载燃料电池装置产生的电力作为动力的汽车。车载燃料电池装置所使用的燃料为高纯度氢气或含氢燃料经重整所得到的高含氢重整气。与通常的电动汽车比较，其动力方面的不同在于FCV用的电力来自车载燃料电池装置，而电动汽车所用的电力来自由电网充电的蓄电池。因此，FCV的关键是燃料电池。

一、燃料电池的类型及性能

燃料电池是一种将氢和氧的化学能通过电极反应直接转换成电能的装置，其能量转换效率可达60%～70%，实际使用效率则是普通内燃机的两倍左右，如图6-4所示。

燃料电池种类繁多，按照不同的特性分类方式也不同。一般按照电解质的种类来分类，即酸性、碱性、熔融盐类或固体电解质。因此，燃料电池可分为碱性燃料电池（AFC）、磷酸燃料电池（PAFC）、熔融碳酸盐燃料电池（MCFC）、质子交换膜燃料电池（PEMFC）等。

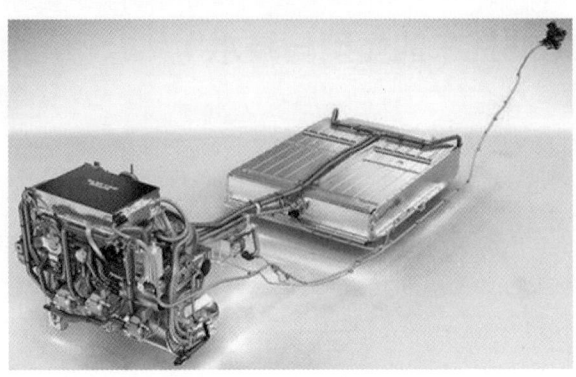

图 6-4　燃料电池

1. 质子交换膜燃料电池

质子交换膜燃料电池，在工作原理上相当于水电解的"逆"装置。其电池单体主要由阳极、阴极和质子交换膜组成（见图 6-5），阳极为氢燃料氧化的场所，阴极为氧化剂还原的场所，两极都含有加速电极电化学反应的催化剂，质子交换膜作为传递 H^+ 的介质，只允许 H^+ 通过。质子交换膜燃料电池工作时相当于直流电源，阳极即电源负极，阴极即电源正极。

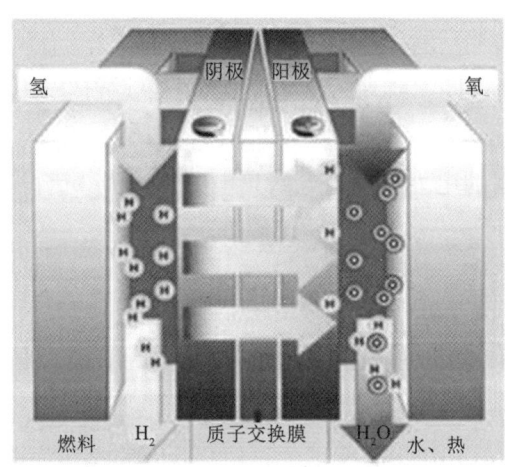

图 6-5　质子交换膜燃料电池

具体反应步骤：经增湿后的 H_2 和 O_2 分别进入阳极室和阴极室，经电极扩散层扩散到催化层和质子交换膜的界面，分别在催化剂作用下发生氧化和还原反应。

阳极：$H_2 \rightarrow 2H^+ + 2e^-$

阴极：$H_2 + 1/2O_2 \rightarrow H_2O$

电池总反应：$1/2O_2 + 2H^+ + 2e^- \rightarrow H_2O$

阳极反应生成的质子（H⁺）通过质子交换膜传导到达阴极，阳极反应产生的电子通过外电路到达阴极。生成的水以水蒸气或冷凝水的形式由过剩的阴极反应气体从阴极室排出。

质子交换膜燃料电池在发电过程中不产生任何污染，同时还具有工作温度低、起动快、结构简单、操作方便、可靠性高等优点，是一种清洁、高效的绿色环保电源，也是目前应用前景最广泛、技术发展最快的燃料电池。

2．碱性燃料电池

碱性燃料电池的电解质为呈碱性的氢氧化钾（KOH），故称为碱性燃料电池，如图 6-6 所示。

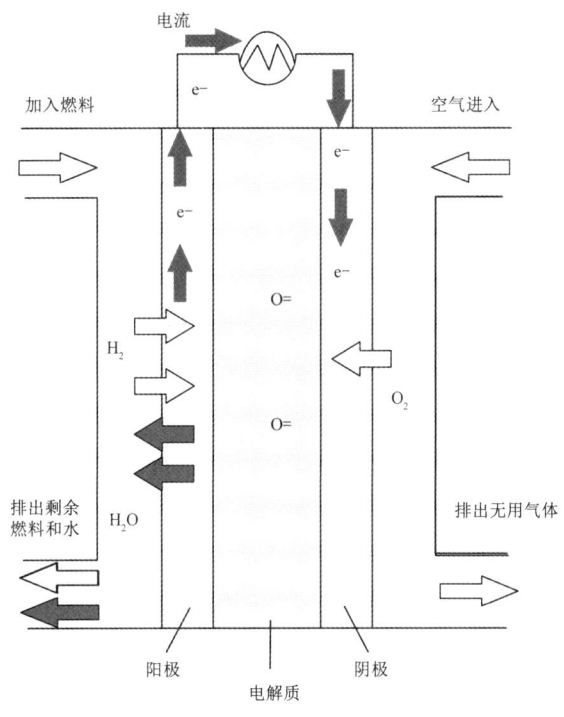

图 6-6　碱性燃料电池

碱性燃料电池一般以石墨、镍和不锈钢作为结构材料。按燃料性质不同，其化学反应温度为 80～260℃。

碱性燃料电池的工作原理如下：

① 碱性燃料电池中燃料电极（负极）上产生的化学反应的方程式：

$$H_2 + 2OH^- \rightarrow 2H_2O + 2e^-$$

② 碱性燃料电池中氧电极（正极）上产生的化学反应的方程式：

$$1/2 O_2 + H_2O + 2e^- \rightarrow 2OH^-$$

③ 碱性燃料电池总的化学反应的方程式：

$$H_2 + 1/2O_2 \rightarrow H_2O$$

碱性燃料电池的起动很快，但其能量密度比质子交换膜燃料电池低十余倍，体积较大。不过，它是所有类型燃料电池中生产成本最低的一种，因此可用作小型的固定发电装置。

同质子交换膜燃料电池一样，碱性燃料电池对能污染催化剂的一氧化碳和其他杂质也非常敏感。此外，其原料不能含有二氧化碳，因为二氧化碳能与氢氧化钾电解质反应生成碳酸钾，降低电池的性能。

3. 磷酸燃料电池

磷酸燃料电池（PAFC）是当前商业化发展最快的一种燃料电池。它以液体磷酸为电解质，并通常置于碳化硅基质中。磷酸燃料电池的工作温度比质子交换膜燃料电池和碱性燃料电池都略高，为 150～200℃，但仍需电极上的白金催化剂来加速反应。其阳极和阴极上的反应与质子交换膜燃料电池相同，但因为其工作温度较高，所以阴极上的反应速度要比质子交换膜燃料电池快。

磷酸燃料电池由燃料电极、隔板、隔膜、空气电极、氧电极和冷却板组成。

如图 6-7 所示为磷酸燃料电池单电池结构。电池盒的上下两侧为燃料气体通道和空气通道，燃料气体和空气通过石墨复合材料的多孔质夹层，然后在磷酸电解质层的夹层中进行化学反应。

磷酸燃料电池的工作原理如下：

① 磷酸燃料电池中燃料电极（负极）上产生的化学反应的方程式：

$$H_2 \rightarrow 2H^+ + 2e^-$$

② 磷酸燃料电池中氧电极（正极）上产生的化学反应的方程式：

$$1/2O_2 + 2e^- + 2H^+ \rightarrow H_2O$$

③ 磷酸燃料电池总的化学反应的方程式：

$$H_2 + 1/2O_2 \rightarrow H_2O$$

4. 熔融碳酸盐燃料电池

熔融碳酸盐燃料电池通常以含锂和钾的碳酸盐为电解质，阴极为镍的氧化物，阳极为镍合金，正常工作温度为 650℃，如图 6-8 所示。在这样高的温度中，电池阴阳极电化学反应都很快，不需要使用贵金属做催化剂。

项目六 燃料电池汽车

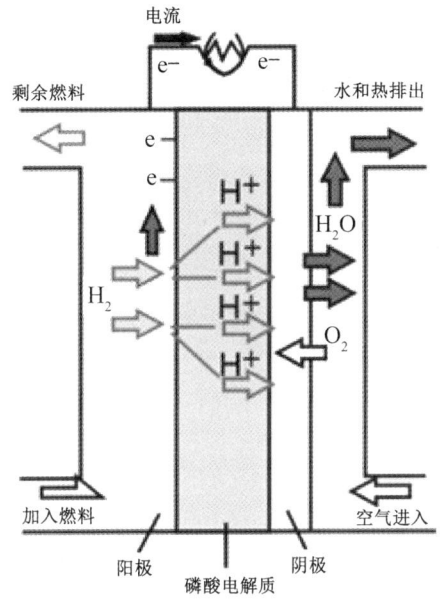

图 6-7 磷酸燃料电池单电池结构

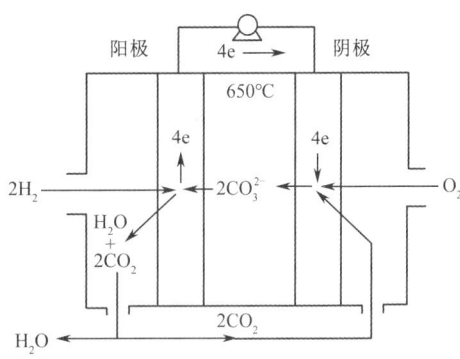

图 6-8 熔融碳酸盐燃料电池

熔融碳酸盐燃料电池的工作原理如下：

① 熔融碳酸盐燃料电池中燃料电极（负极）上产生的化学反应的方程式：

$$H_2 + CO_3^{2-} \rightarrow H_2O + CO_2 + 2e^-$$
$$CO + CO_3^{2-} \rightarrow 2CO_2 + 2e^-$$

② 熔融碳酸盐燃料电池中氧电极（正极）上产生的化学反应的方程式：

$$1/2 O_2 + CO_2 + 2e^- \rightarrow CO_3^{2-}$$

5. 固体氧化物燃料电池

固体氧化物燃料电池属于第三代燃料电池，它是一种在中高温下直接将储存在燃料和氧化剂中的化学能高效、环境友好地转化成电能的全固态化学发电装置。它被普遍认为在未来会与质子交换膜燃料电池（PEMFC）一样得到广泛应用。

固体氧化物燃料电池的电解质是固体氧化物，其催化剂和电池的结构材料也都是固体氧化物，如图 6-9 所示。

固体氧化物燃料电池在燃烧反应过程中的温度可达 800～1000℃。它可以直接使用甲醇和烃类燃料。

固体氧化物燃料电池的工作原理如下：

① 固体氧化物燃料电池中燃料电极（负极）上产生的化学反应的方程式：

$$H_2 + O^{2-} \rightarrow H_2O + 2e^-$$

② 固体氧化物燃料电池中氧电极（正极）上产生的化学反应的方程式：

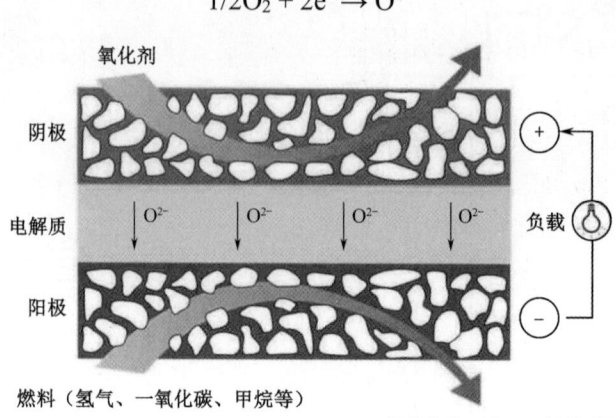

图 6-9　固体氧化物燃料电池

二、燃料电池汽车的类型及结构

燃料电池汽车是以燃料电池产生的电能作为主要动力源的汽车，如图 6-10 所示。

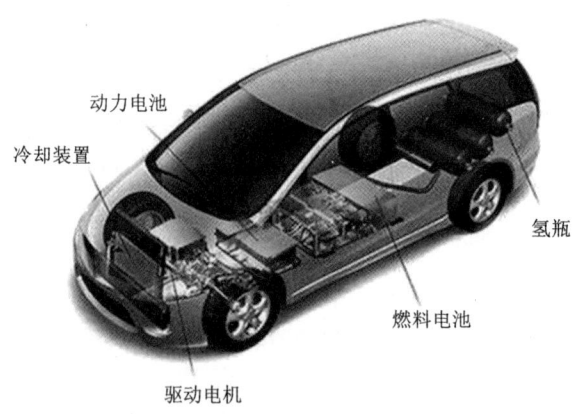

图 6-10　燃料电池电动汽车示意图

燃料电池汽车按主要燃料种类可分为以下两类：
① 以纯氢气为燃料的燃料电池汽车。
② 以经过重整后产生的氢气为燃料的燃料电池汽车。
燃料电池汽车按电源配置不同可分为以下四类：
① 纯燃料电池驱动（PFC）的燃料电池汽车。
② 燃料电池与辅助蓄电池联合驱动（FC + B）的燃料电池汽车。

③ 燃料电池与超级电容联合驱动（FC + C）的燃料电池汽车。

④ 燃料电池与辅助蓄电池和超级电容联合驱动（FC + B + C）的燃料电池汽车。

1. 燃料电池单独驱动的燃料电池汽车

这种燃料电池汽车只有燃料电池一个动力源，汽车的所有功率负荷都由燃料电池承担，如图6-11所示。

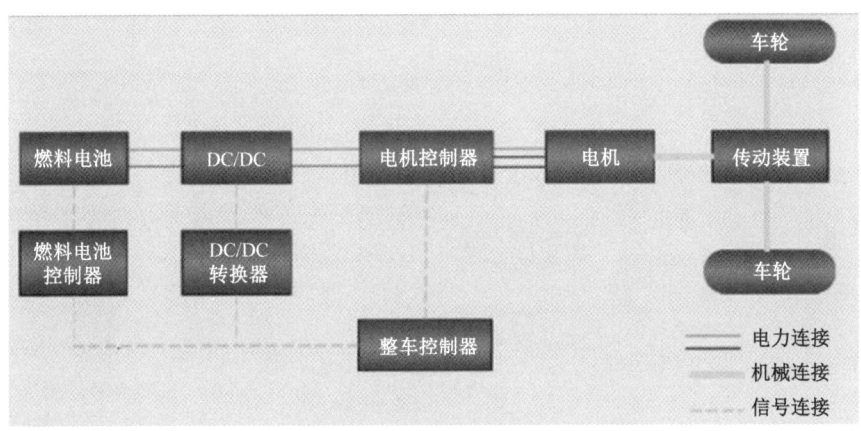

图 6-11　燃料电池单独驱动的燃料电池汽车

优点：

① 结构简单，便于实现系统控制和整体布置。

② 系统部件少，有利于整车的轻量化。

③ 较少的部件使得整体的能量传递效率高。

缺点：

① 总体成本高。

② 对燃料电池系统的动态性能和可靠性要求较高。

③ 不能进行制动能量回收。

2. 燃料电池与辅助蓄电池联合驱动的燃料电池汽车

这种燃料电池汽车是典型的串联式混合动力结构。该动力系统中，燃料电池和蓄电池一起为驱动电机提供能量，驱动电机将电能转化成机械能传给传动系统，从而驱动汽车。汽车制动时，驱动电机以发电机模式工作，将回馈的能量储存至蓄电池，如图6-12所示。

优点：

① 由于增加了价格相对低廉的辅助蓄电池组，系统对燃料电池的功率要求降低，

从而大大地降低了整车成本。

② 燃料电池可以在较好的条件下工作，且效率较高。

③ 制动能量回馈能增加整车的能量效率。

缺点：

① 辅助蓄电池使得整车的质量增加，动力性和经济性受到影响。

② 辅助蓄电池充放电过程中会有能量损耗。

③ 系统变得复杂，系统控制和整体布置难度增加。

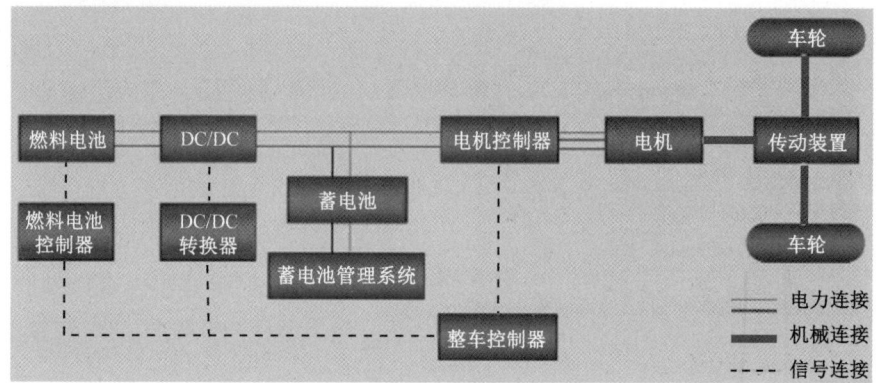

图 6-12　燃料电池与辅助蓄电池联合驱动的燃料电池汽车

3. 燃料电池与超级电容联合驱动的燃料电池汽车

这种结构与"燃料电池+蓄电池"结构相似，只是把蓄电池换成了超级电容。与蓄电池相比，超级电容充放电效率高，能量损失小，功率密度更大，在回收制动能量方面也比蓄电池更有优势，且循环寿命长，但是其能量密度较小，如图 6-13 所示。

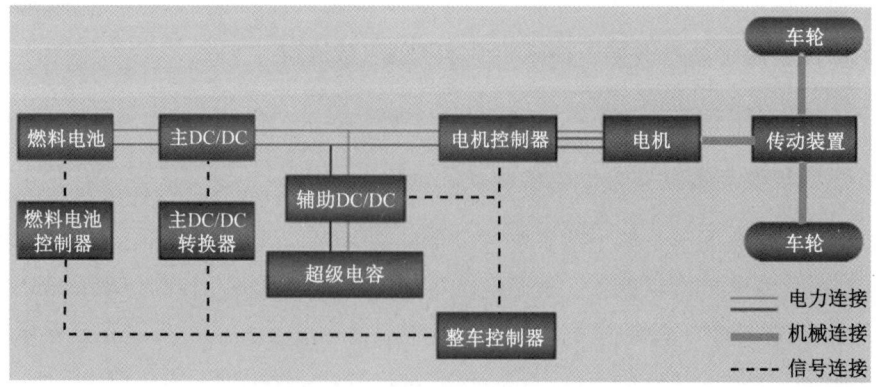

图 6-13　燃料电池与超级电容联合驱动的燃料电池汽车

4. 燃料电池与辅助蓄电池和超级电容联合驱动的燃料电池汽车

燃料电池与蓄电池和超级电容联合组成的动力系统也是串联式混合动力结构。燃料电池、蓄电池和超级电容一起为驱动电机提供能量，驱动电机将电能转化成机械能传给传动系统，以驱动汽车。汽车制动时，驱动电机以发电机模式工作，蓄电池和超级电容将储存回馈的能量，如图6-14所示。

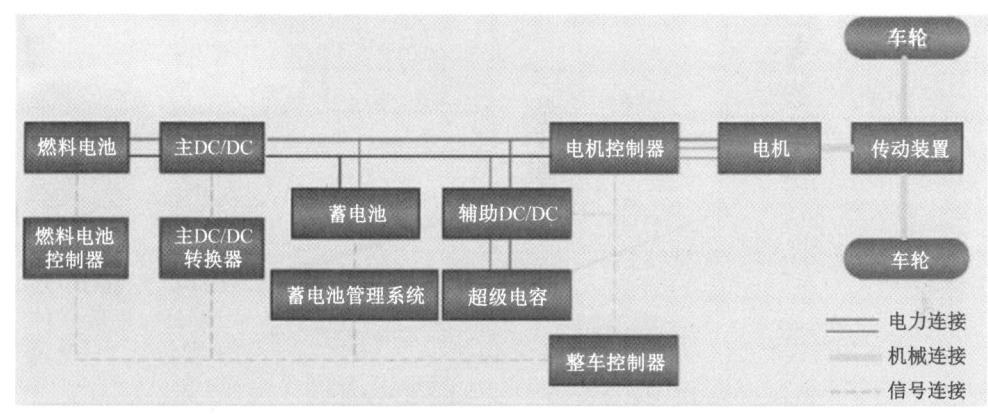

图6-14 燃料电池与辅助蓄电池和超级电容联合驱动的燃料电池汽车

这种结构与"燃料电池+蓄电池"的结构相比，在部件效率、动态特性、制动能量回馈等方面更有优势。然而，其缺点也一样明显：

① 加了超级电容，系统质量进一步增加。

② 系统更加复杂，系统控制和整体布置的难度也随之增大。

三、燃料电池汽车的关键技术

1. 燃料电池系统

燃料电池是燃料电池电动汽车的关键技术之一。燃料电池的技术水平可通过耐久性、低温起动温度、净输出比功率以及制造成本四个要素来评判。降低成本是燃料电池研究的主要目标，而控制成本的有效手段是减少材料费和降低加工费，如图6-15所示。

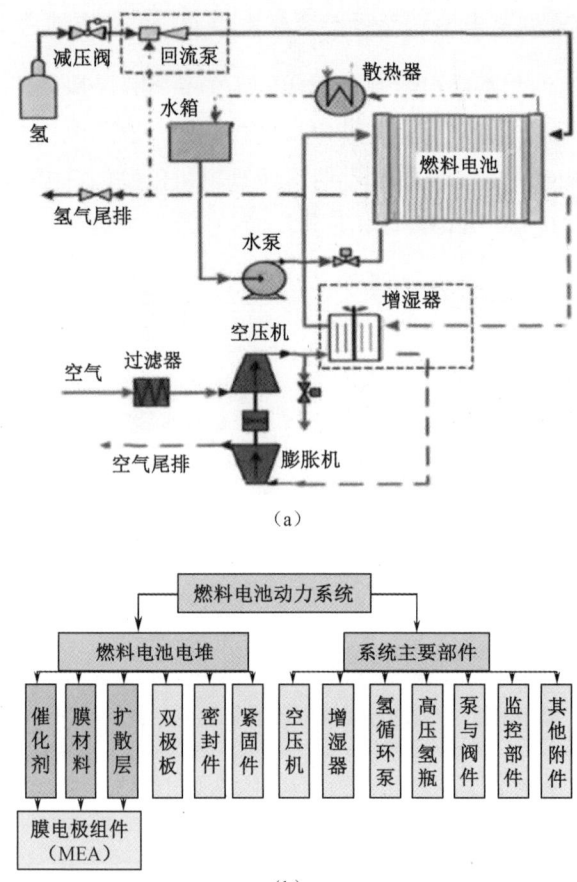

图 6-15 燃料电池系统

2. 车载储氢系统

储氢技术是氢能利用走向规模化应用的关键,如图 6-16 所示。目前,常见的车载储氢系统有高压储氢、低温储存液氢和金属氢化物储氢三种。

图 6-16 车载储氢系统

3. 车载蓄电系统

车载蓄电系统包括铅酸蓄电池、镍氢电池、锂离子电池等蓄电池，以及电化学超级电容器。其中，铅酸蓄电池的功率密度低，充电时间长，用作未来电动汽车动力系统的可能性很小，如图6-17所示。

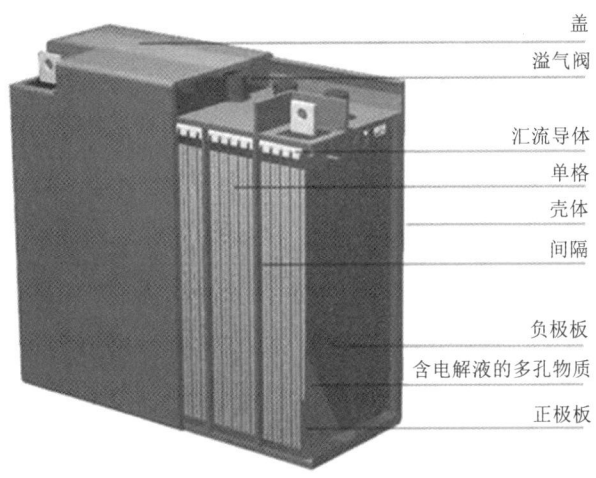

图6-17　铅酸蓄电池

镍氢电池具有高比能量、大功率、快速充放电、耐用性优异等特性，是目前混合动力汽车和纯电动汽车中应用最广的绿色蓄电池，如图6-18所示。

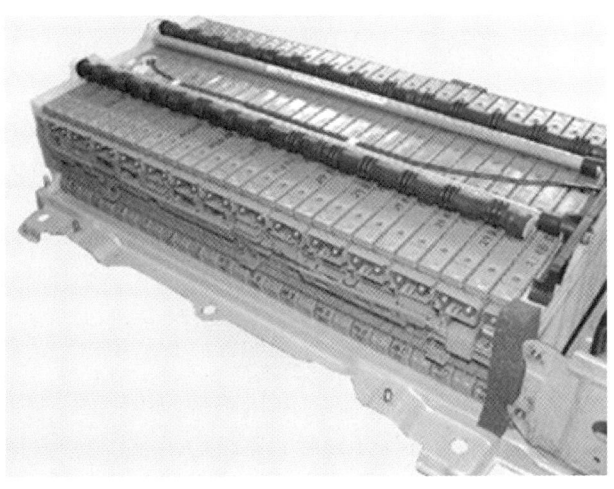

图6-18　镍氢电池

锂离子电池具有比能量大、比功率高、自放电小、无记忆效应、循环特性好、可快速放电等优点,如图 6-19 所示。

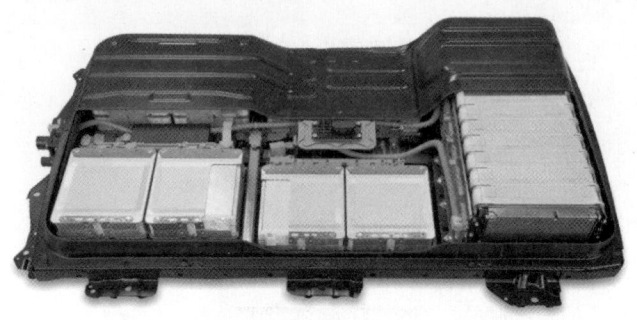

图 6-19　锂离子电池

4. 电机及其控制技术

驱动电机(见图 6-20)是燃料电池汽车的"心脏",它正向着大功率、高转速、高效率和小型化方向发展。当前,驱动电机主要有感应电机和永磁无刷电机两类。永磁无刷电机具有较高的功率密度和效率,且体积小、惯性低、响应快,在电动汽车方面有广阔的应用前景。

图 6-20　驱动电机

5. 能源动力系统的能量管理

能量管理策略对燃料经济性影响很大,且受到动力系统参数和行驶工况的双重影响。完成能量管理策略的工况适应性开发后,其核心问题转变为功率分配优化,另外还必须考虑一些限制条件。按照是否考虑变量的历史状态,可以把功率分配策略分为瞬时与非瞬时两大类。能量管理系统如图 6-21 所示。

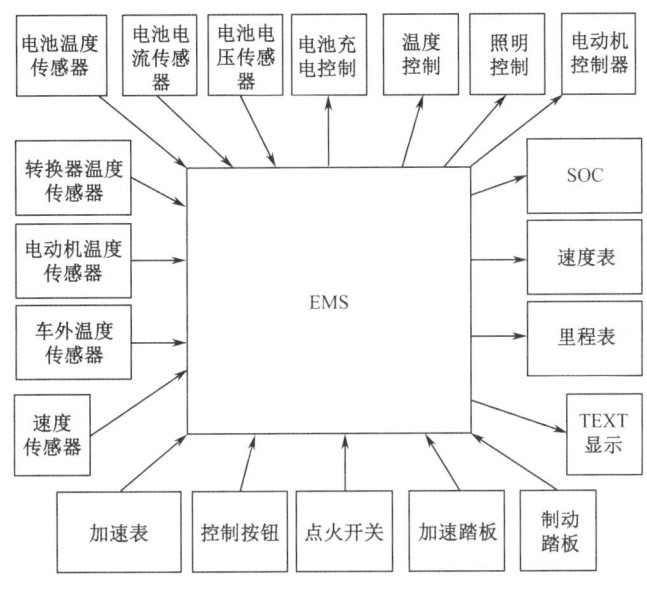

图 6-21 能量管理系统

四、燃料电池汽车的优势及存在的问题

1. 燃料电池汽车的独特优势

（1）清洁无污染。

以氢气为燃料的燃料电池，燃料经过化学反应后产生的废物只有水，属于零污染，可以说燃料电池汽车是真正意义上的"清洁汽车"。

（2）燃料补充方便、快捷，续驶里程远超普通纯电动汽车。

纯电动汽车充电时间较长，一次充电完成需要 7～8h，而且充满电后的续驶里程较短，通常不超过 300km。而燃料电池汽车可以像传统的燃油汽车一样补充燃料，而且充满燃料后的续驶里程通常可达 400km 以上，甚至超过了很多传统的燃油汽车，如图 6-22 所示。

（3）效能高。

燃料电池汽车有极高的能源利用效率。燃料电池本身就是一种效率极高的能量生成装置，再加上车辆的合理设计（如再生制动系统和辅助蓄电池的应用），使得燃料电池汽车具有极高的能源利用效率。

（4）动力性能优异。

燃料电池可以持续稳定地输出电能，再加上高性能电机的应用，使得燃料电池汽车具有极佳的动力性能。

2. 燃料电池汽车存在的问题

(1) 性能与成本问题。

要想实现燃料电池汽车的商业化，就必须使其性能相当于甚至优于现在的内燃机汽车，同时价格与现在的内燃机汽车持平甚至更低。毫无疑问，当前燃料电池汽车成本居高不下的主要原因在于燃料电池系统本身的成本太高。

图 6-22　补充氢气燃料

有关资料表明，只有当燃料电池的生产成本降至 50 美元/kW 的水平时，才能被消费者接受。也就是说，当一台 80kW 车用燃料电池的成本降到 3500 美元时，才能创造巨大的市场效益。燃料电池成本高的主要原因是尚未形成批量生产。一旦进入大批量生产阶段，其价格肯定会大大降低。

(2) 燃料供应与基础设施问题。

要想实现燃料电池电动汽车的商业化，燃料（氢气）的供应和基础设施建设问题必须得到同步解决。尽管现在有部分燃料电池电动汽车采用现场制氢的方式可缓解这一问题，但是燃料电池汽车最终应采用的燃料补充方式仍是纯氢直接供应。因为现场制氢的方式导致设备结构极其复杂，且不能实现真正的零排放，只能是一种过渡手段。氢气是一种与石油性质完全不同的物质，因此其来源、运输供应、储存和加注就成了燃料电池汽车商业化发展过程中的重要问题。图 6-23 所示是日本的一个燃料供应站。

现在，建造储量相当于 100 万桶石油的加氢站的费用约 1000 亿美元，而这仅能满足美国现有汽车 10% 的需求，可见建造加氢站的费用是巨大的。在美国和欧洲，加氢站建设的相关法规已经成形，我国也正在积极开展相关工作。

项目六 燃料电池汽车

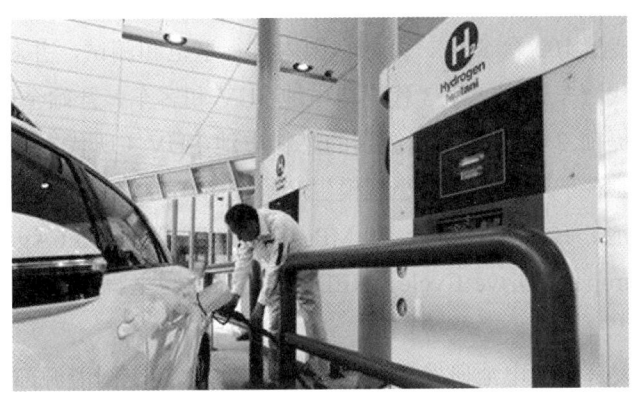

图 6-23 燃料（氢气）供应站

任务二 燃料电池汽车的产业发展状况

✂ 任务描述

学生：老师，我们学习了燃料电池汽车的电池类型及性能，也了解了燃料电池汽车的类型与结构，现阶段燃料电池汽车的发展怎么样呢？

老师：好的，我们共同来了解一下国外和国内燃料电池汽车的发展情况。

✂ 相关知识

从全球范围看，日本和韩国的燃料电池研发水平处于全球领先，尤其是丰田、日产和现代汽车，在燃料电池汽车的耐久性、寿命和成本方面逐步超越了美国和欧洲多国。

日产汽车投入巨资开展燃料电池电堆和轿车的研发，2011 年日产的燃料电池电堆的功率为 90 kW、质量仅 43 kg；2012 年，日产汽车公司研发的电堆功率密度达到了 2.5 kW/L，这在当时是国际最高水平。本田公司开发的 FCX Clarity 燃料电池汽车，能够在零下 30℃顺利启动，续驶里程达到 620 km；2014 年，本田宣布的新一代燃料电池堆功率密度也达到 3 kW/L。

现代汽车从 2002 开始研发燃料电池汽车，2005 年采用巴拉德的电堆组装了 32 辆运动型多功能车（Sports Utility Vehicle，SUV），2006 年推出了自主研发的第一代电堆，组装了 30 台 SUV，4 辆大客车，并进行了示范运行；2009—2012 年，现代汽车开发

了第2代电堆、装配100台SUV、开始在国内进行示范和测试，并对电堆性能进行改进；2012年，现代汽车推出了第3代燃料电池SUV和客车，开始全球示范；2013年，现代汽车宣布将提前2年开展千辆级别的燃料电池SUV（现代ix35）生产，在全球率先进入燃料电池汽车千辆级别的小规模生产阶段。该SUV采用了100 kW燃料电池、24 kW锂离子电池、100 kW电机，70 MPa的氢瓶可以储存5.6 kg氢气，新欧洲行驶循环（New European Drive Cycle，NEDC）工况续驶里程为588 km，最高车速为160 km/h。

美国和加拿大是燃料电池研发和示范的主要区域，在美国能源部（DOE）、交通部（DOT）和环保局（EPA）等政府部门的支持下，燃料电池技术取得了很大的进步，通用、福特、丰田、戴姆勒奔驰、日产、现代汽车等整车企业均在美国加州参加燃料电池汽车的技术示范运行，并培育了美国的UTC（联合技术公司）、加拿大的巴拉德（Ballad）等国际知名的燃料电池研发和制造企业。

一、国际燃料电池汽车产业状况

1. 美国燃料电池汽车产业状况

美国是新能源交通领域的先行者，其于20世纪70年代制定了《空气清洁法案》，于2002年开始关注氢燃料电池汽车，并发布《自由汽车计划》。2010年，美国能源部用于氢与燃料电池研发项目的资金得到批准，燃料电池及氢能工业重新获得了1.74亿美元的政府支持资金。

2. 日本燃料电池汽车产业状况

日本自1974年开始实施《新能源开发计划（阳光计划）》，并将发展燃料电池技术确定为国家战略。20世纪90年代开始，日本的燃料电池技术快速发展。2006年，日本制订了燃料电池汽车发展计划，明确了燃料电池汽车商业化发展的阶段和目标，确定于2015年开始燃料电池汽车的商业化运行。

3. 欧盟燃料电池汽车产业状况

欧盟于2003年成立了"氢能与燃料电池技术平台"（HFP）。基于该平台，欧盟委员会、欧洲工业团体和欧洲科研团体组成了"燃料电池与氢能联合执行体"，共同实施"燃料电池与氢能技术联合行动计划"。欧盟各成员国在战略性框架指导下，纷纷推行促进燃料电池电动汽车产业发展的扶持政策。

博世集团在德国波鸿 2015 国际汽车产业研讨会上预计，2020 年燃料电池成本将减半，同时能够实现能量密度翻番。

二、国内燃料电池汽车产业状况及存在的问题

我国燃料电池汽车产业与发达国家的差距相对较小，但是在技术、市场、组织等方面都存在一定的滞后性，目前仍停留在"实验室"阶段，因此，必须加大政策扶持力度，制定燃料电池汽车产业政策体系。

2009 年，我国对新能源汽车技术阶段进行了划分，为新能源汽车产业研究和应用指明了方向。燃料电池汽车技术仍然处于起步期，没有具体的行业标准和国家标准，尚不具备产业化条件。

我国的燃料电池汽车产业仍然存在较多问题。

① 燃料电池汽车产业的发展定位并不明确，缺乏战略性规划和思考，这会严重影响燃料电池汽车产业的未来走向。

② 我国新能源汽车产业政策近年来推进较快，但是并没有制定针对燃料电池汽车产业的相关政策。

③ 我国尚未针对燃料电池汽车产业制定相关的技术标准，如核心零部件、燃料电池寿命、动力耦合技术等的具体标准，都亟待制定或进一步完善。

④ 燃料电池汽车的研发投入较为分散，未能形成整车牵头、零部件配合、基础设施协调发展的产业布局。更多的情况是研究机构牵头、汽车企业分头研究，各自为战。

任务三　燃料电池汽车典型车型

✂任务描述

学生：老师，我们学习了这么多电池汽车的理论知识，能不能为我们介绍几款燃料电池汽车的典型车型呢？

老师：好的，我们分别看看国外和国内燃料电池汽车的典型车型。

 新能源汽车概论

✂ 相关知识

目前，世界各国政府及各大汽车厂商都纷纷开展了燃料电池汽车的研发工作。其中，影响最大的两个开发项目一个是由美国能源部组织的国家燃料电池汽车研究计划；另一个是以巴拉德功力系统公司的技术为依托，由福特汽车公司等跨国公司投资合作的燃料电池汽车项目。

随着"863 计划"电动汽车重大科技专项的正式开展，我国也掀起了一股研制和开发燃料电池汽车的热潮。2002 年 5 月，上海燃料电池汽车动力系统公司与同济大学新能源汽车工程中心试制成功"春日军 1 号"燃料电池汽车。2004 年，武汉理工大学与东风公司合作研制成功 25kW 燃料电池汽车"楚天 1 号"。2004 年 6 月，上汽集团与同济大学联合开发出我国第二代燃料电池汽车"超越 2 号"，随后又开发了"超越 3 号"和"超越 4 号"。

一、国外的燃料电池汽车

福特汽车公司在燃料电池汽车技术上的研发始于 1990 年，其在 1998 年的底特律国际汽车展上展出了 P2000 燃料电池概念车。该车使用了 DBB 公司生产的燃料电池堆，车速可达 144.8km/h。2001 年，通用汽车公司开发了一辆以雪佛兰 S-10 皮卡为基型车的质子交换膜燃料电池汽车，如图 6-24 所示。

图 6-24　以雪佛兰 S-10 皮卡为基型车的燃料电池汽车

上海国际赛车场中的福特福克斯燃料电池汽车如图 6-25 所示。

福特汽车公司在 2006 年洛杉矶国际车展上推出了以氢燃料电池为动力的全新 Explorer，如图 6-26 所示，该车续驶里程可达 350mile（约 563km），远远超过了当时其他以燃料电池为动力的汽车。

项目六 燃料电池汽车

图 6-25 福特福克斯燃料电池汽车

图 6-26 福特 Explorer 燃料电池汽车

戴姆勒-克莱斯勒公司在燃料电池汽车领域一直是世界领先的制造商。公司旗下的戴姆勒奔驰公司从 20 世纪 90 年代初期开始研究燃料电池技术，1994 年推出了第一辆燃料电池汽车车型为 NECAR1，采用 MB190 厢式车体，装载由巴拉德生产的 50kW 质子交换膜燃料电池，一次填充燃料续驶里程为 130km，最高车速为 90km/h。

克莱斯勒在 2010 年开展其燃料电池汽车商业化进程。在北京"国际氢能论坛 2004"开幕之际，戴姆勒-克莱斯勒公司在北京天安门广场展出了以氢为燃料的燃料电池公共汽车。

通用作为世界第一大汽车制造商，一直致力于燃料电池汽车的开发。1968 年推出的 Electrovan 是世界上第一辆燃料电池汽车。通用于 1998 年推出了小型箱式车 Zafira，2000 年推出了 HydroGen1，到 2002 年已发展到 HydroGen3，该车型装载 94kW 的 PEMFC，使用液氢为燃料，一次填充燃料可行驶 400km，最高车速为 160km/h。通用于 2002 年推出了全新的概念车型 Hy-Wire，该车的燃料电池、电机和控制器全部集成在约 28cm 厚的板状底盘中，车身可以分离，根据驾驶人意愿可以变形成轿车、货车或

SUV。通用计划到 2020 年售出十万台燃料电池汽车。通用公司 Sequel 氢燃料电池车曾于 2005 年 4 月亮相上海国际车展，如图 6-27 所示。

本田公司的燃料电池汽车研究始于 1989 年，其于 1999 年推出了 FCX-VI 和 FCX-V2，它们分别采用了金属氢化物制氢和甲醇重整制氢技术。2002 年，本田又推出了 FCX，如图 6-28 所示，该车是世界上第一款获得政府商业化使用许可的燃料电池电动汽车。

图 6-27　通用燃料电池汽车 Sequel

图 6-28　本田燃料电池汽车 FCX

现代汽车公司的燃料电池汽车研究起步较晚，其于 2005 年洛杉矶车展发布了配备第二代燃料电池的途胜，如图 6-29 所示。

图 6-29　现代燃料电池版途胜

丰田公司对燃料电池汽车的研究始于 1992 年，其于 1996 年推出了第一款车型

RAV4-FCEV。该车采用金属氢化物储氢技术,一次补充燃料续驶里程为 250km,最高车速为 100km/h。

随后,丰田又在汉兰达的平台上推出了一系列燃料电池汽车,如图 6-30 所示,如 FCHV3、FCHV4 及 FCHV5 等,它们分别采用了金属氢化物储氢、压缩氢气储氢及低硫汽油重整制氢技术。FCHV 系列是日本国内第一个获得燃料电池汽车销售许可的车型,并于 2002 年 12 月在日本东京和美国加州开展租赁及销售业务。

图 6-30　丰田 FCHV 系列

二、国内的燃料电池汽车

目前国内开展燃料电池汽车相关研究的机构主要有中国科学院大连化学物理研究所、清华大学、同济大学、武汉理工大学、中山大学等单位,并形成了以大连新源动力、上海神力、北京富原、北京飞驰绿能、上海博能等企业为代表多个燃料电池产业化基地。

目前,我国已确立了燃料电池汽车发展的具体目标,2010—2020 年,争取燃料电池汽车的批量生产;2020—2030 年,我国燃料电池汽车整体技术水平要基本与国际燃料电池汽车水平相当,并且实现燃料电池汽车的大批量生产。

由上汽集团、同济大学联合开发的"超越 3 号"燃料电池汽车如图 6-31 所示。

福田集团自主研发的氢燃料电池客车采用了先进的燃料电池及相关匹配技术,排放物为纯净的水,而且达到了可以直接饮用的程度,如图 6-32 所示。

图 6-31 "超越 3 号"燃料电池汽车

图 6-32 福田燃料电池客车

上汽集团研发的荣威 750 燃料电池汽车（见图 6-33）的工作原理是使作为燃料的氢在汽车搭载的燃料电池中，与氧发生化学反应，产生出电能提供给电机再由电机驱动汽车。

燃料电池的反应结果将会产生极少的二氧化碳和氮氧化物，而除了电能外的副产品几乎都是水，因此燃料电池汽车被称为绿色的新型环保汽车。

图 6-33 荣威 750 燃料电池汽车

项目六 燃料电池汽车

思考与练习

一、填空题

1. 燃料电池汽车以_____的特性，逐渐成为新能源汽车的发展目标。
2. 燃料电池汽车是纯电动汽车的一种，它与普通纯电动汽车相比主要区别在于_____不同。
3. 燃料电池汽车的燃料电池系统由蓄电池组、_____、氢燃料电池、燃料电池升压器、驱动电机等组成。
4. 燃料电池的反应机制是将燃料中的_____不经过燃烧直接转化为_____。
5. 燃料电池可分为碱性燃料电池、磷酸燃料电池、熔融碳酸盐燃料电池、_____等。
6. 质子交换膜燃料电池单体主要由_____、_____和_____组成。
7. 碱性燃料电池一般以_____、_____和_____作为结构材料。
8. 燃料电池汽车是以_____作为主要动力源的汽车。
9. 燃料电池汽车按电源配置不同可分为纯燃料电池驱动、_____、燃料电池与超级电容联合驱动和_____四类。
10. 当前，驱动电机主要有_____和_____两类。

二、判断题

1. 燃料电池电动汽车不是纯电动汽车。（　　）
2. 燃料电池的反应机制是将燃料中的化学能经过燃烧转化为电能。（　　）
3. 燃料电池的反应不经过热机循环过程，因此其能量转换效率不受卡诺循环的限制，能量转化率高。（　　）
4. 燃料电池是一种将氢和氧的化学能通过电极反应直接转换成电能的装置，其能量转换效率可达30%～40%。（　　）
5. 燃料电池按电解质种类分类，即酸性、碱性、熔融盐类或固体电解质。（　　）
6. 质子交换膜燃料电池工作时，阳极即电源正极，阴极即电源负极。（　　）
7. 磷酸燃料电池由燃料电极、隔板、隔膜、空气电极、氧电极和冷却板组成。（　　）
8. 常见的车载储氢系统有高压储氢、低温储存液氢和金属氢化物储氢三种。（　　）

9. 车载蓄电系统包括铅酸蓄电池、镍氢电池、锂离子电池等蓄电池,以及电化学超级电容器。( )

10. 从全球范围看,中国和美国的燃料电池研发水平处于全球领先位置。( )

三、简答题

1. 简述燃料电池汽车的燃料电池系统的组成。
2. 简述常见的燃料电池类型。
3. 简述燃料电池汽车的类型。
4. 简述燃料电池汽车的优势和劣势。
5. 简述我国燃料电池汽车产业存在的问题。

项目七
其他新能源汽车

目标及要求

教学目标	（1）了解燃气汽车的典型类型； （2）了解醇类燃料汽车的典型车型； （3）了解太阳能汽车的典型车型。
能力要求	（1）掌握燃气汽车的分类； （2）掌握醇类燃料的特点； （3）掌握太阳能汽车的工作原理。

项目概述

随着科技的发展，新能源汽车的形式越来越多样，本章主要对以天然气为主要能源的燃气汽车、以生物醇类为能源的醇类燃料汽车，以及以太阳能为能源的太阳能汽车进行简要介绍。

目前，以天然气和甲醇为燃料的清洁节能汽车在我国已得到广泛运用。天然气和甲醇同为理想的低污染车用燃料，排放的污染物和二氧化碳水平均较低，但在政策分类上不属于新能源汽车，不享受国家及地方政府的政策补贴。新能源是相对于传统的化石能源而言的。如此一来，可将新能源的三个基本特征（或属性）归纳如下：其一，相对于迄今为止人类大规模应用的化石能源是新的；其二，是清洁、环保、绿色的，也就是说，其使用过程无污染或基本无污染；其三，可以再生。

根据上述定义,现阶段在我国,可以称得上真正的新能源(狭义新能源)的主要有水能、风能、太阳(光)能、地热能、海洋能(如潮汐能等)、(绿色)生物质能等。新能源的主要用途有三个,即发电、热利用和燃料,可用于汽车的是电力和燃料(气)。所谓生物质能,就是以生物(或生物的产品及生物的衍生物)为原料而制取(生产)的燃料(例如乙醇、生物柴油、沼气等)、利用生物质发电而获得的电力、通过生物质(燃料)直接获得的热能等。由此可以看出,生物质能用于汽车的可能性和现实性还是很高的,不应被忽视。其他几种狭义新能源,在一般情况下很难(或较难)作为常规动力被直接利用,均需借之而生产电力才能被大规模应用。从这个角度来认识,发展以风能、太阳能等为代表的取之不尽、用之不竭的可再生能源,就是为了获取清洁而无可限量的电力,这已成为世界许多国家或地区的重要发展战略选择。也正是在这种大背景下,世界各主要国家及各大汽车公司才竞相发展电动汽车,汽车驱动电力化是世界汽车未来发展的大趋势之一。

任务一　燃气汽车

✂任务描述

学生:老师,燃气汽车是以什么气为燃料的?燃气汽车的类型有哪几种?该类型汽车的工作原理是怎么样的?

老师:要全面掌握燃气汽车,首先需要系统了解燃气汽车的定义、分类、基本结构和工作原理。

✂相关知识

试验研究表明,综合环保、价格等方面的因素,在气体代用燃料中,天然气是首选,其次是液化石油气。通常,我们把以气体燃料部分取代燃油的汽车称作双燃料或两用燃料燃气汽车,而把以气体燃料全部取代燃油的汽车称作燃气汽车(又称专用燃气汽车或单一燃料燃气汽车)。双燃料汽车如图7-1所示。

项目七 其他新能源汽车

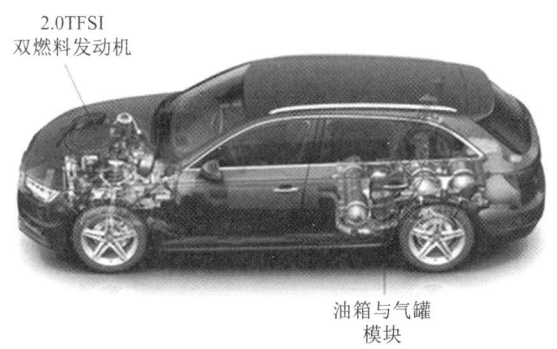

图 7-1　双燃料燃气汽车

一、燃气汽车的分类

内燃机所用的燃料不仅仅只有汽油、柴油，还可用下列代用燃料：天然气（NG）、液化石油气（PG）、人工煤气、氢、生物气（如沼气）、甲醇、乙醇等。多年的试验研究表明，综合环保、价格等方面的因素，在气体代用燃料中，天然气是公认的首选代用燃料；其次是液化石油气。通常把以气体燃料作为能源部分取代燃油的汽车称作双燃料或两用燃料燃气汽车；而把以气体燃料作为能源全部取代燃油的汽车称作燃气汽车（又称专用燃气汽车或单一燃料燃气汽车）。在很多资料中，人们习惯把这两类汽车统称为燃气汽车。

1. 单一燃料燃气汽车

单一燃料燃气汽车主要包括天然气（NG）汽车（见图 7-2）和液化石油气（LPG）汽车（见图 7-3）。

根据天然气的保存方法，天然气汽车大体可分为两种类型，即液化天然气（LNG）汽车（见图 7-4）和压缩天然气（CNG）汽车（见图 7-5）。

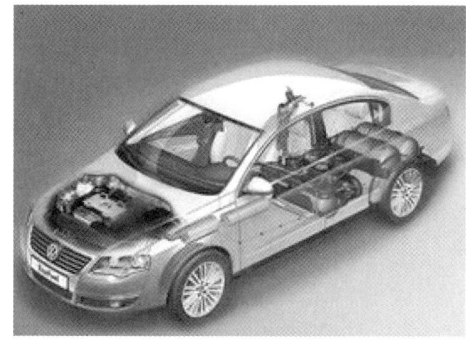

图 7-2　天然气汽车

图 7-3　液化石油气汽车

天然气汽车具有环保效益明显、使用经济性较好、推广应用成本较低、安全性有保障、气源较丰富等优点，是我国实现节能减排目标的主要代用燃料汽车之一。随着我国沿海20多座LNG接收站的建成，接收处理LNG能力近7000万吨，另外，我国现已建成LNG液化工厂30余座，年液化能力500万吨，可供20多万辆汽车使用。同时，在西气东输线、二线、中石化上海线相继建成的情况下，管输天然气不断发展，这些都为发展LNG汽车奠定了良好的资源基础。

图7-4 液化天然气汽车

图7-5 压缩天然气汽车

目前，液化石油气（LPG）主要是由石油和天然气精炼出来的。液化石油气的主要成分是丙烷，可存储在大型球罐中，其瓶装气的工作压力小，对气瓶的耐压要求也比压缩天然气低。另外，液化石油气汽车尾气中的NO_x和PM排放低，工作噪声小。因此，液化石油气也是良好的汽车代用燃料。

2. 双燃料燃气汽车

双燃料燃气汽车（见图7-6）可以根据工况的不同，独立使用两种燃料中的一种。由于汽油与柴油的特性有很大不同，目前仅限于把汽油机改装或开发成两用燃料机。故双燃料燃气汽车一般分为CNG汽油汽车和LPG汽油汽车。

图7-6 双燃料燃气汽车

二、燃气汽车的工作原理

高压的压缩天然气从储气钢瓶中释放，经过天然气滤清器过滤后，再经高压电磁阀进入高压减压器。高压电磁阀的开合由 ECM 控制，高压减压器的作用是将高压的压缩天然气的压力调整至 0.7~0.9MPa。高压天然气在减压过程中，由于减压膨胀，需要吸收大量的热量。为防止减压器结冰，从发动机将热冷却液引出到减压器，从而对燃气加热。

经减压后的天然气进入电控调压器。电控调压器的作用是根据发动机运行工况精确控制天然气喷射量。天然气与空气在混合器内充分混合，进入发动机气缸内，经火花塞点燃后进行燃烧。火花塞的点火时刻由 ECM 控制，氧传感器即时监控燃烧尾气的氧浓度，推算出空燃比。ECM 根据氧传感器的反馈信号来控制 MAP，并及时修正天然气喷射量，如图 7-7 所示。

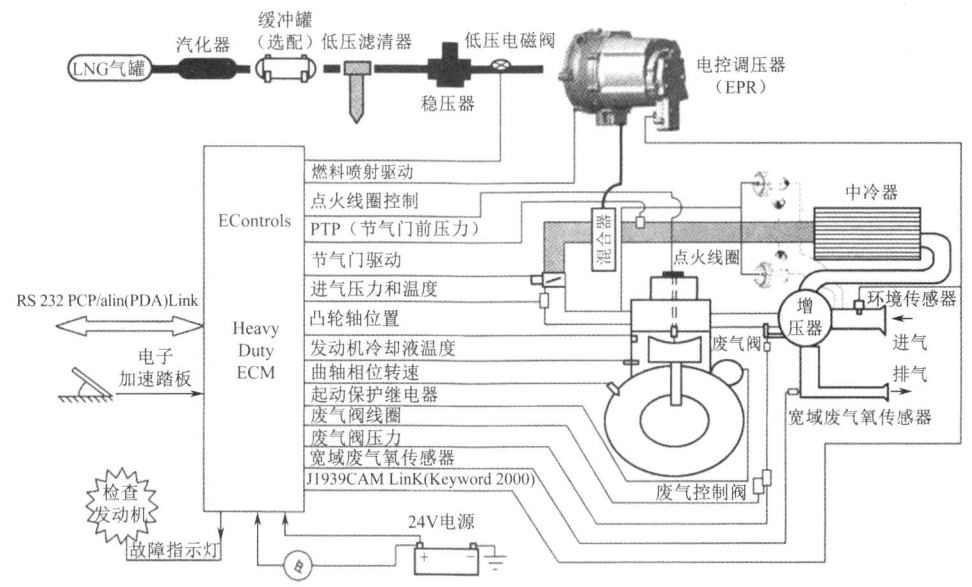

图 7-7 压缩天然气汽车动力系统工作原理

天然气发动机主要由燃料供给系统、点火系统、增压压力控制系统、传感器、电子控制模块等组成。其中，燃料供给系统包含高压燃料切断阀、高压减压器、低压电磁阀、电控调压器（EPR 阀）、混合器和电子节气门等部件。

三、燃气汽车的优势及存在的问题

1. 燃气汽车的主要优势

（1）燃气汽车是清洁燃料汽车。

天然气汽车的排放污染大大低于以汽油为燃料的汽车，前者的尾气中不含硫化物和铅，与汽油车相比，其排放的一氧化碳降低了 80%，碳氢化合物降低了 60%，氮氧化合物降低了 70%。因此，许多国家已将发展天然气汽车作为减轻大气污染的一种重要手段。

（2）天然气汽车有显著的经济效益，包括以下几点：

① 可降低汽车营运成本。目前，天然气的价格比汽油和柴油都低得多，燃料费用一般可节省 50%左右，这使营运成本大幅降低。由于油气差价的存在，车辆改装费用也可在一年之内收回。

② 可节省维修费用。发动机使用天然气燃料后，运行平稳、噪声低、不积炭，能延长使用寿命，不需要经常更换机油和火花塞，可节约 50%以上的维修费用。

（3）天然气汽车比汽油车更安全。这表现在：

① 燃点高。天然气燃点达 650℃ 以上，比汽油燃点（427℃）高出 223℃，不易点燃。

② 密度低。天然气与空气的相对密度为 0.48，泄漏出的气体会很快在空气中散发，很难达到遇火燃烧的浓度。

③ 辛烷值高。辛烷值可达 130，比目前最好的 98 号汽油的辛烷值高得多，抗爆性能好。

2. 燃气汽车目前存在的问题

（1）标准规范欠缺。

标准规范欠缺主要反映在燃气汽车及其相关设施方面，如目前车用液化石油气加气站和车用压缩天然气加气站的设计规范（见图 7-8）、车用气体燃料（LPG、CNG）等国家标准尚未完成；在加气站建设和燃料质量的保证上还存在较多的问题，影响了燃气汽车的正常运行和发展。

图 7-8　车用压缩天然气加气站

项目七 其他新能源汽车

（2）关键零部件的技术水平还有差距，环保效果不够显著。

清洁汽车是以排放水平为标准来衡量的，它与所用燃料有关，更重要的是依赖所采用的技术水平。而我国采用的各类汽车尾气净化技术亟待进行筛选、优化和集成，并实现产业化。

（3）燃气汽车加气站等基础设施建设滞后，关键设备与产业化有待突破。

燃气汽车加气站投资规模较大，主要原因之一是进口关键设备如高性能天然气压缩机、脱硫及深度脱水装置等，价格昂贵，而国产设备的性能和可靠性，有待进一步提高。

四、燃气汽车车型实例

1. 雪铁龙爱丽舍手动双燃料燃气汽车

爱丽舍新一代手动双燃料燃气汽车全新适配了专用双燃料发动机，提高了压缩比，不仅确保在使用汽油时可获得78kW的最大功率和142N·m的最大转矩，在使用天然气时其最大功率和最大转矩仍然能达到20kW和125N·m，功率损耗仅为10%。相比国内手动双燃料燃气汽车车型 12%～20%的功率损耗，新爱丽舍手动双燃料燃气汽车功率损耗最小，耗气量最低，其采用了高度可调转向盘，后排座椅采用 1/3、2/3 可分式的后排座椅靠背，以及集成式电子节气门 EAP 技术。同时根据中国用户的驾驶习惯重新调校，提高低速转矩，1-2-3 挡的加速性能更优异，更适合城市路况（见图7-9）。

2. 长安悦翔 CNG 双燃料燃气汽车

长安悦翔 CNG 双燃料燃气汽车（见图7-10）以等速行驶，65L 气瓶一次加满后能行驶 200km，大大降低了消费者的用车成本。不仅价格实惠，双燃料燃气汽车在减少尾气排放上也存在很大优势。据资料显示，同样排量的汽车，使用天然气比使用汽油可使汽车废气中的氢氧化物减少 72%、一氧化碳减少 97%、氮氧化物减少 39%、二氧化碳减少 24%、二氧化硫减少 90%、噪声降低 40%，更加清洁环保，完全顺应了国家倡导的发展"绿色汽车"的宗旨。

长安推出的长安悦翔 CNG 双燃料燃气汽车 1.6L 手动舒适型，完全符合消费者对经济适用的购买需求。除拥有家用轿车所需的全部基本配置之外，还增加了后门电动窗、外后视镜电动镜片调节等 7 项实用的人性化配置。

新能源汽车概论

图 7-9　雪铁龙爱丽舍手动双燃料燃气汽车　　图 7-10　长安悦翔 CNG 双燃料燃气汽车

3. 北京现代伊兰特 CNG 双燃料燃气汽车

北京现代伊兰特 CNG 双燃料燃气汽车（见图 7-11）的技术已经相当成熟，并早已在出租车型上得到应用，而且销量也一度超过捷达，成为国内 CNG 双燃料燃气汽车类别中销售最好的车型。

承袭了伊兰特系列车型承载式车身结构、全新外形、享誉全球的卓越底盘技术的伊兰特 CNG 双燃料燃气汽车，是国内第一家燃气供给系统采用原厂流水线一体化设计制造非线外改装的车型，设计和制造要求完全符合国家标准，同时工艺规范比较严格，更主要的是完善了天然气与原发动机的匹配问题，提高了整车的质量定性和安全性，因而避免了其他线外改装车型可能会遇到的质量难以控制、出现问题后索赔难等诸多问题。

此车的气罐在行李箱当中，油/气转换开关设置在驾驶中央扶手下方，操作更为方便，并适配手动变速器、BOSCH 版 ABS 等装备。此外，伊兰特 CNG 双燃料燃气汽车还采用了全套进口的压缩天然气供气装置，选用带截止阀的 65L 大容量的钢质内胆环向缠绕气瓶，使用更为安全可靠。

图 7-11　现代伊兰特 CNG 双燃料燃气汽车

4. 捷达 CNG 双燃料燃气汽车

捷达 CNG 双燃料燃气汽车（见图 7-12）秉承了捷达一贯的皮实耐用、性能稳定、维修成本低的特点，同时因为使用价格低廉的天然气作动力，大大降低了车辆的使用成本。捷达双燃料燃气轿车采用 Dream XXI 型燃气顺序喷射系统，消除产生回火的外界条件（可燃混合气在进气管内聚集），从而解决回火问题。原厂装配的燃气系统采用的是多点燃气喷射，按照实际行驶车速，通过燃气系统控制程序控制每个缸的燃气喷射，精确供气，与改装的单点燃气喷射相比，动力更强，燃气更经济，系统更稳定。

5. 大众 Golf 2.0L 双燃料燃气汽车

可用天然气作为燃料的新款 Golf 2.0L 双燃料燃气汽车（见图 7-13）采用了 2.0L 四缸发动机，使用汽油或天然气作为燃料，以汽油为燃料时可发出 85kW 的动力，若使用天然气则发出 75kW 的动力。汽油箱依旧是 55L 的容量，最大一次行程为 890km。车型型号包括基本型、舒适型、豪华型等。

图 7-12 捷达 CNG 双燃料燃气汽车

图 7-13 大众 GOLF 2.0L 双燃料燃气汽车

从外观上观察这款车型，能发现两样不同：一是排气管；二是第二燃料罐的开口。但从车身内部看，会发现许多特别之处，包括更加宽敞的车内空间，以及一个非常安全的由碳纤维制成的天然气罐。

任务二　醇类燃料汽车

✂ 任务描述

学生：老师，醇类燃料汽车是以什么为燃料的？醇类燃料汽车的分类及特点是什么？该类型汽车的工作原理是怎么样的？

新能源汽车概论

老师：醇类燃料（甲醇、乙醇）作为新型的代用燃料出现在人们的面前，使用醇类等代用燃料替代或部分替代传统汽油、柴油，不但燃烧清洁，能够大幅度降低常规有害物质的排放，具有良好的环保特性，而且醇类燃料的来源还很丰富，是理想的石油替代产品。因此，在环保与能源的双重压力下，醇类燃料发动机作为新型的汽车动力也将呈现出令人满意的发展前景。

✂ 相关知识

一、醇类燃料汽车的分类及特点

目前，市场上技术比较成熟的醇类燃料汽车主要分为甲醇燃料汽车和乙醇燃料汽车两种。下面分别对两种醇类燃料各自的特点进行简单介绍。

1. 甲醇燃料的特点

甲醇是一种易溶于水的无色透明液体，具有质轻、略有臭味、易燃、易挥发、含氧高、闪点高、辛烷值高的特点，甲醇作为燃料，其燃烧特性接近于目前使用的液体燃料，其抗爆性好、燃烧时不产生黑烟、排放少、火焰热辐射比汽油的小、不易造成邻近的二次火灾。

甲醇作为内燃机燃料具有以下几个特点：

① 甲醇的辛烷值比汽油高，因此可通过增大发动机的压缩比来提高发动机的热效率。

② 甲醇的燃烧速度和火焰传播速度比汽油快，所以燃烧的定容性好，燃烧持续期短，过后燃烧程度小，有利于热效率提高。

③ 甲醇具有较高的含氧量，使用甲醇汽油可以有效提高发动机的热效率，减少汽车 CO 及 HC 的排放，只是未燃烧的甲醇及燃烧后的醛类排放物则比普通汽油有明显增加。

④ 甲醇的汽化热比汽油高两倍多，当进入气缸后会吸收周围的热量才能汽化，吸热的过程降低了燃烧室内和气缸盖的温度，使外传热量减少，提高了发动机的热效率。

⑤ 甲醇的着火燃烧浓度界限范围比较宽，更容易稀燃，这将使发动机的工况范围比较宽，有利于提高排气净化性能和降低油耗。

⑥ 醇类内燃机的有关部件和油箱需要选用合适的防腐材料。原因是甲醇在生产过程中一般会含有酸性物质；在贮存过程中：甲醇受到空气的氧化或细菌发酵也会产生

少量的有机酸；自身的吸水性使之含有少量水分；燃烧后产生的甲醛、甲酸等都会对发动机产生较为严重的腐蚀和磨损影响。

2. 乙醇燃料的特点

乙醇俗称酒精，它在常温、常压下是一种易燃、易挥发的无色透明液体，它的水溶液具有特殊的、令人愉快的香味，并略带刺激性。以玉米为原料的淀粉质发酵生产乙醇工艺技术成熟，产品质量较好，是目前世界上乙醇生产的最主要的工艺。

乙醇作为内燃机燃料具有以下几个特点：

① 乙醇的辛烷值高、抗爆性能好，添加乙醇可以有效地提高汽油的抗爆性。

② 乙醇含氧量高达 34.7%，它能比 MTBE 更少量地添加入汽油中。添加 10%乙醇后汽油氧含量可达 3.5%。

③ 通过添加乙醇改变汽油组成，可以有效地降低汽车尾气排放。美国相关的研究报告表明：使用 6%乙醇的加州新配方汽油与常规汽油相比，HC 排放降低 10%～27%，CO 排放减少 21%～28%，NO_x 排放降低 7%～16%，有毒气体排放减少 9%～32%。只是非常规排放物如醛、醇、苯、丁二烯的排放有所增加。

④ 乙醇的热值比常规汽油的热值低。因此，使用乙醇汽油，发动机的油耗会随着乙醇掺入量的增加而增加。有资料报道，使用 10%乙醇的混合汽油时，发动机的油耗约增加 5%。若在辛烷值相同的前提下，发动机的动力性能也会因乙醇的含量增加有不同程度的下降。

⑤ 乙醇在生产过程中一般会含有酸性物质，而且在贮存时由于空气的氧化作用或细菌发酵会产生少量的有机酸，且其本身具有吸水性也会使含有少量水分，这些都会对发动机产生较为严重的腐蚀和磨损。

⑥ 乙醇调入汽油后，会产生明显的蒸气压调和效应，乙醇本身的饱和蒸气压为 18kPa，当乙醇添加量为 3%～5.7%时，乙醇汽油的调和蒸气压随乙醇添加量增加而提高，最高达 58kPa；当乙醇添加量大于 5.7%时，乙醇汽油的调和蒸气压随乙醇添加量增加逐渐降低。

二、醇类代用燃料汽车在示范和推广中出现的问题

1. 甲醇燃料汽车在示范推广中存在的问题

尽管我国已进行了大量的甲醇燃料汽车的试验和研制工作，小范围应用也取得了成功，但也出现了一些问题：

（1）燃烧甲醇燃料会对汽车性能造成影响。

① 气阻现象。汽车燃用中、低甲醇含量混合燃料（M15-M30），当临时停车使发动机熄火时，在油路中会产生较多的甲醇蒸气，会出现气阻和高温起动难的现象。

② 供油系统。甲醇汽油添加剂具有清洁作用，会清洗旧车供油系统的杂质，造成燃油滤清器和喷嘴的阻塞。但这种现象只是在汽油汽车初次使用甲醇燃料时会出现，经过简单维修即可解决。

③ 腐蚀现象。某些橡胶件、塑料件受甲醇侵蚀后会发生溶胀变形或脆裂的现象。目前的解决办法是燃油供应系统的部件采用聚乙烯、聚酯树脂、氯丁橡胶和氟化橡胶等耐腐蚀、溶胀材料。

④ 金属元器件早期磨损问题。甲醇和燃烧产物会腐蚀排气门座、进排气门、气门导管、活塞环、缸套等。解决的办法是改变机件的材质和热处理工艺，以及使用甲醇发动机专用润滑油。

（2）受原料成本和国际市场等影响。甲醇价格不稳定。

甲醇燃料/汽油的替代比为1.8～2，当甲醇价格相当于汽油的50%～55%时，甲醇燃料的成本与汽油持平。我国甲醇生产能力和市场容量较小，没有甲醇燃料专业生产企业，也没有燃料甲醇的标准，用化工甲醇充当甲醇燃料，成本高，使用不合理，甲醇价格随国际市场和化学品价格波动，和油品缺乏对应关系。

我国进行的甲醇燃料汽车的试验研究表明，甲醇汽车的常规排放比汽油车少，可以满足相应的排放标准。但对甲醇燃料汽车非常规排放物的控制，还需要进一步研究与试验，取得详细的研究数据，改善甲醇的排放。

2. 乙醇燃料汽车在示范推广中存在的问题

（1）传统汽车使用乙醇燃料出现的问题。

通过对部分国产车燃用乙醇汽油进行行车试验、相关试验和拆解分析，没有发现严重影响汽车性能的问题，但部分零部件出现了不同程度的溶胀、腐蚀现象，可能对车辆性能构成潜在影响。

① 存水会使车用乙醇汽油出现分离现象。

② 变性燃料乙醇的掺入可对紫铜等金属材料制成的零部件产生腐蚀，加入适量腐蚀抑制剂可以改善车用乙醇汽油的腐蚀性能。

③ 车用乙醇汽油可使某些车型的化油器密封圈、密封垫产生明显的溶胀。

④ 通过车用乙醇汽油对国产橡胶件相溶性的影响，发现车用乙醇汽油对某些材料橡胶件的扯断强度和硬度产生明显降低的作用。

（2）制取乙醇的技术尚待完善，制取乙醇的成本尚待降低。

中国的燃料乙醇技术刚刚开始发展，有关废渣的处理还没有成熟的工艺。原有粮食酒精厂大部分由于废渣量较小,很多作为饲料或其他副产品,但对于燃料乙醇企业,由于废渣量较大,这方面还没有较经济可行的处理办法。

国家规定乙醇汽油必须与同标号的普通汽油"同升同价",但是企业生产乙醇汽油的成本高,加上销售环节降价让利后,加油站处于微利状态,因此,乙醇汽油的售价高于成本,国家不得不拿出大笔资金对厂家进行补贴。如何把生产成本降下来,以增强乙醇汽油的市场竞争力,是不得不尽快解决的现实问题。

三、醇类燃料汽车类型实例

1. 萨博 BioPower100 概念车

萨博 BioPower100 概念车(见图 7-14)采用 2.0L 直列四缸排列,配合涡轮增压技术,并且这台特殊的纯乙醇燃料发动机已达到了量产水准。其最大功率高达 220kW,最大转矩可达 400N·m。萨博 BioPow100 概念车从 0~100km/h 的加速时间仅需 6.6s。高达 110kW 的升功率充分证明了生物燃料技术的潜力。体积小巧、动力强劲的发动机同样可以使用再生能源,实现清洁排放,这足以让人们对燃料乙醇动力性弱、实用性低的传统认知发生改观。

图 7-14 萨博 BioPower100 概念车

2. 沃尔沃 C30 生物乙醇燃料车型

沃尔沃汽车公司的灵活燃料(Flexi Fuel)车型使用 E85 燃料(85% 可再生生物乙醇和 15%汽油),这种燃料完全可再生的且可由多种来源制取(如甘蔗、小麦和木材副产品等生物)。沃尔沃推出的小型车(C30、S40 和 V50)及大型车(V70 和 S80)均有 Flexi Fuel 车型,并有三种发动机动力输出可供选择:1.8F、2.0F 及涡轮增压型 2.5FT,如图 7-15 所示为沃尔沃 C30 生物乙醇燃料车型。

图 7-15　沃尔沃 C30 生物乙醇燃料车型

3. 三种燃料驱动的莲花 Exige 270E

莲花 Exige 270E（见图 7-16）瞄准了高端跑车市场，最大的亮点是使用了莲花全新开发的生物燃料发动机。这台具有优异环保性能的全新四缸发动机，可以使用甲醇、生物乙醇和汽油燃油这三种燃料驱动。生物燃料发动机并没有牺牲 Exige 270E 的动力性能，Exige 270E 的加速时间为 3.88s，这使它成为莲花有史以来开发的动力最强劲的街道版赛车。

图 7-16　三种燃料驱动的莲花 Exige 270E

4. 以乙醇燃料为动力的福特敞篷跑车

以乙醇燃料为动力的福特敞篷跑车（见图 7-17）亮相于 2006 年英国国际车展，这部车的意义不仅在于推出福克斯车系的一款扩展车型，它更让世界逐渐接受福特公司的 FFV 新型汽车动力的设计理念。FFV（Flexible Fuel Vehicles）可译为柔性燃料汽车，是福特公司开发的可使用甲醇与汽油以任意比例混合的灵活燃料汽车。FFV 中的 Flexible 就是指任意比例，也许意指将来普通的消费者可以自己调配汽车燃料，并由汽车燃料传感器识别成分，通过计算机提供发动机最佳运行参数，这样就不会受到加油的限制。

项目七　其他新能源汽车

图 7-17　以乙醇燃料为动力的福特敞篷跑车

任务三　太阳能汽车

✂ 任务描述

学生：老师，太阳能汽车是以什么为燃料的？太阳能汽车的工作原理及优势是怎样的？

老师：根据学生的要求，下面来介绍太阳能汽车的工作原理、发展现状及独特优势。

✂ 相关知识

一、太阳能汽车的工作原理及优势

1. 太阳能汽车的工作原理

太阳能汽车，顾名思义就是靠太阳能驱动的汽车，这是与传统热机驱动的汽车最大的不同点。其实太阳能汽车从某种意义上讲也是电动汽车，不同之处在于电动汽车的蓄电池是靠工业电网充电的，太阳能汽车用的则是太阳能电池，而太阳能电池的作用就是将太阳能转化为电能。

这个定义其实包含了两种太阳能汽车的类型：一种是通过装在车身表面的太阳能

电池所得的电能为驱动能源的车辆;一种是通过装在车身外部的太阳能电池得到的电能输给车载蓄电池,再利用车载蓄电池驱动汽车。从目前来看,太阳能汽车一般分为比赛用太阳能汽车和实用型太阳能汽车,而占设计研发绝大部分比例的是比赛用太阳能汽车。由于经济和技术的限制,单纯采用太阳能电池的实用型太阳能汽车还很少见,要走的路还很长。

太阳能电池板将收集照射在太阳能电池板表面上的太阳光和其他形式的光,通过内部建立的电场产生电流。最大功率点跟踪装置将根据太阳能汽车行驶条件的需要,将转化的电流传送到蓄电池,并贮存起来,也可以直接输送到电动机控制系统,或是根据行驶的工况蓄电池和太阳能电池板同时为电动机提供电流。

太阳能汽车在晴天行驶时,开始运行阶段将太阳光转化的电能直接传送至电动机控制系统,随着行驶时间增加,更多来自太阳能电池板的电能将超过了电动机控制系统的范围。在这种情况下,一部分电能提供给电动机,额外的那部分电能会被蓄电池储存起来供以后行驶需要。在阴天或雨天,太阳光照射在太阳能电池板上产生的能量不足以驱动电动机时,被蓄电池储存的能量将用来补充,使太阳能汽车能正常行驶,满足行驶需求。

当太阳能汽车停驶不用时,此时太阳能电池板产生的能量被蓄电池储存起来。太阳能汽车在加速行驶或减速停车时,使用的机械制动并不像传统汽车那样,而是通过对直流电动机的电流控制,使电动机转变成发电机,其产生电流被蓄电池存储以便使用,达到节能的目的。太阳能汽车通常安装太阳能最大功率点跟踪(MPPT)装置,其作用是控制所用的能量,使能量分配更加合理。如图7-18所示为太阳能汽车能量匹配图。

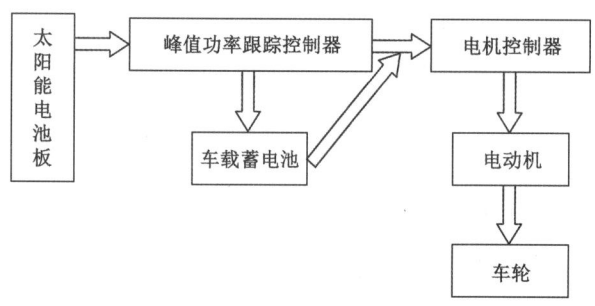

图7-18 太阳能汽车能量匹配图

2. 太阳能汽车的特有优势

太阳能作为一种能源来自太阳的绿色能源,相对传统汽车能源而言有着其特有的使用优势。太阳能汽车以光电代油,可节约有限的石油资源。白天,太阳能电池把光能转换为电能自动存储在动力电池中，在晚间还可以利用低谷电（220V）充电。

太阳能汽车无污染，无噪声。因为不用燃油，太阳能汽车不会排放污染大气的有害气体。没有内燃机的太阳能汽车在行驶时听不到传统内燃机的轰鸣声。

相对传统汽车来说，实用型太阳能汽车除行驶速度远低于传统汽车之外，还是有诸多优势的。

① 太阳能汽车耗能少，只需采用 3～4m^2 的太阳电池组件便可使太阳能汽车行驶起来。

② 易于驾驶。无须电子点火，只需踩踏加速踏板便可起动，利用控制器使车速变化。

另外，太阳能汽车采用创新前桥和转向系统、前后独立悬挂、四轮鼓式制动，从 30km/h 到突然制动，制动线不超过 7.3m。

③ 由于太阳能汽车结构简单，除了定期更换蓄电池以外，基本上不需日常保养，省去了传统汽车必须经常更换机油，添加冷却水等定期保养的烦恼。小巧的车身，灵便转向，可以轻而易举地将车泊入拥挤不堪的都市停车场。

④ 太阳能汽车没有内燃机、离合器、变速器、传动轴、散热器、排气管等零部件，结构简单，制造难度低。

二、国外太阳能汽车的发展情况

1954 年，美国贝尔实验室研制出世界上第一块太阳能电池，揭开了太阳能电力开发利用的序幕。1982 年，澳大利亚的汉斯和帕金用玻璃纤维和铝制成了一辆名为"静静的完成者"的太阳能汽车，车速能达到 40km/h，但是由于这辆汽车每天所获得的电能只能驱动 40min，所以它还不能长距离行驶。1984 年，在瑞士举行的世界首届电动汽车与太阳能汽车比赛，标志着太阳能作为汽车的能源是可行的。1987 年 11 月，在澳大利亚举行的世界太阳能汽车拉力赛，来自 7 个国家的 25 辆太阳能汽车参加比赛，赛程全长 3200km，几乎纵贯整个澳大利亚。结果，美国的"圣雷易莎"号太阳能赛车（见图7-19）以 44 小时 54 分钟的成绩跑完全程，夺得了冠军。如今，在世界各地都能看到利用太阳能的设备，如太阳能路灯、汽车的太阳能天窗、太阳能热水器及太阳能汽车。

新能源汽车概论

图 7-19 "圣雷易莎"号太阳能赛车

1996 年，芬兰研制太阳能三轮车。曲线型的太阳能板安装在车的后部，将太阳能电池板转换的能量储存在蓄电池中，由 250W 的直流电动机向三轮车提供动力，行驶速度为 25km/h。

2010 年，加拿大人马塞洛，用时 10 年、花费近 50 万美元制造出了一款新型太阳能汽车。他驾驶着自己研制的新型太阳能汽车，从加拿大行至美国洛杉矶，最后到了中国，向人们展示他的杰作，宣传保护环境的新能源汽车。安装在汽车表面的小型太阳能电池板可以为这辆车提供所需的动力，在有阳光的日子里，这辆车可行驶近 100km，而且从 0~50km/h 的加速时间仅 6s，最高车速可达 112km/h。该车特点是节能、环保、无噪声，不花费任何燃料。

三、国内太阳能汽车的发展情况

20 世纪 70 年代初，世界上出现了开发利用太阳能的热潮，对我国的太阳能发展事业也产生了巨大影响。1975 年，在河南安阳召开的"全国第一次太阳能利用工作经验交流大会"，推动了我国太阳能事业的发展。

从 20 世纪末到 21 世纪初，大学生和个人爱好者纷纷设计太阳能汽车，这些太阳能汽车均采用太阳能电池板和铅酸蓄电池作为动力源。清华大学学生自行设计、制造的中国第一辆具有代表性的"追日"号太阳能汽车，参加了 1996 年的日本能登国际太阳能汽车拉力赛，以优异的成绩获得第 13 名。大连大学学生设计、制造的太阳能汽车时速最高达到 120km/h。江苏的太阳能汽车爱好者花了 8 年时间设计制造了两辆太阳能汽车：第一辆太阳能汽车由 6m² 太阳板和 5 组蓄电池等材料制成，据试验，该车正常速度为 30～80km/h，光照 2 天可行驶 120～150km；第二辆太阳能汽车的动力部分由 216 块太阳能电池片和 24 组蓄电池组成，充满电后可行驶 250 km，速度为 50～60km/h。

太阳能汽车技术具有以下几方面的发展趋势：

① 太阳能汽车可开发利用于拉力比赛、一些风景区和高尔夫球场等，仅限于小批量生产，这些太阳能汽车的行驶里程相对短。

② 太阳能汽车的车身和底盘、驾驶控制系统、电力系统、驱动系统等理论和应用不成熟、不完善。

③ 太阳能汽车研发经费较高，尤其是光伏技术的研究耗资成本巨大，要想把太阳能转换率从 30% 提高得更多，需要做更多的实验和培养这方面的人才，这是耗资的主要方面。

四、太阳能汽车车型实例

1. 比亚迪 F3DM 太阳能汽车

比亚迪 F3DM 太阳能汽车（见图 7-20）是在原款 F3DM 的基础上，装载了太阳能电池充电系统的 F3DM 低碳版，动力性能更加突出，并有强烈的推背感。F3DM 低碳版搭载了 BYD37104 全铝发动机，功率突破了 50kW/L；DM 双模系统大幅度提高了输出的功率和转矩，配合 75kW 的电动机，F3DM 低碳版输出功率达到了 125kW，相当于 2.4L 发动机的优越动力性能。而在起步阶段，F3DM 低碳版超强的瞬间加速性能，远远超过 2.4L 级别的发动机所能达到的水平，给驾驶人带来一种全新的驾驶乐趣。F3DM 低碳版搭载的高容量铁电池动力组，代表了全球新能源汽车领域储能技术的最高水平，是比亚迪汽车新能源领域技术创新的代表作，其在"高安全""低成本""绿色环保""制造工艺""续航里程"等指标上都处于领先地位。

图 7-20　比亚迪 F3DM 太阳能汽车

2. 吉利 IG 太阳能汽车

吉利 IG 太阳能汽车（见图 7-21）为概念车，为迎合不同的需求，配备了两种动力系统：一种为"60kW 电动机+磷酸铁锂电池"，车速最高可以达到 150km/h，续航里程达到 180km；另一种为"988ML、最大功率 52kW 的三缸汽油发动机+5MT/4AT 变速器"。

图 7-21　吉利 IG 太阳能电动车

"IG"的概念就是"1+β"，"1"就是 1 万元，据说这个车的成本为 1 万元；"β"即根据消费者选择不同的动力系统，可以是太阳能或者蓄电池的，也可以是太阳能和蓄电池混合的，还可以选择续航里程为 50km 的或续航里程为 150km 的，电池组不一样，价格也不一样。

它的革新意义并不仅限于外观，车顶的太阳能装置可以将阳光转化为电能；利用蓄电池余热为车内提供暖风；空调制冷采用半导体冰箱的原理，节省能源；单车门设计节省了生产成本，降低了车身质量并提升了车身强度；车身内部则是梦幻的太空舱。IG 太阳能汽车采用独特的品字形座椅布局，据吉利官方透露，三座设计解决了不同国家和地区的左右舵问题，并且驾驶座可以向左右横向调节，但转向盘与踏板看上去却是固定的。或许横向调节座椅仅仅是为方便后排乘客上下车而设计的。

3. 标致 Shoo 太阳能概念车

标致 Shoo 太阳能概念车（见图 7-22）是最具未来色彩的太阳能概念车之一。Shoo 的设计灵感来源于一艘船，其大部分空气动力学机制均与这种设计有关。其在车顶上配置了太阳能面板，将太阳能转化成为电能，进而驱动该车的电动机实现行驶。这款概念车采用了稳定的三角形设计，这样的设计不仅应用了多种新型设计，同样也让该车拥有更充裕的内部空间。此外，该车还拥有较为独特的悬挂系统。

图 7-22　标致 Shoo 太阳能概念车

思考与练习

一、填空题

1. 单一燃料燃气汽车主要包括_____汽车和_____汽车。
2. 双燃料燃气汽车一般分_____汽车和_____汽车。
3. 电控调压器的作用是根据发动机运行工况精确控制_____。
4. 天然气发动机主要由_____、_____、_____、_____、_____等模块组成。
5. 醇类燃料汽车主要分为_____汽车和_____汽车两种。
6. 太阳能汽车是靠_____驱动的汽车。

二、判断题

1. 太阳能电池的作用就是将太阳能转化为动能。（　　）
2. 乙醇，它在常温、常压下是一种易燃、易挥发的无色透明液体。（　　）
3. 当乙醇添加量小于 5.7% 时，乙醇汽油的调和蒸气压随乙醇添加量增加逐渐降低。（　　）
4. 高压电磁阀的开合由 ECM 控制，高压减压器的作用是将高压的压缩天然气的压力调整至 0.5～0.7MPa。（　　）
5. 太阳能汽车通常安装太阳能最大功率点跟踪（MPPT）装置，其在太阳能汽车上的作用是控制所用的能量。（　　）

三、简答题

1. 简述燃气汽车的工作原理。
2. 简述醇类燃料汽车的分类及特点。
3. 简述太阳能汽车的工作原理及优势。

参考文献

[1] 崔胜民. 新能源汽车概论（第2版）[M]. 北京：北京大学出版社，2015.

[2] 王东光. 新能源汽车概论[M]. 北京：机械工业出版社，2018.

[3] 贾利军，尹力卉. 新能源汽车概论[M]. 北京：机械工业出版社，2017.

[4] 杨立平，朱迅. 新能源汽车概论[M]. 北京：人民邮电出版社，2017.

[5] 孙旭. 新能源汽车概论[M]. 北京：机械工业出版社，2017.